THEODORE
DALRYMPLE

VIAGENS AOS
CONFINS DO
COMUNISMO

CB065614

Copyright © Theodore Dalrymple
Copyright da edição brasileira © 2017 É Realizações
Título original: The Wilder Shores of Marx – Journeys in a Vanish World

Editor | Edson Manoel de Oliveira Filho

Produção editorial e projeto gráfico | É Realizações Editora

Capa | Daniel Justi

Diagramação | Mauricio Nisi Gonçalves

Preparação de texto | Mariana Cardoso

Revisão | Geisa Oliveira

Reservados todos os direitos desta obra. Proibida toda e qualquer reprodução desta edição por qualquer meio ou forma, seja ela eletrônica ou mecânica, fotocópia, gravação ou qualquer outro meio de reprodução, sem permissão expressa do editor.

Cip-Brasil. Catalogação na Publicação
Sindicato Nacional dos Editores de Livros, RJ

D157v
    Dalrymple, Theodore, 1949-
        Viagens aos confins do comunismo / Theodore Dalrymple ; tradução Pedro Sete-Câmara. - 1. ed. - São Paulo : É Realizações, 2017.
        256 p. ; 23 cm.   (Abertura cultural)

    Tradução de: The Wilder Shores of Marx – Journeys in a Vanish World
    Inclui índice
    ISBN 978-85-8033-305-3

      1. Ciências sociais. I. Sete-Câmara, Pedro. II. Título. III. Série.

17-43326   CDD: 300.72
                                                                                 CDU: 316:001.8

13/07/2017 17/07/2017

É Realizações Editora, Livraria e Distribuidora Ltda.
Rua França Pinto, 498 – São Paulo – SP – 04016-002 – Caixa Postal 45321 – 04010-970
Telefax (5511) 5572-5363 – atendimento@erealizacoes.com.br – www.erealizacoes.com.br

Este livro foi impresso pela RR Donnelley, em julho de 2017. Os tipos usados são da família Sabon Light Std e Frutiger Light. O papel do miolo é Norbrite 66 g, e o da capa cartão Ningbo Gloss 300 g.

THEODORE DALRYMPLE

VIAGENS AOS CONFINS DO COMUNISMO

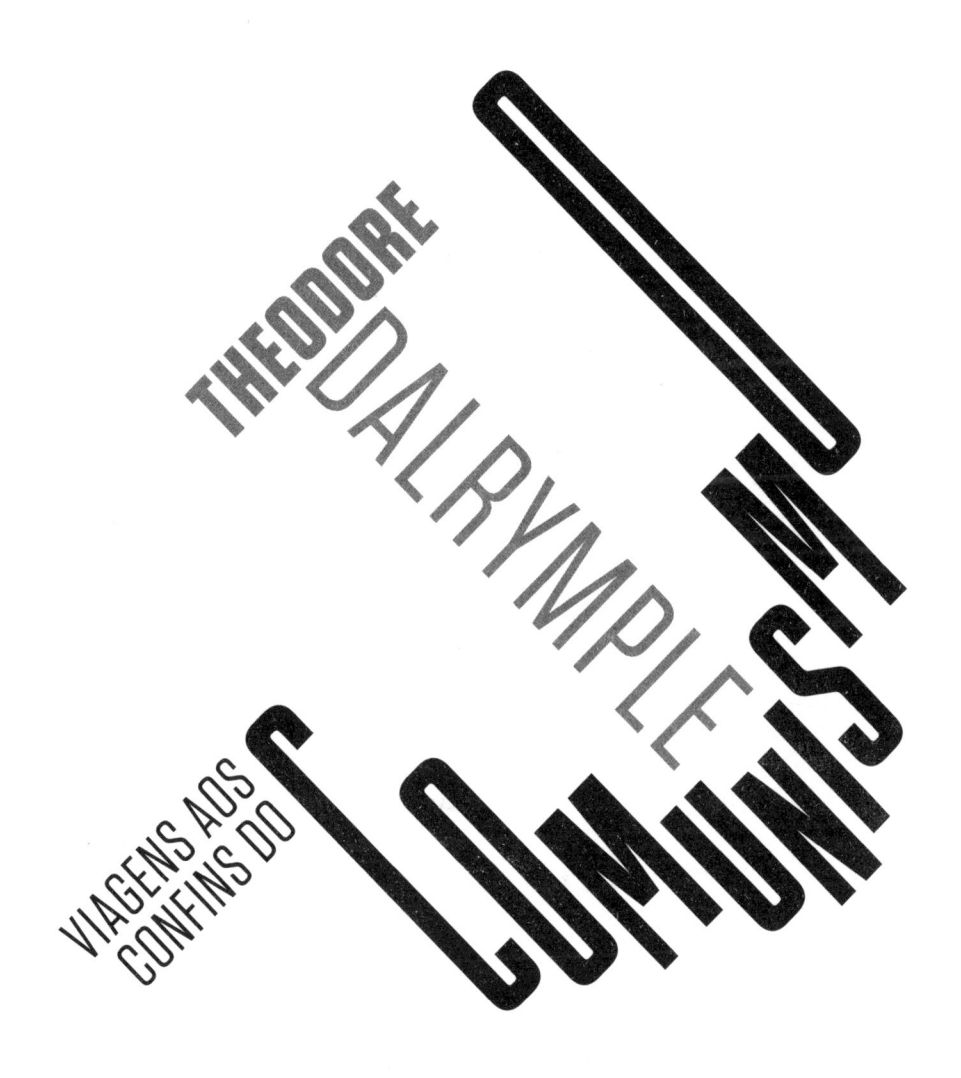

Tradução de Pedro Sette-Câmara

É Realizações
Editora

Sumário

Prefácio à Edição Brasileira por *Theodore Dalrymple* 7
Prefácio 9
Introdução 11

1. Albânia 15
2. Coreia do Norte 57
3. Romênia 103
4. Vietnã 155
5. Cuba 197

Posfácio 243

Índice Remissivo 247

Prefácio à Edição Brasileira

Theodore Dalrymple

Já passou mais de um quarto de século desde o colapso do comunismo na Europa Central e Oriental, e toda uma geração que ali cresceu não apenas não se lembra de nada a respeito, como aparentemente nem sabe. Isso não chega a surpreender: os pais não estariam ansiosos para enegrecer a infância dos próprios filhos com histórias de seus sofrimentos pregressos. Além disso, uma das características do totalitarismo é tornar todos os membros de uma sociedade cúmplices dele; afinal, no regime totalitário, não apenas há coisas que você não pode dizer, mas coisas que você *tem* de dizer.

No totalitarismo, você não pode retirar-se para a vida privada; você é obrigado a participar das cerimônias humilhantes que o regime constantemente decreta. Na Coreia do Norte, centenas de milhares de pessoas eram (e ainda são) obrigadas a ensaiar por meses a fio para produzir desfiles grandiosos de um kitsch tão espantoso quanto ridículo, desfiles cujo efeito, e cuja intenção, sem dúvida, é convencer aqueles que tomam parte neles de sua própria insignificância em comparação ao Estado, com seu poder, e com seu líder. Na Romênia, todo mundo acreditava que em *todo* telefone havia um microfone que transmitia *toda* conversa que acontecesse a seu alcance para a polícia secreta. Ninguém nunca conversava comigo onde havia um telefone sem primeiro cobri-lo com uma almofada.

Pode parecer que o colapso do totalitarismo comunista tenha sido tão rápido, tão completo, tão definitivo, que hoje faça pouco sentido recordar como era viver nele. Porém isso seria um erro. Primeiro, os regimes comunistas foram uma experiência histórica muito dolorosa para muitos milhões de pessoas, e simplesmente esquecê-la seria acrescentar um insulto ao dano. Segundo, ainda que praticamente mais ninguém defenda regimes de estilo soviético como solução para os problemas do mundo (e é importante também lembrar quantos intelectuais fizeram isso enquanto o comunismo estava em sua pior fase), ainda guardamos em nós preocupantes impulsos e pendores totalitários. Cada vez mais, no mundo ocidental, somos obrigados a censurar-nos e a subscrever em público opiniões de cuja veracidade ou sensatez só podemos discordar na privacidade do nosso crânio, ou a pessoas de confiança. Com espantosa rapidez, ideias que teriam parecido absurdas apenas poucos anos ou meses atrás se tornam ortodoxias inatacáveis. É verdade que ainda estamos bem longe do Gulag; mesmo assim, muitas pessoas no Ocidente receiam falar aquilo em que realmente creem, tanto porque isso afetaria negativamente sua carreira, quanto porque isso lhes valeria a fama de inimigas do *bem*, se não do *povo*. A correção política insinuou-se em nossas vidas com surpreendentes ligeireza e abrangência, e é bom lembrar até que ponto pode chegar a supressão da liberdade.

O comunismo foi uma tentativa impaciente de resolver todos os problemas humanos ao mesmo tempo e de produzir um estado de perfeição que nunca poderá existir: a insatisfação (bem como o prazer) é uma consequência de ser humano. É especialmente provável que o desejo de resolver tudo de uma vez se torne preponderante num lugar em que haja muitos problemas urgentes, variados e intratáveis; cabe aos leitores brasileiros dizer se o Brasil é um lugar assim. Porém espero que este livro os imunize um pouco contra a impaciência utópica.

Tenho uma pequena confissão a fazer. Hoje sinto vergonha da alegria que senti com a execução – ou o assassinato, na verdade – de Nicolae e Elena Ceaușescu. Eram pessoas terríveis, claro, mas ninguém deveria ser morto como eles foram, arbitrariamente, injustamente e sem o direito de defesa. O fato de ter sido capaz de sentir tanta alegria apenas mostra que muitas vezes precisamos desconfiar tanto de nós mesmos quanto dos outros.

Prefácio

Há mais de vinte anos, os regimes comunistas do Leste Europeu implodiram, e naquela área uma geração já chegou à vida adulta sem qualquer experiência daquela estranha atmosfera de tédio e medo, combinada com uma vida material cinzenta e barata, que apenas poucos anos antes parecera um traço absolutamente fixo e imutável da vida.

Dizem-me que os jovens do Leste Europeu, bem como os jovens de toda parte, exibem pouco ou nenhum interesse na experiência dos pais; isso é sempre doloroso para os pais, mas nunca é tão doloroso quanto no caso em que a experiência deles tenha sido de um sofrimento profundo e prolongado, de uma variante muito particular. Ter vivido um cataclismo prolongado é ruim em si; descobrir depois que as pessoas ou querem esquecê-lo por completo ou não querem nem saber a respeito é duplamente perturbador.

Fui aos países periféricos do mundo comunista, então em processo de colapso, movido primeiro pela curiosidade e, depois, pelo desejo de acrescentar minha migalha ao testemunho dessa época. Eu queria prevenir a nostalgia por aquilo que era um sistema anti-humano, considerando a probabilidade de que a transição para algo mais normal fosse difícil e insatisfatória.

Tirando os massacres, as mortes e as fomes pelas quais o comunismo foi responsável, a pior coisa do sistema era a mentira oficial, isto é, a mentira de que todos eram obrigados a participar, por repetição, por consentimento ou por não contradizê-la. Cheguei à conclusão de que o objetivo da propaganda nos países comunistas não era persuadir, e muito menos informar, mas humilhar e emascular. Nesse sentido, quanto menos ela fosse verdadeira, quanto menos correspondesse à realidade, melhor; quanto mais contradissesse a experiência das pessoas às quais se dirigia, mais dóceis e mais impotentes elas ficavam, desprezando-se mais e mais por não protestar.

Ao longo dos anos, percebi que não temos motivos para sermos complacentes com o que outrora era o Ocidente, onde, nos anos seguintes, houve um aumento da mentira oficial e comercial de um tipo não distinto, ainda que menos grosseiro. Quando uma mensagem gravada no telefone nos pede para ficar na linha porque "sua ligação é muito importante para nós", você sabe que não existe um "nós" para quem ela é importante. Além disso, você sabe que a mensagem na verdade deveria ser "sabemos que você está à mercê da empresa, e um diretor concluiu que era mais lucrativo deixar você esperando do que ter uma equipe grande o bastante para atender imediatamente a todas as chamadas telefônicas". Mesmo assim, você não protesta, porque quer apenas seguir sua vida, ainda que se despreze um pouquinho por mansamente tolerar aquilo. De qualquer modo, você sabe que a organização que mente é maior do que você, por isso protestar não faria sentido e demandaria tempo.

Uma atmosfera de medo hoje impregna a maior parte das organizações de qualquer tamanho ou complexidade, em grande parte graças a regulamentos que supostamente protegeriam as pessoas de coisas desagradáveis como *bullying* ou discriminação. As pessoas tomam cuidado com o que dizem, não confiam em ninguém, olham para o lado para ver quem está presente, têm medo de escrever o que quer que seja, etc.

Isso me lembra, levemente, da vida do outro lado da Cortina de Ferro. Assim, espero que este livro sirva não apenas como registro histórico, mas como uma espécie de aviso.

Theodore Dalrymple, 2012

Introdução

Por muito tempo tive fascínio pela morte de modos de viver. Em 1975, pouco depois de me tornar médico, fui trabalhar alguns meses na Rodésia, como então o país era chamado. Eu queria testemunhar o último arquejo do mundo colonial antes que ele passasse ao olvido, do qual só seria resgatado pelo aviltamento.

Quase quatorze anos depois, no começo de 1989, outro modo de vida, que à época parecera entranhado e sólido o bastante para durar um milênio, estava ameaçado: o comunismo. Seu fracasso na terra que o tinha adotado pela primeira vez era claro para todos, e negado por praticamente ninguém. Havia um fermento no império do comunismo: o espectro da liberdade assombrava o Leste Europeu. Eu sabia que precisava correr se ainda quisesse experimentar o pleno sabor da autocracia comunista.

Felizmente para mim, ainda que não para milhões de pessoas que tiveram de viver lá, na periferia do mundo comunista permaneceu um punhado de Estados cujos líderes se recusaram a entender que a hora tinha chegado, e que se dedicavam à petrificação de seu próprio poder absoluto. Foi a esses países, começando com a Albânia em abril de 1989, e terminando com Cuba em janeiro de 1990, que me dirigi. Minhas visitas foram breves, e por isso minha experiência de cada país, por mais intensa que tenha sido, foi necessariamente limitada; porém, como os países tinham culturas muito diversas, os efeitos comuns produzidos pelo comunismo ficavam ressaltados ainda mais claramente e davam às minhas viagens uma perspectiva comparativa que uma estada prolongada em qualquer um deles não poderia ter dado. Por mais desimportantes que sejam esses países isoladamente na história mundial, coletivamente eles nos dizem muito sobre uma das principais correntes políticas do século XX.

Não afirmo ter abordado minhas viagens com minha mente como *tabula rasa* no que dizia respeito ao comunismo. Somente um anacoreta que tivesse passado os últimos cinquenta anos numa caverna ou um tolo poderia fazer isso. Em 1988, eu tinha visitado as Repúblicas Bálticas, que estavam acabando de sair de cinco décadas de coma pontuadas por pesadelos. Todas as pessoas que conheci tinham histórias terríveis para contar. Um professor de química recordava seus dias de aluno no tempo de Stalin, quando os estudantes saíam da escola e podiam encontrar caminhões parados na frente cheios de pais. Se os seus pais estivessem entre eles, você subia no caminhão e era deportado para a Sibéria, e nunca mais ouviam falar de você. Uma mulher da minha idade lembrava-se de, quando criança, ficar acordada até as três da manhã por vários meses, usando todas as roupas que tinha, porque a polícia secreta podia aparecer até este horário para deportar a família inteira, sem lhe dar tempo para preparar-se. Essas experiências não eram as de indivíduos isolados e descontentes, mas de países inteiros; não de umas poucas dezenas, mas de dezenas de milhões de pessoas.

Essas atrocidades também não estavam desconectadas da doutrina em cujo nome eram cometidas. Quando jovem, eu mesmo li um bocado de Marx e de Lênin, e dividi uma casa com um marxista-leninista inabalável, que acreditava que a organização da qual ele era secretário-geral — e que tinha um outro membro — era a única organização verdadeiramente marxista-leninista do mundo. Ele lia os discursos de Enver Hoxha e de Leonid Brejnev enquanto outros liam histórias de detetives; ele preferia camisas de náilon, não porque as achasse confortáveis ou bonitas, mas porque elas representavam um *triunfo do homem sobre a natureza*. Nenhuma bela paisagem estava para ele completa sem uma fábrica com chaminés fumegantes, porque não havia fumaça sem proletários, nem proletários sem revolução. Não demorei para concluir que o comunismo era péssimo, e que as palavras de Marx e Lênin traíam um desprezo infinito pelos homens como eram, por suas aspirações, suas alegrias e tristezas, suas incoerências, seus sentimentos mais íntimos, suas realizações e fracassos. Abaixo da superfície de sua compaixão pelos pobres se agitava a lava líquida de seu ódio, que eles não reconheciam por falta de suficiente autoconhecimento.

Não afirmo, portanto, que viajei com a mente neutra. Porém a neutralidade não é uma precondição da verdade, a qual por si não é o meio entre dois extremos. Não se espera neutralidade de alguém que investiga o nazismo, e seria chocante se esse alguém a afetasse; por que, então, esperá-la de alguém que investiga um mal distinto, mas mais duradouro?

1. Albânia

Onde a religião é obrigatória, sou ateu, mas, onde a religião é proibida, sou crente. Na Albânia, todo culto público acabou em 1967, quase um quarto de século depois de os comunistas tomarem o poder, quando a juventude albanesa decidiu – espontaneamente e com entusiasmo revolucionário, segundo a explicação oficial – fechar permanentemente as igrejas e as mesquitas. Que opulência de bandidagem e de intimidação não está por trás dessa insípida explicação!

Cheguei a Tirana numa manhã da primavera de 1989, trajando meu protesto contra essa intolerância. Era um moletom com o peito de um tucano em meio a uma folhagem tropical. Acima da foto estavam as palavras *South American Handbook* [Guia da América do Sul]; abaixo, em espanhol, *Vaya con Dios* [Vá com Deus]. Nas circunstâncias, o moletom poderia ter sido considerado subversivo, uma tentativa de fazer propaganda religiosa. Porém ninguém no aeroporto entendia espanhol, apesar da presença, nas prateleiras da sala VIP do aeroporto, das *Obras Seletas* de Enver Hoxha em tradução espanhola. De qualquer modo, ao entrar na Albânia, os moletons não passavam pelo mesmo grau de censura que formas mais convencionais de literatura, e assim fui deixado em paz e pude desfrutar de minha pequenina piada particular pelo país.

Alguns podem dizer que a violenta supressão da religião (e quem pode duvidar de que, após um milênio de profunda influência cultural e social, a supressão há de ter sido violenta?) nada teve a ver com marxismo-leninismo, tendo sido antes o capricho de um déspota trazido pelo acaso, um pervertido ideológico. Porém as escrituras ofereceram vastas justificativas para essa ação, tenha ou não sido esse o motivo real para que isso acontecesse na Albânia. Antes dos dias em que cristãos e marxistas descobriram um terreno supostamente comum, Marx escrevera sobre a vindoura era pós-revolucionária: "Quando o estado político [revolucionário] [...] passar a existir [...], [ele] pode e deve efetuar *a abolição da religião*, a *destruição* da religião".

E isso porque: "[...] abolir a religião, a felicidade ilusória do povo, é exigir sua felicidade real; a exigência de que sejam abandonadas ilusões sobre o estado atual de coisas é a exigência de que seja abandonado um estado de coisas que exige ilusões".

Quanto à opinião que Lênin tinha da religião, ela era, na verdade, um tanto menos favorável do que a de Marx: "[...] qualquer ideia religiosa, qualquer ideia de deus que seja, qualquer flerte com um deus, é uma podridão inominável [...]. É a podridão mais perigosa, a 'infecção' mais vergonhosa".

Quando um homem compara a religião com a doença venérea, não chega exatamente a surpreender que aqueles que dizem ser seus seguidores fechem igrejas e mesquitas.

No aeroporto de Tirana, o viajante deixa um continente e muitas décadas para trás. Não há homens de negócios cheios de si apressando-se, ninguém corre para comprar um relógio ou uma câmera de que não precisa apenas porque é possível economizar alguns francos, marcos, ou libras. As pessoas andam devagar, quase com relutância. O avião em que se pousa permanece em solitária glória no asfalto (excetuando os poucos antigos caças MiG, que provavelmente nem voam mais, semiescondidos atrás dos arbustos, obtidos junto à URSS ou à China muitos anos atrás, antes que esses países fossem declarados anti-Marx por Enver Hoxha, ditador absoluto da Albânia por 42 anos). O viajante caminha até o terminal por um jardim agradavelmente lúgubre, com grama alta e palmeiras atrofiadas, e repara que, ao contrário de outros aeroportos, não há cheiro de combustível de avião no ar, e recorda os louvores que a Albânia recebeu de seus entusiastas por sua ausência de poluição. Antes que as formalidades de entrada sejam concluídas, o avião decola para seu retorno a outro mundo, e súbito a realidade do terrível isolamento da Albânia é revelada ao turista. Se ele tiver apendicite agora, terá de submeter-se a uma operação de apêndice albanesa.

Os visitantes estrangeiros só podem entrar na Albânia em grupos supervisionados pelas autoridades, a menos que o governo albanês lhes faça um convite especial: uma improbabilidade no meu caso, já que nunca atuei como apologista do regime. Poucos grupos são permitidos a cada ano; são escoltados a todos os lugares, mas deve-se dizer que nem os albaneses têm permissão para sair de seu distrito de residência sem permissão das autoridades. Enquanto preenchíamos nossos formulários, listando os narcóticos, explosivos e livros que tínhamos trazido conosco, e aguardávamos as autoridades da alfândega e da imigração comporem-se, preparando-se para inspecionar a nós e a nossos formulários, voltei os olhos para meus companheiros dos próximos doze dias. Eu tinha esperanças de uma bela safra de excêntricos entre eles, como os que eu encontrara no encontro geral anual da Sociedade Anglo-Albanesa em Londres um mês antes. O secretário da sociedade era um optometrista aposentado de Ilford que tinha descoberto o paraíso balcânico tarde na vida e aprendido seu idioma; os membros da sociedade pareciam ou revolucionários idosos das classes mais abastadas, que conheciam a chave da história mundial, mas por algum motivo nunca tinham aprendido a abotoar as camisas direito, ou autodidatas proletários, amargos e solitários, que sonhavam com a vingança contra o mundo, e chamavam isso de amor pela humanidade.

Examinei o grupo em vão, procurando quem acreditasse que Tirana era a Nova Jerusalém. O mais próximo a que cheguei foi um arquiteto aposentado com sua esposa, de Hampstead, tão chocados com a Grã-Bretanha de Thatcher que gostariam de examinar com os próprios olhos outras possibilidades. ("Estamos sempre procurando uma alternativa para nossa situação deplorável", disse o arquiteto.) Porém eles não demoraram muito para perceber que, por piores que as coisas estivessem em seu país natal, o pequeno Estado dos Bálcãs oferecia poucas soluções. Bastou a viagem de carro do aeroporto até Tirana para provar isso.

Tirana é um dos poucos vales férteis num país excessivamente montanhoso. Assim, é importante que esses vales produzam o máximo possível, ainda mais porque o governo está determinado, por motivos políticos, que a Albânia permaneça autossuficiente em alimentos, e em tudo o mais. É verdade que cada centímetro de terra parece cultivado, porém as afirmações estatísticas feitas pelo governo a respeito da mecanização da agricultura albanesa parecem, ao menos para o observador casual que vai do aeroporto de Tirana até Tirana, ser — bem, exageradas. É verdade que se veem tratores, mas de uma safra que visitante nenhum teria encontrado fora de um museu, e num estado tal de degradação que, bafejando uma espessa fumaça negra em protesto, se movem não muito mais rápido do que as carroças que ainda rodam pelas estradas da Albânia em números maiores do que os veículos motorizados geralmente cambaleantes. A utilidade desses tratores deve ser, certamente, limitada. E em muitos dos campos ainda se pode ver grande número de camponeses, na maioria mulheres com pano na cabeça, lavrando a terra com protetores de mão e semeando manualmente. Não fosse pelo fato de esses campos serem vastos, proclamando-se parte de fazendas estatais, a cena poderia ser antiquíssima.

Há outro traço da paisagem, porém, que um camponês da Albânia, voltando de outra era, não reconheceria. Em intervalos frequentes, até onde a vista alcança, em cada montículo e em cada declive, há fileiras de domos de concreto meio achatados (contei 32 apenas em um campo), uma sucessão de pequenas catedrais de Santa Sofia, cada qual com uma fenda negra escancarada em suas paredes. São plataformas defensivas de armamentos, aguardando pacientemente que a Albânia seja invadida para encontrar a utilidade delas. Eis aqui a primeira insinuação que o visitante tem do nacionalismo e da xenofobia selvagens, que tão completamente isolaram a Albânia do resto do mundo por quase meio século. Sobre o valor militar dessas plataformas militares, nada posso dizer; não sei se a Albânia tem homens ou armas suficientes para defendê-los, ou mesmo se é possível defendê-los contra armas modernas. Porém, como mensagem constante aos agricultores nos campos de que os estrangeiros são inimigos, dos quais é preciso guardar-se a todo custo, as plataformas de armamentos não têm rivais. E, em áreas com mais colinas, onde há vinhedos, a mensagem é reforçada pelas estacas de ferro colocadas no alto de cada vara que apoia as vinhas, para espetar os paraquedistas inimigos assim que pousarem.

De onde vem toda essa insana xenofobia? Afinal, o comportamento humano tem explicação, se não justificação. E não demora para que seus guias albaneses (sempre há dois deles, um para observar o comportamento do outro) recitem listas de invasores e de ocupantes de seu país: romanos, búlgaros, sérvios, bizantinos, turcos, italianos, austríacos, franceses, alemães e anglo-americanos. Assim, os albaneses aprenderam a dura lição da história: infelizmente, a lição errada.

Começou a chover quando nos aproximamos da cidade. A aproximação de poucas cidades é esclarecedora, ainda mais na chuva, mas Tirana nesse aspecto foi particularmente desalentadora. Primeiro vieram algumas fábricas, enfeitadas com faixas vermelhas proclamando a glória do Partido Trabalhista Albanês, e, depois, prédios de apartamentos, feitos com tijolos rudes, todos num pequeno mar de lama, e acabados segundo um padrão que faria vergonha em Calcutá.

– Olhem só! – exclamou William, um psiquiatra e assistente social. – É horrendo.

Ele tinha toda razão, claro, *era* horrendo, mas a sobrancelha franzida e o tom cadente de sua voz nos anunciaram que esse era o tiro de largada de uma campanha de reclamações contínuas, porque William teria achado Lausanne não menos intolerável do que Tirana.

Não havia trânsito em Tirana, nem vida comercial. A vulgaridade desfigurante da propaganda moderna muitas vezes é comentada; a feiura de sua substituição por slogans políticos, nem tanto. Sobre as pessoas que se arrastavam pelas calçadas, elas também trajavam a feiura. Suas roupas eram de fibras feitas à mão, cujas cores eram as mesmas usadas para pintar os corredores de asilos de loucos, marrom-chocolate e um tom de laranja escuro e sujo particularmente comum.

Após quarenta minutos, chegamos à Praça Skanderberg, no coração mesmo da cidade. Seu nome vinha do herói nacional albanês que tinha elevado o padrão da revolta contra os turcos em 1443, e ganhou cada batalha contra eles, exceto a última, em 1468. Na moderna historiografia albanesa, Skanderberg era inequivocamente *bom*, na verdade um precursor de Enver Hoxha e do Partido Trabalhista Albanês. Como de costume na versão nacionalista extrema da história, fatos inconvenientes são postos de lado: que as pessoas contra quem Skanderberg lutou eram na maioria albaneses liderados por outros albaneses, que a suserania turca não era de jeito nenhum um capítulo de horrores, que os albaneses tinham privilégios no Império Otomano e mais de trinta deles tornaram-se vizires, que as tropas albanesas foram usadas pelos turcos para conter rebeliões gregas, etc.

De qualquer modo, não é de Skanderberg a enorme estátua que está no centro daquela vasta praça tão desprovida de tráfego que as pessoas passeiam nela sem precisar olhar para os lados; é Enver Hoxha, um tiozão roliço e metálico com seu pesado sobretudo de bronze.

Ficamos no Hotel Tirana, de frente para a praça. É o único prédio de verdade da cidade, e de seus andares superiores pode-se olhar o Boulevard dos Mártires e as colinas verdejantes além da Universidade Enver Hoxha. Dividi o quarto com um membro de nosso grupo, um falastrão incessante tão incapaz de resistir a encher o silêncio com verborragia quanto um glutão é capaz de resistir a esvaziar caixas de chocolate. A banalidade de sua conversa levou-me quase ao desespero, e finalmente entendi o que Sartre quis dizer com "o inferno são os outros". Que Albert fosse gentil e bem-intencionado só piorava tudo em vez de melhorar. Apenas ocasionalmente, porém, ele dizia algo de interessante. Ele já tinha visitado a Albânia, mas, ao contrário da maior parte das pessoas que já tinham estado ali mais de uma vez, não era um apologista do regime. Além das fotos da avenida principal de seu subúrbio no sul de Londres, com as quais ele esperava aumentar o descontentamento entre os cidadãos da Albânia, ele trouxe fotos dos guias de sua viagem anterior ao país e mostrou-as a nossos guias atuais. Um dos guias fotografados tinha, naquele meio-tempo, conseguido desertar enquanto atuava como intérprete na Europa Oriental. Nossos guias atuais sugeriram que, como traidor, seu rosto fosse cerimonialmente removido da fotografia.

Ainda que estivesse chovendo, imediatamente saí para dar uma volta, olhando de quando em quando atrás de mim para ver se estava sendo seguido. Não estava, e senti um ligeiro incômodo por ser tão pouco importante. Dessa vez, me abriguei debaixo das colunas do Palácio da Cultura, um prédio com fachada de mármore que corria por um lado da praça. As colunas de mármore eram retangulares, com quinas de noventa graus nas quais é possível cortar-se. Por que, perguntei-me, os arquitetos tanto fascistas quanto comunistas tinham tanta atração por colunas desse tipo? Seria porque elas representavam o poder, nu e sem adornos? Eu não conseguia pensar em nenhum estilo arquitetônico mais completamente contrário à cultura do que aquele do Palácio da Cultura.

Alguns albaneses desalinhados também se abrigaram ali. Eles me olhavam com tanta curiosidade quanto eu olhava para eles. Seu idioma era radicalmente incompreensível para mim, o único descendente a sobreviver do antigo ilírio, e nada parecido com qualquer língua europeia, incluindo o húngaro. Uma sequência de pergunta e resposta de *Noite de Reis* passava por minha cabeça de novo e de novo, como o fragmento de uma melodia que fica grudada, ou um disco que prende a agulha: "Que país, meus amigos, é este? É a Ilíria, minha senhora. Que país, meus amigos, é este? É a Ilíria, minha senhora".

Precisei me afastar para fugir da repetição daquelas frases sem sentido. Minha esperança era de que novas impressões as tirariam de minha mente. E, claro, logo fiquei intrigado com a mesquita do século XVIII na frente do Palácio da Cultura. Ela tinha um único minarete e era decorada com um frisado floral *naïf* encantador. Os portões de ferro, porém, estavam fechados com cadeado, e minhas tentativas de olhar lá dentro pelas janelas da mesquita foram observadas com certo nervosismo pelos poucos transeuntes. Uma nova pergunta adentrou minha mente: será que os albaneses, na privacidade de seus lares, oferecem preces ilícitas à divindade? Afinal, 70% deles um dia foram muçulmanos (mas não muito devotos), e o resto, cristãos. A historiografia oficial explicava a conversão em massa dos albaneses para o islã após a conquista turca pelos tributos mais baixos pagos pelos muçulmanos. Para mim, isso não soava implausível: tendo testemunhado conversões em massa em outros lugares, eu duvidava de sua espiritualidade. Porém a historiografia oficial por si tinha menos interesse na verdade do que na autovalidação. Se os camponeses tinham se convertido ao islã por vantagens fiscais, isso tornava a religião – com todo o seu suposto interesse no outro mundo – sórdida e hipócrita. E ajudava a apoiar o argumento marxista de que, *no fundo*, toda atividade humana é motivada por considerações econômicas. Assim, era irônico que o líder de uma nova Albânia sem deus se chamasse Hoxha, que é a palavra turca para mestre religioso. Alguns diriam, claro, que isso nada tem de irônico: ele apenas trocou uma religião por outra, uma religião ainda menos melindrosa quanto a conversões forçadas do que o islã na Ásia ou o cristianismo no Novo Mundo.

Com esses pensamentos, parecia natural dirigir-me ao Boulevard dos Mártires. A ele se chegava por um pequeno conglomerado de prédios de estuque amarelo, que eram ministérios: notava-se pelo Mercedes preto novo com cortinas cinzas nas janelas traseiras que aguardava em cada entrada. Nas paredes dos ministérios, havia esculturas emolduradas de gesso em estilo barroco stalinista: espigas de trigo e cachos de uvas.

Havia alguns sinais de trânsito nas redondezas, os únicos em toda a Albânia, recém-instalados. Dizem que só há quinhentos carros no país, e, como Tirana é uma cidade de ruas largas, de avenidas, ela tem uma atmosfera de calma que inicialmente é muito revigorante, ao menos para aqueles acostumados às cidades frenéticas e sufocantes da Europa, mas que – não muito tempo depois – fica um tanto sinistra. É o silêncio, interrompido só raramente pelo distante ribombar de um veículo sobre os paralelepípedos, que perturba. As cidades não foram feitas para o silêncio. Para quem, então, ou para que foram construídas essas ruas largas, se não para o tráfego? Para desfiles militares, para impedir que fossem construídas barricadas atravessando-as, para provocar o temor nos pedestres? Ou foram feitas assim só porque a grandiosidade é a natureza dos tiranos?

Cheguei ao Boulevard dos Mártires, parando diante da estátua de Stalin, uma mão napoleonicamente erguida em seu sobretudo militar, na frente de uma galeria de arte. Seis meses antes, na URSS, eu tinha lido no *Moscow News* sobre a descoberta de uma vala comum na Bielorrússia com pelo menos 102 mil corpos, um assassinato em massa livremente atribuído a Stalin, reconhecido como um dos maiores criminosos da história. Isso não era novidade fora da URSS, claro; porém a aceitação final dessa verdade na terra de seus crimes tornava a presença de uma estátua sua em qualquer lugar ainda mais chocante. Contudo, ao mesmo tempo eu estava ciente da estranha ambivalência de minha reação: admiração, até afeto, pela excentricidade de uma nação minúscula que tinha dado a cara a tapa contra as verdades aceitas no resto do mundo. Se a Albânia não existisse, talvez fosse necessário inventá-la. Porém minha ambivalência era, em sua essência, autoindulgente. A excentricidade de acreditar em Stalin não era de um indivíduo privado, mas de um Estado e de um governo; e também não era inofensiva, como acreditar que a terra era plana, ou que o futuro poderia ser decifrado em folhas de chá, mas maligna e indecente, como o antissemitismo ou o fanatismo religioso.

Por causa da chuva, o Boulevard estava quase deserto. Entrei no único outro hotel para estrangeiros em Tirana, o Dajti, reservado para diplomatas e visitantes de monta. O enorme saguão de entrada estava vazio, porém uma TV em preto e branco no canto transmitia uma aula de inglês dos anos 1960 para o vazio, dada por atores ingleses comicamente formais:

Repeat Walter's reply to Connie's question.
Connie: Have you enough money?
Walter: I think so, thank you.

[Repita a resposta de Walter para a pergunta de Connie.
Connie: Você tem dinheiro o bastante?
Walter: Acho que sim, muito obrigado.]

Que inglês, pensei, que Walter deveria responder *I think so* em vez de *yes* ou *no*; realmente não admira que Albion seja considerada diabolicamente pérfida, quando tantas vezes ela apenas tem a fala mansa.

Tomei um café — o melhor que tomei na Albânia — e comi uma torta de surpreendente doçura que, por algum motivo, deixou um retrogosto químico, como se um remédio desagradável tivesse sido inserido nela, numa tentativa de que um paciente difícil tomasse sem perceber a dose vespertina. Saí do Dajti com Connie e Walter ainda enunciando suas palavras mais claras do que os sentidos, e continuei andando pelo Boulevard dos Mártires.

Atravessei a rua, mas logo soldados com pequenas armas automáticas de prontidão acenaram para que eu voltasse. Usavam uniformes castanho-claros, de inspiração soviética, e longas capas de chuva verde-oliva. O prédio do qual me afastaram era claramente importante: a sede do Partido ou algo assim. Havia ali uma tensão ausente nos outros ministérios, e o prédio mesmo era severo, enorme, e cinza.

Cheguei ao fim do Boulevard. À essa altura tinha parado de chover e havia alguns estudantes e soldados por perto. O prédio principal da Universidade Enver Hoxha era muito menor e menos impressionante de perto do que visto da outra ponta do longo e largo Boulevard. Sua fachada de granito cinza rudemente talhado era francamente feia. À esquerda da Universidade Enver Hoxha ficava o estádio de futebol Enver Hoxha, ao qual se chegava passando por uma larga extensão de pedra branca. Ali havia outra colunada de pilares quadrados, debaixo da qual ficava um café ao ar livre, onde – para minha surpresa – as pessoas estavam efetivamente sendo servidas por garçons de paletós brancos e gravatas-borboletas pretas. Quando me aproximei, dois rapazes (não havia mulheres à vista) fizeram um gesto para que eu me sentasse à sua mesa, e aceitei o convite deles.

Os dois rapazes – realmente novos – eram magros e rijos, como se tivessem passado algum tempo nas montanhas pastoreando cabras, e seus cabelos eram cortados bem curtos. Seus rostos, couros cabeludos e braços mostravam cicatrizes de cortes antigos, e seus olhos tinham aquela estranha limpidez que às vezes têm as pessoas de tez oliva. Eram afáveis, mas eu não subestimaria a firmeza deles.

Não tínhamos uma língua comum, mas um deles sabia um pouco de italiano, falando devagar e mal o suficiente para que eu entendesse. Eram conscritos do Exército em licença, e fiquei surpreso por não demonstrarem medo de falar comigo. Já tinham bebido um pouco e insistiram para que eu me juntasse a eles num conhaque. Como detesto todo conhaque, não posso comentar a variedade albanesa, porém, certamente, ela não me pareceu pior do que os muitos outros que experimentei.

Os dois conscritos – que odiavam o Exército – pediram-me, como a um Daniel que veio emitir julgamentos, para resolver uma disputa entre eles. O primeiro afirmava que havia três coisas importantes na vida, ao passo que o segundo dizia que havia apenas uma. As três coisas eram sexo, uísque e música; já a coisa única era o esporte. A ideologia, o patriotismo e o resto obviamente não tinham importância para eles. O que preferia música, entre outras coisas, recitou os nomes de bandas pop com a mesma expressão de um místico recitando os vários nomes de Deus.

– Dire Straits – disse ele, repetindo várias vezes.

– Gary Lineker – contrapôs o outro.

– É verdade que Michael Jackson tem AIDS? – perguntou o primeiro.

Para sua evidente decepção, eu não dispunha de informações particulares sobre o assunto. Ele achou estranha minha falta de interesse: ser livre e, no entanto, nada saber de Michael Jackson!

Um amigo deles veio sentar conosco. Era mais alto do que eles, com pretensões a ser charmoso e elegante, um casaco sobre os ombros um pouco à moda do príncipe Yakimov de *The Balkan Trilogy*.[1] Seus sapatos esfarrapados com borda de plástico, porém, fizeram feio. Ele conseguia transmitir que era só por acidente que estava em Tirana: espiritualmente, ele se sentia mais à vontade em Paris ou Nova York. E ele deixava claro que, de jeito nenhum, era um robô do Estado socialista: era vendedor de dólares, de relógios, e de Walkman.

Seguiu-se uma sinistra inspeção de meu relógio, que, por experiência, eu sabia que levaria a pedidos urgentes, de partir o coração, de que eu me separasse dele, claro que em termos muito vantajosos para mim. O negócio seria apresentado como se o futuro do mundo inteiro dependesse dele, e seria uma última oportunidade. Eu precisaria de toda a minha força para resistir aos argumentos do desejoso comprador. E então o assunto passaria a dólares, e, caso não se chegasse a um acordo, haveria a expectativa de que ao menos eu trocasse meus sapatos pelos dele, já que a compra de novos sapatos "não seria problema nenhum para mim".

Os três me seguiram pelo Boulevard dos Mártires, cada vez mais desesperados por alguma lembrança tangível de nosso encontro. Então, de repente eles derreteram, como se tivessem lembrado outros negócios

---

[1] Primeira parte de uma sequência de seis romances de Olivia Manning. (N.T.)

urgentes: deduzi que não era seguro passar muito tempo na companhia de estrangeiros, ainda mais no centro da cidade.

De volta ao hotel, às 19h, era hora do jantar. Uma das coisas mais estranhas das férias em grupo é a ansiedade com que todos, famintos ou não, correm para o salão de jantar três vezes por dia, como que receando que um instante de atraso vá fazer a comida desaparecer. Eu mesmo senti essa ansiedade, muito agudamente. Claro que, pelos padrões dos albaneses, para os quais tudo era, é, e continuará sendo fortemente racionado, e que raramente são gordos, nós comemos imensamente, até obscenamente. Os albaneses fizeram tudo o que puderam para nos agradar, mas nem seus esforços, nem nossa situação de privilégio extremo inibiu alguns dentre nós de reclamar violentamente da velhice do pão, do pequeno tamanho das porções de manteiga, etc. Nesses momentos, eu queria que um abismo se abrisse e me engolisse.

Após o jantar, fui dar uma caminhada pela vida noturna de Tirana. Nem mesmo o mais firme dos partidários de Enver Hoxha afirmaria que Tirana é uma cidade vibrante, cheia de empolgação, mas ela é segura, e, apesar de as ruas serem iluminadas só pela metade por lâmpadas de débil força, cujo principal efeito é projetar fundas sombras sem iluminar nada, percebe-se de imediato que furtos e roubos não acontecem ali. Num país com uma tradição imemorial de banditismo, e um mundo em que é cada vez menos seguro aventurar-se fora do próprio quarto quando escurece, esse feito não é desprezível – talvez se pudesse dizer que é quase um triunfo da liberdade pessoal. Mas liberdade de fazer o quê, além de andar? No País de Gales, não há aldeia mais morta numa tarde chuvosa de domingo do que Tirana quando escurece.

Finalmente encontrei um bar. Ele ficava em uma ladeira larga, com janelas de apartamentos, mas quase todas estavam bloqueadas por cortinas escuras, feitas com material áspero. As que não estavam com cortinas, estavam iluminadas por uma luz muito fraca – com uma melancolia amarelada de 40 watts ou menos – para se ver muito além da sujeira geral interna.

O bar era grande e despojado, com uma galeria com corrimão de ferro acima. Havia cerca de vinte mesas com tampo branco, manchadas com os restos derramados da cerveja e dos destilados. Apenas três mesas estavam ocupadas, pois já era tarde: 21h30. Os outros clientes, todos homens com a barba por fazer em roupas de trabalho, mal ergueram os olhos quando entrei: os tampos das mesas pareciam exercer neles um fascínio profundo, ainda que melancólico. Não me convidaram a beber com eles: na verdade, eles mal se comunicavam entre si. Pedi um *raki*, uma bebida viscosa transparente, de força considerável. O garçom deixou claro que estava perto da hora de fechar ao tirar seu paletó branco assim que me trouxe meu copo. Bebi o *raki* e voltei para o hotel, o garçom trancando o bar assim que saí.

Àquela hora, o som de música folclórica vinha da taverna subterrânea debaixo do saguão do hotel. Desci para investigar. A taverna tinha sido gravemente danificada algumas semanas antes por *hooligans* do futebol inglês, que tinham ido à Albânia para uma partida internacional, se embebedado, tirado toda a roupa e feito saudações nazistas. Nada poderia ter sido mais bem calculado para insultar e encolerizar os albaneses. Dançarinos folclóricos em coloridos trajes tradicionais albaneses apresentavam-se na pista de dança, mas, como a plateia era escassa e inteiramente de estrangeiros, a jovialidade das danças era forçada e sem sentido, sem vida, insincera. Fuji daquela farsa fantasmagórica para meu quarto.

Albert estava lá, despejando platitudes. Porém devo admitir que ele estava muito bem preparado para a viagem: não apenas tinha trazido uma grande reserva de chiclete e de lápis para as crianças que, segundo ele garantia, nos atormentariam mais tarde, como tinha uma leve capa de chuva de plástico para prevenir-se dos temporais típicos da estação em outras partes do país, dúzias de rolos de filme, uma caixa de pequeninas barras de chocolate para quando o almoço ou o jantar fosse inevitavelmente retardado, para nem falar da chaleira elétrica de viagem com adaptadores para uso em todas as tomadas do mundo. Mais importante, ele possuía um guia da Albânia escrito pelo secretário da Sociedade Anglo-Albanesa e um livro de frases em albanês difícil de achar. Enquanto ele vertia em meu ouvido detalhes do novo CD-player compacto que tinha acabado de comprar na Grã-Bretanha, eu lia aqueles volumes, repletos de informações estranhas e misteriosas.

O que, por exemplo, se deveria pensar da afirmação, no guia, de que na Albânia havia uma loja para cada 268 pessoas? Era uma censura, ou um elogio? O que vendiam essas lojas para 268 pessoas? E onde era possível experimentar o drinque "popular" da Albânia, o *Lumumba*, feito de *raki* e cacau? E onde se podia comprar uma cópia do jornal *O Suor do Camponês*, publicado na cidade de Fier duas vezes por semana?

Com metais não ferrosos, estava-se em chão mais firme. A produção de cromo tinha crescido na Albânia 256 vezes desde 1938, e a de cobre, 617 vezes desde 1946. Ah, pensei, se apenas a felicidade pudesse ser medida do mesmo jeito! Isso logo acabaria com todas aquelas disputas ideológicas sem-fim e resolveria a questão de uma vez por todas. A produção de felicidade cresceu 479 vezes na Albânia entre 1938 e 1980, ao passo que a da Bélgica, no mesmo período, aumentou 4,7 vezes. *Ergo*...

Peguei o livro de frases. Aprendi que, em albanês, talvez e provavelmente eram a mesma palavra: talvez – ou provavelmente – uma explicação para as estatísticas albanesas. E o livro de frases lembrou-me de minha época na Somália em 1986, quando, no meio de uma epidemia de cólera, eu estava munido de um livro de frases em somali, compiladas durante o período de influência soviética, que continha frases úteis como "passe-me os óculos de ópera, por favor". Repeti para mim mesmo em albanês: "A produção industrial albanesa aumentou 97 vezes em relação a 1938". A única frase autêntica aparecia na seção intitulada "No hospital": "Sinto-me pior". A seção sobre cumprimentos e despedidas, por outro lado, denunciava a mão pesada do ideólogo. Tentei registrar na memória em albanês: "Devemos viver e trabalhar como se estivéssemos sitiados", mas o esforço mostrou-se grande demais, e fui dominado pelo sono.

Na manhã seguinte, após um desjejum cujo café nem o mais compreensivo dos hóspedes teria chamado de bom, ou mesmo de café, era hora de começar nossas visitas. Por algum motivo, as autoridades turísticas albanesas estavam convencidas de que o que tínhamos ido ver na Albânia eram os museus: de qualquer modo, era isso que eles nos iam mostrar. Dali em diante, fomos levados a três museus por dia, até que a ideia mesma de museu começou a produzir em mim uma vaga sensação de náusea – ainda não consigo entrar num museu sem ser, por um instante, tomado de uma profunda tristeza. No meio da visita, achei que deveríamos ter visto já todos os museus da Albânia; afinal, o país é pequeno, do tamanho do País de Gales, com mais ou menos a mesma população. Nisso, infelizmente, eu estava equivocado, pois, segundo 40 *Anos da Albânia Socialista*, o número de museus na Albânia aumentou de 7, em 1950, para 2.034, em 1983. Assim, seria necessária uma visita de aproximadamente dois anos para esgotá-los todos. Uma visita de meros doze dias esgotou-me.

O museu que claramente demandava a visita mais urgente se chamava Albânia Hoje, uma exposição dos feitos da Albânia socialista. Infelizmente, quando chegamos, Albânia Hoje estava fechado. Nossos guias tentaram descobrir por que, mas receberam uma resposta torta do porteiro: Albânia Hoje estaria aberto amanhã, talvez ou provavelmente.

Para compensar por nossa decepção, fomos levados ao Museu Enver Hoxha no Boulevard dos Mártires. Essa é a catedral metropolitana da nova religião albanesa. O prédio em si é de alta tecnologia, o que provoca sobressaltos numa capital em que até a construção de prédios de apartamentos não parece muito acima do nível de casebres de argila. O museu tem o estilo das catedrais modernas, construídas por arquitetos ateus: uma brilhante pirâmide branca com uma estrela vermelha translúcida disposta horizontalmente, como janela, no topo. Claro que não lhe faltam devotos, pois uma comunhão prolongada é uma parte importante da formação de todo aluno. Entra-se com reverência.

Da entrada saem dois tapetes vermelhos (nos quais não se deve pisar), que vão até uma estátua branca, grande e estonteante, de Hoxha, sentado faraonicamente no que, suspeita-se, é uma poltrona. A estátua tem gladíolos vermelhos na base e está situada exatamente no centro de uma extensão de pedra branca. Minha vontade era de rir.

As galerias que retratavam sua vida e obra davam a volta por dentro da pirâmide, lembrando o museu Guggenheim. A exposição começa com sua infância e vai subindo até sua morte. Ao longo dela, há relicários de vidro, que contêm seu chapéu, sua caneta, seu revólver, suas camisas (sem as etiquetas estrangeiras) e seus óculos escuros. As fotografias são essencialmente em estilo soviético, com aquela peculiar nebulosidade granulosa desconhecida fora do mundo comunista, que, presume-se, facilita que se acrescente ou subtraia pessoas sempre que ideologicamente necessário.

Olhando essas fotos em semissépia, sentimos não que a câmera não consegue mentir, mas que ela não consegue dizer a verdade.

Há fotos de Enver Hoxha jovem. A fim de enfatizar a natureza quase miraculosa de suas faculdades intelectuais, considerou-se vantajoso afirmar que suas ideias revolucionárias lhe surgiram quando ainda era bem novo e que, subsequentemente, ele nunca desviou delas. Essa versão de sua biografia não apenas prova a precocidade de seu gênio, como demonstra a extraordinária fidelidade de seu caráter. Se, numa conversa qualquer, disséssemos que um homem não muda de ideia desde que tem quinze anos, isso não seria considerado um elogio, mas nunca se pretendeu que as conversas sobre Enver Hoxha fossem conversas quaisquer.

Pelas fotografias de Enver Hoxha jovem, fica claro que, em um aspecto, o relato hagiográfico, absurdo nos demais aspectos, é perfeitamente correto: sua vontade sempre foi indômita. O jovem garboso e inteligente que encara a câmera, usando uma gravata-borboleta como um dândi, a cabeça inclinada num ângulo desdenhoso, é, ao mesmo tempo, orgulhoso, escarnecedor, arrogante, rebelde e dono de si, já ciente de um destino histórico especial. Eu não faria questão de ter sido seu professor na escola. Quanto à fonte última de sua infinita autoconfiança, esta há de permanecer um mistério; talvez um lance dos genes, ou uma mãe muito indulgente. Porém qualquer que seja a explicação proposta, o efeito foi desproporcional à causa. Uma coisa parece certa: ele tinha uma predisposição para rebelar-se contra qualquer autoridade exceto a sua própria, pela qual, por outro lado, ele tinha um respeito imediato e infinito. E, nas condições históricas particulares em que ele cresceu, esses traços adolescentes desagradáveis, que em outras circunstâncias ele teria de domar, eram definitivamente uma vantagem.

Um indivíduo ascende em espiral para a morte, ou para aquilo que seria sua morte, caso não fosse imortal. Ele era aluno (com bolsa do governo albanês) em Montpellier, no começo da década de 1930, até ser expulso por comportamento subversivo. Passou algum tempo em Paris antes de tornar-se secretário pessoal do cônsul albanês na Bélgica. Em 1938, voltou à Albânia como professor do liceu francês em Korce, sem jamais abandonar a subversão em momento algum.

Em todas as épocas de sua vida, ele foi um líder: no museu inteiro, ele nunca é retratado em posição de subordinação a qualquer pessoa. E foi a guerra que lhe deu sua oportunidade. Sem ela, ele poderia ter permanecido um autodidata marxista *enragé* pelo resto da vida; porém a ocupação estrangeira de seu país, tão ideal, de um ponto de vista geográfico e cultural, para a guerrilha, deu-lhe a oportunidade, de que ele se aproveitou brilhantemente, de tornar-se, em vez disso, um ditador marxista autodidata pelo resto da vida.

Durante a guerra, Hoxha foi um líder militante de grande destreza. Segundo a versão oficial da história agora forçada goela abaixo *ad nauseam* por toda parte em todas as ocasiões possíveis, Hoxha e seus militantes foram responsáveis pela derrota dos nazistas na Albânia. Pelo país inteiro, em centenas de monumentos e de pôsteres, em momento nenhum vi uma alusão ao contexto mais geral dos anos de guerra. Seria o caso de supor que a Albânia resistiu sozinha aos nazistas.

A verdade era um pouco mais complexa do que a versão oficial, ainda que, desde sua subida ao poder, a liderança albanesa tenha sido capaz de colocar em prática a teoria encantatória da verdade histórica, segundo a qual algo se torna verdadeiro por meio da repetição constante. Na verdade, a retirada dos nazistas da Albânia foi parte de seu recuo geral diante do massacre dos russos e dos americanos. Em comparação com esse massacre, os militantes albaneses estavam apenas dando alfinetadas. Não é vergonha para uma nação pequena e atrasada ter sido incapaz, por seus próprios esforços, sem ajuda, de livrar-se da ocupação de uma das mais poderosas máquinas militares de todos os tempos; porém é uma vergonha que seus líderes tenham alterado a representação do passado de maneira tão constante, tão autocongratulatória, por quatro décadas e meia, com o único propósito de manter-se no poder.

Na verdade, Hoxha e seus militantes tinham outros assuntos para tratar que não os nazistas. Ao perceber que a retirada nazista era inevitável, os militantes lutaram tanto para garantir sua própria posição futura dentro do país quanto para expulsar os invasores nazistas. Uma proporção considerável de sua atividade militar dirigia-se não contra os alemães, mas contra outros grupos armados albaneses, não comunistas, que queriam restaurar o *status quo ante*. Nesse sentido, os militantes *tiveram* sucesso total: quando os nazistas deixaram a Albânia, eles eram os únicos capazes de preencher o vácuo de poder.

Outro aspecto interessante da moderna história albanesa que, de algum modo, escapa à memorialização na Albânia é a estranha aliança entre Enver Hoxha e certos membros da classe média alta britânica. Na verdade, não seria exagero dizer que Hoxha devia seu poder a essa profana aliança, e que por isso os albaneses devem ser gratos a ela por quarenta anos de governo de Hoxha. Não foi Stalin quem forneceu aos militantes as armas que os ajudaram a derrotar seus inimigos albaneses, mas os britânicos, que fizeram isso por recomendação de sua rede de inteligência dos Bálcãs, a qual – vê-se – estava repleta de comunistas de classe alta e companheiros de viagem. E foi Kim Philby que garantiu o fracasso das tentativas anglo-americanas de derrubar Hoxha depois da guerra, revelando os planos de antemão aos russos e aos albaneses. Provavelmente as tentativas teriam fracassado de qualquer jeito; se elas mereciam ter fracassado, é outra questão, que se pode discutir muito. Quando os albaneses tiverem a liberdade de erigir estátuas para quem quiserem, vamos ver se vão erigir alguma para Philby.

As fotografias no museu mostram Hoxha após a guerra surpreendentemente untuoso, e, para dizer a verdade, gordo. Dirigindo-se ao microfone durante a proclamação da nova república em Tirana em 1944, ele me trouxe uma lembrança muito forte de outro líder: Franco. Eles eram fisicamente tão parecidos que, não fosse pela estrela na boina militar de Hoxha, essa fotografia dele poderia ser inserida numa biografia de Franco, e não mais de cem leitores notariam a substituição. Pouco depois, mais gordo ainda, ele desenvolveu uma preferência pelos uniformes dos marechais soviéticos, com muitas fitas douradas e um cinto dourado que mantinha sob controle sua pança em expansão na hora em que ele se curvava para afagar a cabeça das crianças. Um trecho de um discurso que ele fez em francês durante seu período de fitas douradas é repetido sem parar, hora após hora, dia após dia: "*Nous rejetons avec mépris... Nous rejetons avec mépris...*". ["Rejeitamos com desprezo..."]. Nunca captei direito o que ele rejeitava tanto, mas o tom de sua voz surpreendentemente esganiçada era cheio daquela santarrona sem questionamentos, daquela inocência ferida que permite a um homem justificar para si próprio os crimes mais vis (como a execução dos antigos colegas, um dos grandes fortes de Hoxha) e depois dormir em paz.

Ele logo abandonou os uniformes grandiloquentes e adotou ternos cinza. Ouvimo-lo em seguida falando num congresso do Partido: seu discurso é recebido com aplausos que chegam (na terminologia stalinista) a uma estrondosa ovação. E vemos um filme dos delegados do congresso levantando-se e aplaudindo freneticamente. Será que eles realmente aplaudiram daquele jeito, ou o filme foi acelerado? E será que os delegados estavam com medo de serem os primeiros a parar de aplaudir, para que não fossem considerados traidores? O aplauso continua, dia após dia, com mínimos intervalos para a voz do próprio Hoxha.

À medida que ele envelhece, também amolece; fica mais magro, e seus paletós são de um tom mais claro de cinza. Agora o vemos com seu novo melhor amigo (tendo matado o anterior ou o levado ao suicídio), Ramiz Alia, seu discípulo e sucessor, homem para todos os fins e propósitos, desprovido de personalidade. Hoxha passa mais tempo em bancos de parques, cercado de crianças que o adoram; vai caminhar em jardins particulares com a esposa (também, por acaso, membro do Politburo). E o vemos em seu escritório, trabalhando silenciosamente em documentos de Estado.

No fim da vida, ele começa a ter tremedeiras e tem a aparência fatigada trazida pelo câncer, que se espalha. Há um vídeo memorável dele feito, imagino, não muito antes de ele morrer. Ele é filmado aproximando-se da prateleira de livros em seu escritório. Olha os livros de cima a baixo, evidentemente procurando algo bom para ler. Enfim, após pensar bem, ele encontra algo adequado: o volume seis de suas próprias *Obras Completas*. Ele se senta para ler, contente.

A biblioteca de Enver Hoxha está preservada no museu. A maior parte dos livros é em francês, alguns em albanês e italiano. Há talvez uns quinhentos, número para embasbacar um camponês semialfabetizado ou para impressionar os habitantes de um país onde a única escolha nas onipresentes livrarias é entre diferentes sucedâneos de encadernações (normalmente bordô) das *Obras Completas*. Os livros da biblioteca de Hoxha demonstram um interesse amplo, ainda que superficial, por arqueologia e artes visuais, com um pouquinho de história: em suma, a típica biblioteca de um autodidata. A maior parte de seus livros, claro, teria sido proibida para seus súditos, contaminada que estava pelo idealismo burguês, contra as seduções do qual apenas aqueles fortificados ideologicamente, como ele próprio, eram imunes.

Examinei com cuidado a biblioteca, supondo que os livros de um homem diziam quem ele era, e cheguei a uma conclusão um tanto desdenhosa a respeito de Enver Hoxha. Nisso, claro, cometi o mesmo erro que os intelectuais bolcheviques cometeram a respeito de Stalin: que alguém que era pedante, burocrático e sem originalidade não poderia também ser formidável. Porém o século XX testemunhou a criação de sociedades em que precisamente essas capacidades sem rosto são o *sine qua non* do sucesso e da sobrevivência: e, apesar dos milhares de fotografias, das relíquias de sua vida, dos discursos e dos vídeos, Hoxha permanece sem rosto, o objeto de um culto de personalidade sem personalidade. Como apresentado no museu, ele só viveu no sentido em que vive um zumbi haitiano; ele falava uma forma de linguagem que somente os desmorridos usam. Em 40 *Anos da Albânia Socialista*, por exemplo, cada seção é iniciada por citações dele. Cito aqui algumas escolhidas aleatoriamente:

> Um amplo sistema de transporte [...] foi criado. Esse sistema fortaleceu o caráter unificado da economia e trouxe grande ânimo à vida social e econômica do país.
> O nível maior de conhecimento e de cultura do povo representa um grande potencial para a realização dos planos atuais e futuros, para que o progresso técnico e científico avance a novas alturas.
> O Partido demonstrou um cuidado constante para que a cultura, a literatura, e as artes se desenvolvessem numa atmosfera pura e sadia, que seguissem as transformações revolucionárias do país passo a passo e fortalecessem com perseverança seu conteúdo socialista, seu caráter militante, seu espírito popular e seus traços nacionais.

Pouparei o leitor de mais (as *Obras Completas* têm sessenta volumes), mas ele ou ela talvez queira ponderar as consequências, tanto para os indivíduos quanto para o país, da imposição forçada desse estilo de expressão pública, com a exclusão de todos os outros, não por dez minutos ou por uma semana, mas por 45 anos: em outras palavras, por quase três gerações de adultos. Um torpor sonolento toma meus sentidos como se cicuta eu tivesse bebido...

Observei alguns albaneses de meia-idade enquanto eles espiavam sem curiosidade a caixa de vidro que continha as condolências pela morte de Hoxha enviadas do mundo inteiro. Considerando quantas pessoas entram no museu, muito poucas sobrevivem até seus estágios finais. E será que aqueles poucos bravos que chegam às condolências perceberam que o telegrama enviado por Hardial Bains, primeiro-secretário do Comitê Central do Partido Comunista (Marxista-Leninista) do Canadá, não exatamente expressava os sentimentos do povo canadense inteiro, se é que realmente se pode dizer que expressava quaisquer sentimentos?

> O caminho que se mostrou invencível pela vida e pela obra do Camarada Enver Hoxha, que conduziu seu Partido e seu povo no combate mais militante e mais firme contra o imperialismo, o imperialismo social, a burguesia, e contra a reação, o revisionismo e o oportunismo de todos os tons a seu serviço, e que deixou uma marca indelével na história [...].

Para a sorte do leitor que entende inglês, o resto da mensagem de Hardial Bains está coberto por um telegrama de Thomas Sankara, que logo seria assassinado por seu amigo, mas que à época era presidente do país que renomeou Burkina Faso, *terra de gente incorruptível*, falando de sua mais profunda simpatia.

Saí do museu, essa catedral da desverdade, com um estranho nó no estômago. A ideia de que Hoxha teria ido triunfante para o túmulo me encheu de raiva. Eu tinha a sensação de que devia ter gritado "mentiras, mentiras, mentiras!" e pisoteado o tapete vermelho que levava até sua estátua, só para que todos soubessem que eu, pelo menos, não tinha aquiescido a essa elevação da mendacidade ao status de religião. Porém claro que me calei, como todos, e que meu silêncio me diminuiu e me tornou cúmplice. Perguntei-me o que se passava naquelas mentes albanesas, por trás daqueles rostos camponeses impassíveis, castigados pelas intempéries. Será que as mentiras tinham virado verdade só por meio da repetição? Ou será que elas nem sequer pesavam na consciência, que sua aceitação se tornara parte do repertório de condutas automáticas de cada cidadão, como andar ou subir escadas? Não se pode, afinal, ficar zangado com as mesmas mentiras ano após ano. Mas que efeito teve, se é que teve algum, a aceitação passiva da desverdade sistemática na psique humana? Será que o efeito desapareceria com o regime que a produzia? A Albânia era um laboratório experimental da mente humana em que, no entanto, era proibido fazer perguntas.

Entre as visitas a museus, nossos guias nos concediam aquilo que chamavam de "tempo livre", nunca o bastante para ir muito longe. Era como estar de volta à escola. Eles sugeriram que talvez quiséssemos usar esse tempo para fazer compras, ainda que fosse um mistério o que eles achavam que compraríamos. Nem os mais inveterados amantes das compras – entre os quais não me incluo – ficariam atraídos pelas lojas albanesas, com seu parco estoque com aquelas mercadorias feias, fuleiras, inequivocamente comunistas que só conseguem ser vendidas em condições de escassez e de monopólio, e, às vezes, nem assim.

Qual, perguntei-me, é a característica definidora da fuleirice comunista? Ela certamente existe, pois é imediatamente reconhecível entre todas as outras formas possíveis de fuleirice. O que têm em comum os tubos de pasta de dente búlgara à venda em quiosques de Tirana com os pacotes de sabão tcheco-eslovaco, ou com os botões da Alemanha Oriental, também à venda ali? Como seria possível saber, além de qualquer dúvida, que a Albânia era comunista apenas olhando uma garrafa de seu conhaque ou um vidro de suas compotas de frutas?

No caso destas últimas, claro que as etiquetas não estariam coladas direito. Podemos especular se essa tortuosidade representaria revolta por parte dos etiquetadores de vidros ou uma sátira sutil. Afinal, se as etiquetas fossem coladas apenas *sem cuidado* – por causa da embriaguez, digamos –, poderíamos esperar que, de vez em quando, aparecesse uma etiqueta alinhada. Porém isso não acontece: examinei os vidros em diversas lojas para verificar a veracidade dessa observação particular.

Além disso, onde há latas e tampas de metal, a ferrugem entrega sua manufatura comunista. E mesmo essa ferrugem é de um tipo particular, sendo não apenas o resultado do tempo e da oxidação, mas de uma fusão com os conteúdos do recipiente, que, de algum modo, conseguiram transpirar e misturar-se com a ferrugem, deixando uma gosma marrom-escura que repele qualquer consumidor, exceto o mais desesperado.

Mas o leiaute e a impressão são os mais extensivamente típicos – patonognomônicos, como dizem os médicos – da manufatura comunista. O papel, ou cartolina, é sempre áspero e absorvente, fazendo a tinta espalhar-se como uma teia por ele; a caligrafia é rude, deselegante. Os rótulos trazem o mínimo possível de informação: *pasta de dente*, dizem, ou *sabão*, e só. Isso ocorre, pois, as alternativas para *pasta de dente* e *sabão* não são outras marcas, mas sim não ter pasta de dente ou sabão. Isso não significa que a informação numa etiqueta de que um vidro contém ameixas seja inteiramente inútil; não é, porque, no processo de envasamento, as ameixas se tornaram repulsivamente indistintas de cerejas, azeitonas, damascos, rainhas-cláudias, pimentas, ou tomates envasados segundo o mesmo processo, isto é, são todas objetos arredondados de um marrom turvo. Mas, como a concorrência de qualquer produto é apenas um espaço em branco, uma ausência, não há necessidade de torná-lo atraente. No mais, não é do interesse de ninguém que os produtos sejam vendidos em vez de guardados ou mesmo jogados fora. No socialismo, a produção não visa ao lucro, mas também não visa ao uso; ela está divorciada de todo e qualquer propósito humano.

Faz diferença, então, que os objetos cotidianos da vida sejam tão profundamente sem atrativos? Faz diferença que as roupas sejam de cores sujas, que as lojas sejam tão convidativas quanto necrotérios vazios? Quantas vezes ouvimos falar da prostituição da cultura comercial, da desimportância essencial de dispor de opções de cereais para o café da manhã, do desperdício envolvido em embalagens elaboradas, projetadas para vender produtos desnecessários ou sem valor? Há tanta coisa trivial em nossa vida, tanta coisa que nos desconvida a considerar o que é realmente importante em nossa existência, que libertar-se da compulsão do possuir bens cada vez mais distantes de nossas necessidades naturais às vezes nos parece altamente desejável. Porém há uma diferença enorme entre a renúncia voluntária do que está disponível e a resignação amargurada diante da escassez permanente. E é só visitando os países que são incansavelmente sérios e puritanos ("devemos viver e trabalhar como se estivéssemos sitiados") que se aprecia – em muito pouco tempo – a importância vital da frivolidade.

A falta de sentimento estético nos objetos cotidianos não é compensada, em Tirana, pela beleza das obras públicas, ainda que a cidade seja limpa e ninguém jogue lixo (é possível que pouco haja a ser jogado – só uma vez em doze dias vi um homem lendo um jornal, e isso foi enquanto ele cortava o cabelo). Se você ignorar a tendência à grandiosidade, há avenidas bastante agradáveis, e Tirana não é uma cidade lotada: possui apenas 200 mil habitantes, uma vasta metrópole segundo os padrões da maior parte da história humana, mas hoje considerada não muito mais do que uma cidadezinha. Há algumas esquinas em que persiste o velho estilo turco-parisiense: casas individuais com estuque amarelo caindo aos pedaços, com portinholas e ornamentadas ferragens, com jardinzinhos na frente onde trepadeiras crescem em profusão. Essas casas foram feitas para uma vida lânguida, para conversas intermináveis com café ou *raki*, para fofocas e intrigas. Porém a maior parte de Tirana é ocupada por prédios de apartamentos construídos por homens para os quais a vida pode ser reduzida a estatísticas, para os quais a quantidade existe porque é uma expressão aritmética, mas para os quais a qualidade é um conceito intangível demais para ter qualquer realidade.

Saindo das avenidas principais, os prédios de apartamentos não recebem fachadas de estuque ou de pedra, mas ficam permanentemente inacabados; sua construção de tijolos e cimento exposta, as paredes tão mal construídas, alinhadas com tanto descuido, que parece que a menor vibração no chão vai sacudi-las e destroçá-las. Além disso, o chão em volta delas não foi aplainado, nem recebeu tratamento paisagístico; ele permanece sulcado e erodido, como num local de construção, virando lama na chuva e poeira ao sol. Pilhas de materiais de construção inutilizados ou de equipamento a enferrujar ocupam o lugar das árvores; as ruas que levam aos prédios de apartamentos são apenas trilhas salpicadas de detritos – ao longo das quais as pessoas não podem passear, mas apenas caminhar com cuidado. Depois de passar por acres dessa "paisagem", de repente você percebe que essa arquitetura burocrática não tem precedentes em toda a história humana: que nunca antes a humanidade construiu casas para si tão desprovidas de decoração, tão exaustivamente constituídas de teto e quatro paredes. O efeito é mais desolador do que conseguiriam imaginar os mais avançados arquitetos britânicos.

Nos entardeceres brandos, porém, o centro de Tirana tem (por pouco tempo) a sensação de uma cidade normal, até feliz. No Boulevard dos Mártires pratica-se o costume mediterrâneo de dar uma volta à noitinha. Todos saem para ver e ser vistos. Rapazes ficam indo e vindo na frente de garotas que fingem ignorá-los, e os velhos dão os braços enquanto dividem pela milésima vez suas reminiscências. As duas patentes discerníveis do Exército albanês – soldado e oficial – misturam-se à multidão, recebendo cumprimentos e compartilhando brincadeiras. A ausência de tráfego naquela hora é uma delícia. Naquele momento, é possível acreditar em tudo o que o regime diz de si mesmo.

Mas esse momento logo passa; por volta das 19h, as multidões rapidamente se dissolvem, como o ocaso nos trópicos, e não há cafés onde os mais tagarelas dos intelectuais possam buscar refúgio, somente alguns bares aonde os homens vão para esquecer-se de si mesmos. Cai uma escuridão que não é penetrada por nenhum neon horrendo a proclamar entretenimentos vulgares. As pessoas em Tirana vão para casa cedo, para poderem construir melhor o socialismo do dia seguinte.

Meu companheiro de quarto, enfurecedor, mas generoso, outra vez me foi útil. Tão possuído estava ele do desejo de falar que abordava totais estranhos para conversar sem temor de ser repelido, o que acontecia mais vezes do que o contrário. Como ele era mais insensível do que um paquiderme, porém, ele acabava encontrando pessoas dispostas a conversar, e, em nosso segundo dia em Tirana, ele esbarrou em alguns estudantes de engenharia que realmente queriam conversar – mas só nas sombras, depois que escurecesse.

Encontramo-nos no Boulevard dos Mártires, mas fomos para o breu de uma transversal. Seria isso melodrama ou uma sensata precaução?

Sempre que os faróis próximos de um carro esburacavam a escuridão e pareciam aproximar-se, os estudantes ficavam nervosos e nos pediam para irmos mais para o negrume das sombras ou para nos afastarmos até que o carro não estivesse mais visível. Eles diziam que todos os carros na Albânia pertenciam a alguém com alguma importância política, servos leais do regime, por definição, portanto, informantes e espiões.

Eles nos contaram sobre as privações materiais da vida albanesa, sobre os apartamentos lotados, sobre as cozinhas e banheiros compartilhados, sobre as vigílias contra interrupções que precisam ser feitas enquanto os jovens tentam fazer amor, sobre o encanamento ruim e a depredação universal, sobre os dias de trabalho "voluntário" nos fins de semana (o guia escrito por Bill Bland, secretário da Sociedade Anglo-Albanesa, diz sobre os 436 km de trilhos da Albânia: "todas as linhas foram construídas por jovens voluntários com supervisão profissional"), sobre o racionamento de comida, que, no inverno, com frequência inclui farinha fibrosa de proveniência irreconhecível, sobre a ração de carne (1 kg por família por semana), que é essencialmente cartilagem e osso, sobre a ausência de açúcar e de outros produtos, que, em outros lugares, são considerados normais há séculos, e sobre a luta sem-fim por uma parca subsistência que deixa todo mundo entre a fome e a saciedade.

No entanto eles disseram que tudo isso talvez fosse suportável, se não fosse por duas coisas: saber que essencialmente nada vai mudar, e as mentiras triunfalistas que todos devem não apenas ver e ouvir, mas decorar e repetir.

Então por que, perguntamos ingenuamente, mais gente não tenta fugir? Afinal, a Albânia é um país bem pequeno, com longas fronteiras com a Grécia e com a Iugoslávia...

Essa pergunta por si prova que quem a enuncia vem de outro planeta, que não sabe nada sobre a vida ali, que viveu num casulo de conforto.

Em primeiro lugar, as fronteiras são repletas de guardas. Qualquer pessoa que tente sair da Admirável Nova Albânia leva um tiro. Às vezes as pessoas tentam nadar pelo Canal de Corfu, que, em seu ponto mais estreito, tem apenas entre 3 e 5 km. Muitos morrem afogados; outros são capturados por barcos de patrulha e enterrados no mar. Além disso, como vimos quando passamos a noite no Porto de Saranda, no canal, um farol às vezes varre a costa, e certamente ele não está procurando gregos desesperados para chegar à Albânia. Ao longo de muitos quilômetros da costa albanesa no Adriático, não vimos um único barquinho, como se esperaria numa costa de tanta beleza (deve-se admitir que a xenofobia do governo contribuiu muito para preservá-la). Mesmo as traineiras de pesca de Saranda não deixavam o porto sozinhas, mas apenas em comboio, cada qual funcionando como guarda para a outra. Quanto aos dois grandes lagos na fronteira iugoslava, os albaneses também não permitem barcos neles, e essa inatividade litorânea dá aos lagos um torpor sinistro, quase venenoso.

Mas não são os obstáculos físicos à fuga que impedem que mais albaneses escapem; antes, são as consequências que isso traz a parentes e amigos. Pois, como os estudantes nos informaram, não existe conceito de liberdade individual na Albânia. Se um homem deserta sua pátria, sua família e alguns de seus amigos serão considerados responsáveis. Serão enviados para minas, em condições que, provavelmente, nunca voltem; na melhor das hipóteses, viverão num exílio interno perpétuo, semimortos de fome e sem direitos. Os estudantes conheciam pessoas com quem isso tinha acontecido.

Em meus ouvidos mentais, imediatamente ouvi as justificativas que os simpatizantes ocidentais poderiam elaborar para esse sistema de "justiça". Eles diziam que o homem é um animal social, que nenhum homem é uma ilha, vivendo para si. Os valores e as aspirações de um homem são formados não abstratamente, ou em isolamento, mas socialmente, vindo de sua família, de seus amigos, de seu local de trabalho. Se um homem se tornasse um traidor, se revertesse ao individualismo burguês ao escapar para o mundo exterior, então deveria haver algo pernicioso em sua criação, em seu meio social. Logo, era nada menos do que correto que aqueles à sua volta fossem punidos.

Mas o que, perguntei-me, esse sistema de responsabilidade coletiva faz com as relações pessoais? Se você é considerado responsável por aquilo que eu faço, e eu sou considerado responsável pelo que você faz, será que então somos antes espiões mútuos do que amigos? Os laços humanos normais são dissolvidos pela responsabilidade coletiva, sendo trocados pela desconfiança, pelo medo, pela hipocrisia, pelo distanciamento. Certamente não é preciso um grande esforço imaginativo para supor que as coisas sejam assim – que elas devem ser assim. No entanto quantos intelectuais ocidentais, no último meio século ou mais, construíram engenhosos argumentos para negá-lo?

Eu gostaria de ter mantido correspondência com os estudantes albaneses, mas teria sido impossível. Segundo eles, caso um albanês receba uma carta do estrangeiro cujos conteúdos a polícia considere vagamente suspeitos (naturalmente, todas as cartas do estrangeiro são lidas, e quase todas são suspeitas), ela não será entregue do jeito normal. O destinatário será chamado à delegacia e lhe perguntarão se deseja receber a carta. Às vezes a polícia até se oferece para lê-la em vez de entregá-la. Não é difícil, nesses casos, imaginar a resposta "correta" para a pergunta; aqueles que não passam no teste têm grandes chances de ser exilados nas minas – como já tinha acontecido com um amigo deles.

Quanto a suas aspirações, os estudantes nada tinham a dizer. Quando terminassem seus cursos, o governo os mandaria para onde quer que fossem necessários, decisão inapelável. Aspirações pessoais não eram para jovens albaneses; tudo era decidido para eles. Num certo sentido, eles tinham obtido aquela libertação buscada pelos budistas.

"Já estamos mortos", disse um deles, e nos despedimos. Não havia a menor possibilidade de que nos encontrássemos de novo.

Após dois dias em Tirana, iniciamos nossa viagem pelo país. Passamos a maior parte do tempo a sul do Rio Shkumbi, que divide a população albanesa em dois grandes ramos, os Ghegs ao norte e os Toscos ao sul. Os Ghegs, outrora muçulmanos com uma minoria católica, viviam em propriedades isoladas nas terras altas, e sua organização social baseava-se em clãs, entre os quais rivalidades sangrentas passavam de geração em geração, e, até 1920, estima-se que 1/5 dos homens Ghegs morreram por elas. As cabeças dos clãs eram patriarcas absolutos. Os Toscos, por outro lado, viviam em aldeias ou em cidadezinhas, e eram sobretudo camponeses que trabalhavam só pela subsistência, ou trabalhadores sem terras que trabalhavam nas propriedades dos Beys, suseranos muçulmanos. Na época anterior à abolição da religião, os Toscos também eram muçulmanos, com uma minoria de cristãos ortodoxos.

Enver Hoxha era tosco, filho de um suserano muçulmano. Sem dúvida ele teria negado que considerações ancestrais de lealdade regional ou familiar desempenharam qualquer papel no novo mundo proletário que ele governava, puramente de acordo com os ditames da razão dialética. Porém havia poucos proletários ou Ghegs na liderança do Partido Albanês (e esses poucos normalmente terminavam na frente de um pelotão de fuzilamento), e, dos 61 membros do comitê central em 1960, 20 eram parentes uns dos outros, seja como primos ou como pai e enteado, e também havia 5 casais. Algumas famílias tinham até 7 representantes no comitê. Assim, a liderança estava unida não apenas pela cumplicidade nos mesmos crimes (pode-se julgar a ambiência política na Albânia pelo fato de que, dos 31 membros do comitê central original estabelecido em 1948, 14 foram "liquidados", ao passo que 3 ministros do anterior morreram de causas não naturais), mas também pelos laços tradicionais de família e clã.

Talvez faça parte da natureza das visitas guiadas que elas deixem o turista tão avassalado de paisagens, visitas, e entretenimentos compulsórios, que sua lembrança daquele período, e até do dia anterior, logo se torna uma espécie de purê com alguns caroços não digeridos. No caso de visitas a países como a Albânia, porém, há um efeito adicional e deliberado: manter o turista tão ocupado para que ele não veja as condições gerais do país, nem faça contato com ninguém de seu povo. O turista precisa ficar desgastado, exausto, de modo que não tenha energia física, nem mental, para investigar por conta própria; afinal, ele deve ser acompanhado a todos os lugares, e tratado com a mais lisonjeira polidez.

Mesmo assim, é impossível viajar por uma paisagem e não observar nada; e até o mais empolado dos comentários oficiais revela alguma coisa, ainda que não a respeito de seu pretenso tema. Tínhamos conosco um professor de Letras Clássicas de Oxford, que havia ido à Albânia na esperança de examinar as inscrições nas famosas ruínas de Butrint, perto da parte sul de Saranda. O guia oficial das ruínas perguntou ao professor qual era o idioma das inscrições. Ficou absolutamente surpreso ao saber que era grego: tinham-lhe dito que estavam em ilírio antigo, e, em sua exposição sobre as ruínas, ele tinha omitido que estavam em grego, falando apenas dos ilírios que as tinham construído. Assim, a visão nacionalista extrema da história é retroprojetada dois milênios e meio, e pedras antigas são colocadas a serviço de mentiras modernas.

Era impossível esconder de nós algumas coisas. Ao descer das montanhas para o vale do Rio Shkumbi, vimos sobre ele uma cobertura de fumaça como jamais tínhamos visto. A fumaça era de várias cores: cinza, carmesim, malva, preto e um vermelho arenoso. Ela vinha de um vasto complexo de aço, construído pelos chineses, com quem (segundo nosso guia) uma disputa política tinha estourado antes que eles pudessem consertar o equipamento de filtragem das chaminés. A maior parte das pessoas aceitava essa explicação; tudo o que posso dizer é que disputas políticas semelhantes devem estourar com monótona regularidade pelo mundo comunista inteiro logo antes da instalação desse tipo de filtro.

Enquanto íamos embora e nos aproximávamos de Elbasan, reparei que, por muitas milhas, as folhas das plantações estavam cinza, cobertas por um depósito de fuligem. E o ar estava praticamente espesso de tanta sujeira. Teria sido interessante saber qual a prevalência de problemas de pulmão ali.

Mesmo assim, a paisagem vista do alto do desfiladeiro pelas montanhas afora conformava-se bem com a iconografia comunista: uma vasta expansão de terra fértil cultivada no meio da qual chaminés, representando a indústria, cuspiam a boa fumaça proletária.

Paramos um instante em Elbasan ("os senhores têm 45 minutos"). Imediatamente troquei a rua principal pelas menores, estreitas, antigas, calçadas com paralelepípedos. Dois rapazes aproximaram-se e fizeram um gesto para que eu os acompanhasse. Era claro que eles me queriam mostrar alguma coisa. Demos voltas por ruas mais estreitas e chegamos a uma antiga igreja de pedra. Estava fechada, claro, mas os dois rapazes conheciam o dono das chaves, e logo a igreja foi aberta. Por dentro, ela passava por uma reforma sem método, mas não com fins de culto. Meus dois companheiros levaram-me para trás da iconostásis. Havia um baú de madeira, descuidadamente recheado de vestes eclesiásticas, como se fosse o depósito de um figurinista falido. Elas pareciam presunçosas, até ridículas, aquelas vestes com fios de ouro e prata, agora desbotadas pelo tempo e pelo abandono (deviam estar ali havia mais de vinte anos).

Os rapazes apontaram um armário e abriram-no. Eu não entendia, pelo jeito deles, se eram entusiastas do ateísmo, exultantes com seu triunfo, ou crentes clandestinos que procuravam angariar minha simpatia. Um livro caiu do armário numa nuvem de poeira, uma Bíblia do começo do século XIX impressa em Alexandria. Suas capas de couro tinham sido arrancadas, suas páginas tinham orelhas por causa do jeito como ela fora jogada no armário, com outros livros e objetos.

Sem dúvida o cristianismo tem muito o que explicar em sua longa história, mas a visão de uma tradição de eras tratada desse jeito me encheu de nojo. Uma coisa é o fato de as tradições morrerem por si; outra, elas serem mortas por homens que acham que sabem tudo, por homens cuja vingança se estende até ao passado, até aos mortos. Na Albânia, cruzes foram removidas de cemitérios; agora, quando as pessoas morriam, elas eram enterradas em tumbas idênticas, projetadas pelo mesmo comitê. E as datas não são mais a.C. e d.C.; são *Nossa Era* e *Antes da Nossa Era*, um detalhe de dogmatismo mesquinho que os albaneses compartilhavam com os cubanos e – pelo que eu me lembrava de minha residência recente na Guatemala – com historiadores guatemaltecas de convicção marxista.

Nossos 45 minutos em Elbasan tinham acabado. Deveríamos chegar à pequena cidade de Pogradec, às margens do Lago Okhrida, a tempo de almoçar. Afinal, tudo tinha sido planejado de antemão. Dois terços das margens do lago pertenciam à Iugoslávia, e, por esse motivo, não se via nem um único barco na margem albanesa, para que não fosse usado para escapar do paraíso purista ao inferno revisionista. Nada menos do que 40% dos albaneses vivem na Iugoslávia, em Kosovo, onde não foram bem tratados, e fiquemos por isso. É um testemunho eloquente, portanto, que precauções de máxima vigilância tenham sido tomadas não para impedir que os albaneses fugissem da Iugoslávia, mas para impedi-los de fugir da Albânia. A perseguição nacional na Iugoslávia era mais tentadora do que a liberdade nacional na Albânia.

O litoral lacustre de Pogradec era de um torpor extraordinário, sem nada daquele burburinho que se esperaria de sua posição: nenhum pescador, nenhum passeio de barco, nenhum café, ninguém. Não havia nada à venda, tudo estava em silêncio, até uma pisada no passeio público morria de imediato. De algum modo, o torpor parecia comunicar-se com as águas mesmas do lago e com as montanhas em torno, como se a própria natureza estivesse sob estrito controle ideológico. Porém o almoço foi bom, e, influenciado pelo professor de Letras Clássicas, logo adquiri o hábito de tomar um *raki* antes do almoço e de acompanhar a refeição com três taças de vinho tinto (que de jeito nenhum poderia ser chamado de ruim).

Depois fomos a Korce, cidade importante e um dos centros do culto de Hoxha. O futuro líder tinha frequentado o liceu francês ali, onde também deu aulas de francês ao retornar da Bélgica em 1938. Depois, nos degraus do hotel em Berat, enquanto eu tomava o ar da noite, encontrei um homem de quase setenta anos que me contou, em francês, que tinha sido aluno de Hoxha no liceu.

— E que tal ele? – perguntei, de um jeito meio imbecil.

— Era um grande homem – foi a resposta. – Ele sabia tudo. Ciência, engenharia, línguas, arte. Tudo.

Tudo? Meu informante parecia acreditar nisso. Ele falava com a fé inabalada de um homem cujo irmão tinha sido morto lutando pelos militantes, e que tinha ele próprio passado seis anos em Carcóvia, a partir de 1940, antes que o Partido Albanês sequer existisse. Talvez naquela época fosse possível, na Albânia, acreditar que um homem poderia saber tudo; uma concepção equivocada que Hoxha não tentou afastar em seus quarenta anos de poder absoluto.

Em Korce encontramos mendigos pela primeira vez, crianças em andrajos, sem sapatos, que queriam "chicletes". Ficaram atrás de nós por algum tempo, até que os cidadãos (e os soldados), zelando pelo bom nome de sua cidade, mandaram-nas embora.

Na frente do hotel, havia uma biblioteca grande e bastante moderna. Num momento de "tempo livre", atravessei a rua e fui examinar em maior profundidade aquele monumento cultural. Na época do rei Zog, mais de 4/5 da população albanesa era analfabeta; hoje, a taxa de alfabetização era provavelmente maior do que a da Grã-Bretanha. O hall de entrada continha um caixa de vidro com alguns volumes das *Obras Completas* – não preciso dizer de quem. Subi para os dois grandes salões que compunham a maior parte do prédio. Havia prateleiras, mas nenhum livro. Aquela ausência não era temporária: era óbvio que fazia anos que as coisas eram assim.

Ocorreu-me uma pergunta, cuja resposta não estava clara: seria melhor ser analfabeto quando havia o que ler, ou alfabetizado quando não havia nada para ler?

No dia seguinte, fomos levados ao famoso liceu. Ao lado do salão principal, havia um santuário, uma capela envolta em panos vermelhos, dedicada a Hoxha, com fotografias que àquela altura já nos eram bastante familiares, já que também apareciam num canto do saguão de todos os nossos hotéis e, de fato, em quase todas as instituições. A diretora apresentou a nós um histórico breve e superficial da conexão dele com a escola. Uma pessoa que tinha visitado a Albânia enquanto Hoxha era vivo me dissera que seu culto era consideravelmente menos extravagante hoje do que naquela época, ainda que, mesmo quatro anos após sua morte, ele ainda me parecesse um tanto sufocante. Em muitas encostas de montanhas na Albânia, uma única palavra aparecia, em pedras brancas: ENVER. Mais servilmente ainda, uma data também aparecia escrita em outras encostas: 1908, o ano de seu nascimento.

O estranho é que Hoxha era capaz de enxergar e de desprezar os cultos de outros líderes comunistas. Sobre o culto de Mao, ele tinha palavras particularmente duras:

> Marx condenava o culto do indivíduo como algo nauseabundo. O indivíduo desempenha um papel na história, às vezes um papel realmente importante, mas para nós, marxistas, esse papel é menor em comparação com o papel das massas populares [e] [...] também em comparação com o papel destacado do Partido Comunista, que encabeça as massas e as lidera.
> [...] os camaradas chineses tomaram um curso errado, antimarxista. Na verdade, eles estão transformando o culto a Mao quase numa religião, exaltando-o de maneira nauseabunda [...].

Por que o culto de Mao nauseava Hoxha a ponto de ele usar a mesma palavra duas vezes num trecho tão curto? É difícil não concluir que a objeção real desse homem, invencivelmente, viciosamente santarrão ao culto de Mao era que ele tinha duzentas ou trezentas vezes mais seguidores do que Hoxha, que, enquanto Mao era idolatrado por um quarto da humanidade, ele – cujo ego era mais vasto do que o céu – era idolatrado por menos de 2/3 de uma pequenina nação no canto mais obscuro da Europa.

Fomos levados para ver as salas de aula da escola, numa das quais estava acontecendo uma aula de inglês. As crianças eram asseadas e obedientes; duvido que o professor tivesse muitos problemas de disciplina. Elas eram bem adestradas, levantaram-se e aplaudiram quando entramos. Uma delas, uma menina bonita, com olhos escuros, levantou-se e recitou um poema, seus olhos ardentes com a fúria de Téspis, sobre a hiena fascista e a águia albanesa. Sua ígnea sinceridade contrastava fortemente com a apatia da juventude britânica, mas não me agradou mais do que aquela apatia: afinal, ela representava uma tentativa centralizada da autoridade de fossilizar o pensamento, de imobilizá-lo no âmbar.

Não fiquei surpreso com a escolha de autores usados no livro-texto. Eram precisamente os autores que teriam aparecido num livro-texto russo de inglês quarenta anos atrás: Dickens, Jack London e Galsworthy, cada qual demonstrando a podridão do capitalismo. Salpicados entre eles, havia traduções de poesia albanesa, tão extrema em seu patriotismo e culto próprio que, como a iconografia comunista acabava por induzir um ódio insensato de pombas brancas e até de flores, passei a detestar por algum tempo *todo* sentimento patriótico, não importando como fosse expressado. Meses depois, ainda não conseguia ouvir um patriota falar sem me sentir nauseado.

Em Korce, também, cumprimos outros deveres turísticos conhecidos apenas em países socialistas. Visitamos uma "indústria de costura", uma fábrica de instrumentos de precisão, e uma fazenda estatal (batizada de Enver Hoxha, vejam que esquisito). As condições da indústria de costura chocaram a maior parte do nosso grupo, que nunca tinha entrado numa fábrica. Do lado de fora, havia caixas de som tocando música marcial:

COSTUREIRAS DO MUNDO, UNI-VOS! VOCÊS NADA TÊM A PERDER ALÉM DOS PONTOS!

O trabalho era todo realizado por mulheres, sentadas em mesinhas bem próximas umas das outras, com máquinas de costura chinesas, em salões de 45 m. Era como um lugar de trabalho bem duro, no qual as condições não eram nem terríveis nem boas. Acima das operárias, havia lâmpadas solitárias na ponta de um fio – havia instalações para lâmpadas tubulares, mas nenhum tubo fluorescente. Provavelmente o estoque acabou depois da disputa com a China.

Nas paredes havia slogans pintados em faixas vermelhas:

O DIA 16 É O DIA DO ANIVERSÁRIO DE ENVER

A indústria de costura também tinha seu santuário para Hoxha, e, em outra parede, havia fotos das operárias que haviam ultrapassado sua cota em 102%. (Será que isso significava que elas tinham produzido mais do que o dobro de sua cota, ou apenas a quinquagésima parte além da cota? O guia nem sabia. Nem ele nem ninguém.) De qualquer modo, achei suspeita uma cifra tão precisa: a fábrica não me pareceu bem organizada o suficiente para medir nada com tanta exatidão. O ritmo do trabalho não tinha nada de frenético, e algumas das mulheres não fizeram absolutamente nada durante o tempo que passamos ali. Algumas nos encararam, outras desviaram o olhar. Eu tinha a sensação ligeiramente desagradável de ser um *voyeur*. As roupas manufaturadas eram daquelas cores terríveis de sempre, nem tons pastel nem cores primárias, mas um marrom desbotado, laranja queimado e verde-escuro, como se fossem antes para camuflagem do que para a moda.

A fábrica de instrumentos de precisão produzia principalmente micrômetros de parafuso, calibradores e réguas de cálculo. O diretor falava com o que parecia um orgulho genuíno da proeza da Albânia em produzir aqueles instrumentos que, no século XIX, teriam sido considerados prodígios da engenharia. Na época do rei Zog, quase não havia indústria: a Albânia precisou começar do nada.

Até eu, que não entendia nada daquilo, conseguia perceber que a fábrica era rude e primitiva. As máquinas-ferramentas eram ou polonesas ou chinesas; a estampagem do metal era, em termos industriais, pré-histórica. Uma máquina moldava o metal quente na forma de um cabo de micrômetro, que, ainda vermelho, deslizava para um operário, que o pegava com um par de hastes e o colocava debaixo de outra estampadora. Se esse operário não prestasse atenção, ou se virasse para falar com um colega, o cabo incandescente do micrômetro iria parar em seu colo, pois não havia proteção alguma para ele. Também reparamos que os soldadores não usavam nenhum tipo de óculos de proteção. Quando um membro do nosso grupo chamou a atenção para a falta de precauções de segurança, o diretor disse que os operários se recusavam a adotá-las.

Um país que foi capaz de suprimir por completo a religião e que executava dissidentes por mínimas suspeitas não era capaz de fazer os soldadores usarem óculos de proteção.

Na fazenda estatal, reencenamos uma encantadora cena pastoral, tradicional desde que a terra fora coletivizada à força: o logro de estrangeiros. Fomos levados à casa de um "camponês", um meio-termo adequado entre a simplicidade e o conforto, uma trepadeira enroscando-se por sua agradável varanda, e nos sentamos em volta de uma mesa de centro na sala de estar, onde nos ofereceram insistentemente bebidas e estatísticas. Com que recato a esposa do camponês trouxe a bandeja, que modéstia em seu sorriso! Como era perfeita a vida transmitida pelas estatísticas! Após beber um pouco, todos os homens eram irmãos e sentimos que tínhamos realmente penetrado a alma da Albânia, removido o fino verniz de política que nos dividia. Com que desprezo amargurado devem eles ter testemunhado nossos sorrisos felizes e contentes e nossos alegres acenos enquanto nos afastávamos!

Fomos para Gjirokastra, a Belém da Albânia, onde Enver nascera. É uma cidade muito agradável (tirando, é claro, os acréscimos modernos), com paredes caiadas e ruas estreitas de paralelepípedos. No cume de uma das colinas, não longe do centro, havia uma grande estátua de Enver Hoxha, sentado numa poltrona ao estilo dos anos 1940, no centro de uma área de paralelepípedos desenhada, muito apropriadamente, como uma teia de aranha. Ali perto ficava o Clube dos Veteranos, onde senhores de idade, ex-militantes, presume-se, iam às noites bater papo, beber e comer azeitonas. Fiquei por ali um pouco, na esperança de que um deles me convidasse a entrar e me contasse histórias da guerra; provavelmente acharam que eu era espião.

No dia seguinte, fomos levados à casa onde Enver Hoxha tinha nascido. Fomos também ao castelo da cidade, para que nos mostrassem as celas onde os militantes tinham sido torturados, suas inscrições nas paredes preservadas. Os militantes foram extremamente corajosos, e duas irmãs que tinham morrido para não trair os camaradas eram celebradas ali; porém, eu teria achado a celebração dessas irmãs menos equívoca nas emoções que evocava se não tivesse sabido do destino de duas líderes militantes, Liri Gega e Liri Belishova. Ambas tinham chegado a fazer parte do Politburo. A primeira foi fuzilada grávida em 1956, como "agente titoísta", e a segunda, que teve o olho arrancado pelos fascistas na prisão, foi estrangulada em 1960 por ser "agente khruschevista" na época em que a Albânia rompeu com a URSS. Aliás, Nako Spiru, outro líder da época da guerra, marido de Belishova, cometeu suicídio em 1947 (e depois foi denunciado como traidor – o suicídio, nas memórias de Hoxha, é considerado a saída do *pequeno burguês*), quando transpareceu que ele estava perdendo uma discussão com outro membro do Politburo, Koci Xoxe, a respeito da política albanesa para a Iugoslávia. Xoxe foi estrangulado dois anos depois por ainda outro membro do Politburo, Mehmet Shehu, que foi denunciado por Hoxha, em 1981, como agente de várias potências estrangeiras e cometeu suicídio – ou "foi suicidado", um fim adequado para um homem que disse: "Para aqueles que ficam no caminho da unidade, um cuspe na cara, um soco no queixo e, se necessário, uma bala na cabeça". Enquanto nosso guia discorria sobre os horrores sofridos pelos militantes, engoli diversas perguntas pertinentes, mas inoportunas.

Havia também um ou dois mistérios associados ao local de nascimento de Hoxha. O quarto mais sagrado, óbvio, era aquele em que ele tinha visto pela primeira vez a luz do dia, um quarto tratado com todo o devido respeito, e no qual as vozes se abaixavam como que graças a uma força mística. Antes, porém, o guia nos dissera que a casa atual não era a original, que tinha pegado fogo em 1936. Então como aquele podia ser o quarto em que Hoxha nascera? Um membro do nosso grupo incomodou o guia ao dizer que a casa não parecia nada pobre; na verdade, exatamente o contrário. Como estávamos no lugar onde ele supostamente nascera, com direito a cama, o guia não podia exatamente repetir que o prédio não era original; em vez disso, ele observou que, ainda que a casa fosse maior, tinha abrigado muitas pessoas, que, portanto, tinham vivido como pobres. Essa resposta, claro, não satisfez o membro do nosso grupo que tinha feito a observação e que, sem perceber que o propósito da enunciação pública em países como a Albânia é expressar não a verdade, mas o poder, insistiu por algum tempo, como um terrier com um rato, tentando deslindar o mistério de um local de nascimento *post facto*.

De Gjirokastra fomos para o litoral, para o pequeno porto de Saranda. Nosso hotel tinha vista para o Canal de Corfu, com 5 km de largura, onde, em 1946, dois navios de guerra britânicos foram danificados por minas, ocasionando a perda de quarenta vidas. Os britânicos disseram que as águas tinham sido minadas pelos albaneses; os albaneses disseram que as minas tinham sido colocadas pelos próprios britânicos, pois os albaneses não tinham capacidade de colocar aquelas minas. O caso foi para a Corte de Justiça Internacional, que deu ganho de causa aos britânicos, com indenização; porém os albaneses não aceitaram o julgamento e se recusaram a pagar. Os britânicos então se negaram a devolver o ouro albanês (hoje no valor de 80 milhões de dólares), saqueado da Albânia pelos italianos e pelos alemães, que foi então parar em Londres. A disputa impediu o estabelecimento de relações diplomáticas desde essa época, a Grã-Bretanha exigindo sua indenização; a Albânia, seu ouro.

Tomamos vinho na varanda e contemplamos Corfu – que o professor de Letras Clássicas conhecia intimamente – do outro lado do canal. Era perto, mas inacessível como a Lua. Barcos do lado grego levavam tiros caso se aproximassem demais da Albânia (fato conhecido por iatistas do mundo inteiro); não havia barcos do lado albanês.

O litoral era bonito, e o mar, escuro como vinho, mas Saranda era morta. Ela me lembrava muito de um afresco numa igreja católica no pequenino atol de coral de Abemama, nas Ilhas Gilbert. Na mão esquerda de Cristo estava o inferno, cheio de chamas alaranjadas, atiçadas por demônios negros que também arrumavam tempo para espetar com seus tridentes pecadores que gritavam; na mão direita de Cristo, estava o paraíso, uma espécie de *resort* mediterrâneo numa praia acidentada com ciprestes ao fundo, uma única figura, de terno de linho claro e chapéu Panamá, vagando pelas ruas entre prédios de estuque branco, como que aguardando a celestial *table d'hôte*.

O desincentivo ao turismo ao menos tinha preservado uma costa que, de outro modo, teria sido transformada numa Costa del Sol adriática.

Nosso progresso vertiginoso – já estávamos na Albânia havia uma semana – pelo país continuou em Berat, outra cidade ancestral cuja parte antiga era tão bela quanto era feia a parte moderna. Ali, a mesquita tinha sido convertida em centro comunitário e loja. Fomos levados ao Museu Onufri. Onufri foi um famoso pintor de ícones da tradição ortodoxa, que trabalhou cinco séculos atrás em Berat. Um tom de azul, encontrado em suas pinturas e só nelas, recebeu seu nome. Até eu, que não sou nenhum conhecedor de ícones ortodoxos gregos, era capaz de perceber que os dele eram muito superiores; porém achei que o orgulho patriótico do guia o levava a sérios exageros. E nem Onufri, um monge, podia escapar da mão morta da ideologia. Ele era progressista, disseram-nos, porque todos os anjos que pintou tinham os pés firmes no chão, ao passo que outros pintores de ícones os colocavam voando. Isso também dava a entender que Onufri pensava que o paraíso deveria ser criado na terra, não no outro mundo; se fosse vivo hoje, estaria pintando crianças oferecendo flores a Enver Hoxha e a sua esposa, Nexhmije.

A única cidade ao Norte a que nos dirigimos foi Shkodra, outrora conhecida como Scutari. O Nordeste do país estava inteiramente fechado para nós, e dizem que lá é que ficam os campos de trabalhos forçados e as minas. Quando a Albânia juntar-se outra vez ao resto do mundo, haverá algumas revelações terríveis.

Shkodra, hoje inteiramente pacífica, era, no começo do século, um antro de intrigas, fomentadas pelos cônsules de várias potências, disputando posição e influência num país de status político indeterminado, mas importante estrategicamente. A intriga chegava até a ortografia da língua albanesa, tendo os austríacos introduzido um novo sistema nas escolas que mantinham, para dividir ainda mais os rebeldes albaneses.

A cidade ainda tinha uma atmosfera levemente austro-húngara, graças à sua arquitetura, com fachadas em tons pastel e rebocos ornamentados. Enquanto as pessoas davam a volta noturna, era possível esquecer que a cidade ficava num lago que fazia fronteira com a Iugoslávia e que passar para o outro lado era um crime capital.

Na frente de nosso hotel ficava um prédio que um dia funcionara como Conselho Britânico. Agora ele era o Museu do Ateísmo, porém estava fechado – não apenas na parte da tarde, mas com aquela finalidade que a deserção completa traz. Sempre me diverti com a ideia de exposições dedicadas à inexistência e fiquei triste por perdê-las. Se o Museu Albanês do Ateísmo seguisse seu protótipo soviético, as exposições teriam rastreado a ascendência do homem, das amebas até Enver Hoxha.

Voltamos no dia seguinte a Tirana, e, com algum tempo livre antes de nossa partida, fomos levados à exposição chamada *Albânia Hoje*, que enfim estava aberta. Dentro de um salão enorme, havia caixas de vidro com amostras de tudo que o país produzia, de ameixas engarrafadas a eletrocardiógrafos, das *Obras Completas* de Enver Hoxha a antibióticos, de maquinário agrícola a papel higiênico. Suspeitei de que alguns daqueles itens estivessem mais disponíveis do que outros. Mesmo nos melhores casos, a maior parte das coisas parecia fuleira, produzida por fábricas que tinham um domínio marginal da técnica, ou por trabalhadores sem incentivo para produzir qualquer coisa melhor. Mesmo assim, diversos membros de nosso grupo ficaram impressionados: a Albânia, aparentemente, produzia uma vasta gama de produtos. Nunca lhes ocorreu que apenas um país com muito a esconder produziria uma exposição como aquela, ou que quase qualquer país, se quisesse, poderia encher muitos salões como aqueles com exposições de seus produtos. A escolha de fazer a exposição que era significativa, não as coisas exibidas.

Mesmo assim, não há dúvidas de que a Albânia se desenvolveu enormemente nos últimos 45 anos. Por exemplo, ela agora tem ferrovias, e antes não tinha nenhuma. Mesmo que as estatísticas não sejam inteiramente confiáveis, a Albânia não é tão atrasada quanto já foi. Mas que país ainda é?

O mundo inteiro seguiu adiante, não só a Albânia. Seu desenvolvimento, além disso, foi muito menos autóctone do que o país, às vezes, gosta de admitir. Nos anos que se seguiram imediatamente à guerra, a Iugoslávia pagou 40% dos gastos do governo albanês (como a Itália pagava 40% na época de Zog). Então, depois do rompimento com Tito, a URSS assumiu, até que esta também foi lançada para as trevas exteriores revisionistas por Hoxha. A China deu apoio em escala similar (mas nunca grande o bastante para Hoxha), até que ela também perdeu o rumo ideológico.

Além disso, ao menos duas vezes nesses 45 anos, Hoxha levou o país à beira da fome e, até hoje, durante o inverno, a comida é escassa (ela nunca é abundante). As estatísticas de produção, de qualquer modo, não podem transmitir a atmosfera de um país. Segundo o "Prefácio" de 40 *Anos da Albânia Socialista*:

> O estudo do anuário estatístico em íntima conexão com os materiais do *Partido* e do camarada Enver Hoxha ajuda a entender o glorioso caminho de nosso país, as dificuldades que foram superadas nos diferentes estágios da construção socialista, os esforços feitos para esmagar bloqueios imperialistas-revisionistas e a atividade antialbanesa de inimigos internos e externos, bem como as majestosas vitórias obtidas na formação e na têmpera do novo homem com os traços da moralidade comunista.

Essa única frase diz tanto quanto todas aquelas linhas que sobem vertiginosamente nos gráficos, que, por mais que subam, nunca parecem garantir uma oferta adequada de pão ou de vegetais. Muita glória, muitas vitórias sobre os inimigos, mas nunca óleo de cozinha suficiente.

A exposição *Albânia Hoje* tem um livro em que os visitantes escrevem suas impressões. J. Hurtado, do Equador, escreveu em espanhol, mas também na mais pura *langue de bois*, aquela extraordinária sintaxe sem vida e com vocabulário restrito, adotada no mundo inteiro pelos comunistas, e que é a mesma, qualquer que seja o idioma: "Esta exposição demonstra a superioridade do sistema socialista. A Albânia é o melhor exemplo para ensinar como, pela aplicação de princípios, se pode fazer os maiores avanços. Glória ao marxismo-leninismo!".

Nossa visita tinha acabado. Quando o avião da Swissair pousou em Tirana, de repente, percebi o quanto eu tinha ficado enredado no mundo albanês. Por doze dias, nenhum outro lugar existiu para mim. Mas, em poucas horas, estávamos voando por cima daquele outro país pequeno, montanhoso e ferozmente independente. Olhei para baixo, vendo a maravilhosa disposição da Suíça, a industriosa harmonia de sua paisagem, senti uma pontada imediata de nostalgia pelas imperfeições da Albânia. Uma pontada autoindulgente, claro, a pontada de um homem que pode escolher. Alguns meses depois, apareceu um pequeno artigo no jornal *The Independent*, com o título "Albânia Liberaliza seu Código Penal":

> [...] a agitação e a propaganda contra o Estado agora acarretarão de 5 a 25 anos de prisão em vez de morte [...]. O poder das autoridades locais de deportar famílias inteiras para outra região por meio de uma simples decisão administrativa foi removido. Somente um tribunal pode ordenar uma remoção, e só da parte culpada, não da família inteira [...].

2. Coreia do Norte

Aproximadamente, a cada quatro anos desde o fim da Segunda Guerra Mundial, a URSS tem subsidiado *Festivais Mundiais da Juventude e dos Estudantes*. Milhares de jovens (muitos deles jovens apenas no sentido "movimento comunista juvenil") vão de cada canto do mundo para a capital de um país comunista para dançar, cantar e denunciar os Estados Unidos. Os festivais, que duram duas semanas, são as *Olimpíadas da Propaganda*.

O festival de 1989 foi em Pyongyang, capital da República Democrática Popular da Coreia (RDPC). A "delegação" britânica poderia ter cem membros, e eu fui aceito porque, apesar de não ser nem jovem, nem estudante, era médico e tinha trabalhado na Tanzânia, país cujo primeiro presidente, Julius Nyerere, era amigo íntimo e admirador de Kim Il Sung, Grande Líder da RDPC (que é como os entendidos chamam o país). Assim, presumia-se que eu tinha simpatia por aquilo que se chamava, muito vagamente, de "o movimento".

Conheci meus colegas de delegação em Islington, algumas semanas antes de nossa partida, num daqueles lúgubres salões de reunião, que fedem a ressentimento e a frustração do mesmo jeito que os banheiros masculinos fedem a suor. Logo me vi tendo de explicar, com alguma vergonha, que eu não representava ninguém além de mim mesmo: ser um mero indivíduo quando todos os demais representavam, ou afirmavam representar, os abandonados, os desafortunados ou os despossuídos, era equivalente a uma perfídia de classe. No salão, os prazeres do rancor, passados, presentes e futuros, floresciam em abundância. Os membros da delegação britânica que possuíam passaportes estrangeiros – turcos, jamaicanos, cipriotas, indianos, iraquianos – perguntaram que tipo de pressão poderiam sofrer das autoridades da imigração ao voltar da Coreia do Norte, e foram informados de que um advogado especializado estaria disponível para ajudá-los. Um membro da Campanha de Defesa de Broadwater Farm, que chamara o tumulto recente ali de "insurreição", pronunciou-se contra a concepção ocidental de direitos humanos. Ele se tinha tornado um proletário profissional (como depois me disseram) ao sair de Cambridge, tendo adotado um sotaque *cockney* de força considerável. Ele também assumira uma rudez de trato, a qual indicava que sua concepção da classe a que gostaria de juntar-se – e de liderar – não era inteiramente lisonjeira. Como a maior parte dos socialistas, ele queria varrer do mundo o egoísmo, mas não hesitou em colocar os pés nos assentos públicos do aeroporto de Moscou. Na verdade, parecia que ele achava que fazer isso era seu dever proletário. A pessoa mais próxima dele na delegação era um jovem ativista judeu de Hackney, que era tão destemperadamente antissionista que até os palestinos de Pyongyang, segundo me disseram, começaram a manter distância dele, suspeitando de que fosse um agente do Mossad.

Nossa viagem a Pyongyang, obrigatoriamente com escala em Moscou, foi tranquila. Mas, no momento em que chegamos ao aeroporto de Moscou, uma certa tensão começou a se fazer sentir. Uma associação temporária, mas forçada de ativistas de esquerda, cada qual com sua própria causa a promover, e cada qual inteiramente convencido de que está absolutamente certo, não é necessariamente uma receita de coesão social. Os negros tinham levado um aparelho de som, e a resposta da pergunta a respeito de todos quererem ou não quererem escutar (ou ao menos ouvir) reggae de Londres a Pyongyang não mereceu deles maior atenção; e tamanho é o terror moral que a acusação de racismo hoje impõe a todas as pessoas sensatas que ninguém ousou enfrentá-los. Ser membro de um grupo vitimado era uma vocação, um destino que anulava a necessidade de consideração pelos demais. A perseguição, real ou imaginada, era razão suficiente para a retidão da conduta deles. O problema, claro, era que a maioria dos delegados se considerava perseguida, seja como mulheres, membros de facções comunistas, vegetarianos, homossexuais, descendentes de irlandeses, proletários, imigrantes ou qualquer combinação destes. Por isso quase todos agiam como os mais perseguidos dentre os perseguidos. Por outro lado, eu era o próprio símbolo da satisfação burguesa. Não tendo sido alheio em minha juventude aos gozos estéreis do ressentimento, por meio do qual se pode atribuir todos os defeitos e fracassos próprios às circunstâncias; ao longo dos anos, eu me convencera de que as pessoas às vezes são senhoras de seus destinos, e de que – em certa medida – elas fazem a si mesmas. Naturalmente, eu não ousava manifestar aqueles sentimentos nas companhias de então, ainda mais, porque eu teria de enunciá-los com minha dicção inequivocamente burguesa.

Cansado que estava das sonecas apenas ocasionais pelos vários fusos horários da Sibéria, nossa chegada, durante uma manhã fresca, numa terra nova e exótica com fama de xenofobia extrema funcionou como uma droga correndo pelas minhas veias, provocando um estado hiperalerta quase febril. Não que o aeroporto de Pyongyang ataque os sentidos do mesmo jeito que um aeroporto indiano ou africano, com seu caos pululante de burocracias, passageiros, parentes, vagabundos e agentes gerais de função incerta. Pelo contrário, não há burburinho algum; apenas uma grande área de concreto, pontilhada de guardas sem expressão, com uniformes sem caimento, em verde desbotado, e um terminal de aeroporto com um enorme retrato, no teto, de Kim Il Sung inclinado para trás. Quando os motores do jato são desligados, reina um silêncio quase monástico.

Fomos tratados com consideração pelas autoridades coreanas, pois éramos convidados de honra. Fomos colocados a bordo de ônibus novíssimos com ar-condicionado (importados especialmente do Japão) e logo íamos em alta velocidade pela autoestrada de seis pistas na direção da cidade, um carro de polícia com luzes piscando e sirene acionada à nossa frente. Aquilo não era estritamente necessário, pois não havia rigorosamente trânsito algum em qualquer direção, excetuando-se um comboio de Mercedes com escoltas policiais, com uma Mercedes cujo comprimento era de um quarteirão no centro, levando Yasser Arafat, líder guerrilheiro palestino e magnata da construção, de volta ao aeroporto, após mais uma visita fraterna ao Grande Líder da Coreia Popular.

Mas a escolta policial não era inteiramente desprovida de propósito. Num lance, ela transformava um grupo de jovens descontentes sem importância em gente de monta. Essa forma de lisonja era perfeitamente adequada à psicologia de ao menos alguns deles, convencidos que estavam de que o país de onde tinham vindo injustamente não reconhecia nem recompensava seus óbvios talentos.

O campo através do qual a estrada perfazia seu sinistro caminho tinha o verde brilhante das jovens espigas de arroz. Os campos eram belamente organizados e demarcados com precisão geométrica, em contraste com a aparência arranhada e aleatória do solo russo, onde tudo que o homem fez ainda parece efêmero e à mercê da natureza. Será, eu me perguntava, que aqui na Coreia havia uma cultura que se adaptava bem aos princípios da economia planejada?

Chegamos à cidade. Pyongyang foi quase inteiramente destruída durante a Guerra da Coreia. Praticamente nenhum prédio ficou de pé. Trata-se de um daqueles lugares com a distinção de ter recebido mais bombas do que a Alemanha durante a Segunda Guerra Mundial. Mesmo com a assistência recebida dos grandes vizinhos da Coreia, a URSS e a China (que sequer foi solicitada), a reconstrução de Pyongyang é uma realização fenomenal. Hoje é uma cidade moderna, com praças públicas e jardins, monumentos e prédios enormes, e um padrão suíço de limpeza. Causou uma bela impressão naqueles, dentre nós, que tinham vindo prestar culto no santuário do socialismo coreano, e até aqueles de inclinação menos reverente admitiram que a cidade superava tudo o que tinham imaginado. Como vínhamos de um país cujas cidades parecem em permanente decadência, cujas ruas são desfiguradas por luzes berrantes e cheias de lixo, com milhões de cidadãos vivendo em bairros que parecem o túmulo da esperança e da ambição, o asseio esfregado e polido de Pyongyang, por um instante, era revigorante e até reconfortante. O aspecto monumental da cidade parecia indicar o orgulho do presente e a fé no futuro. Ali, de fato, havia algo diferente de nossa civilização cansada – cansada não, exaurida.

E, no entanto, logo achei a cidade profundamente perturbadora, e até sinistra. Ninguém permanece imune ao efeito do tamanho; porém, na arquitetura, o tamanho é muitas vezes uma qualidade que diz mais sobre a loucura ou a megalomania do que sobre uma realização verdadeira. No centro de Pyongyang, erguia-se algo que parecia um grande foguete de concreto, com a forma de uma nave das revistas em quadrinhos da minha infância, com 300 m de altura e fileiras e mais fileiras de escotilhas. No alto do 105º andar, esvoaçava uma enorme bandeira vermelha; embaixo, um grande pôster mostrava a estrutura quando completa, as paredes de concreto forradas com reluzentes azulejos azuis. Aquela futura maravilha do mundo seria um hotel com 3 mil quartos. Como os atuais hotéis de luxo de Pyongyang raramente têm mais de 10% de ocupação, por que esse colosso da hospitalidade? A resposta é simples, e insana: os sul-coreanos, os inimigos ideológicos *par excellence*, receberam um contrato em Singapura para construir um hotel de 103 andares.

As ruas de Pyongyang nunca têm menos de quatro faixas, normalmente, com uma faixa adicional especial para o uso exclusivo de certa pessoa de renome, e elas normalmente são bem mais largas. Os pedestres precisam usar passagens subterrâneas; eles não podem cruzar a rua pela superfície. Em muitos cruzamentos, há guardas de trânsito, moças em saias azul-claras e meias brancas, que realizam uma dança elaborada e ligeiramente robótica sobre pedestais, girando elegantemente com seus bastões a cada poucos segundos, horas a fio, dirigindo o trânsito – que não existe. Serão então estas largas avenidas um milagre da antecipação, um preparativo para o dia inevitável de prosperidade universal, em que cada norte-coreano possuirá um carro? (No momento, eles não têm permissão nem para possuir uma bicicleta, pois há o risco de que a usem para ir a reuniões subversivas.) Ou será que a largura das ruas serve à mesma função que em Tirana, como um desincentivo à insurreição? Ou será que é apenas parte da grandiosidade que inspirou Kim Il Sung a erigir um arco triunfal, 1 m mais alto do que o Arco do Triunfo, e uma torre de pedra, 1 m mais alta do que o Monumento de Washington (a estrutura de pedra mais alta do mundo), para comemorar seu próprio aniversário de 70 anos?

Ninguém que visite Pyongyang escapa de uma visita à Torre Juche, nem deveria. A torre foi construída em segmentos, dezessete, em dois lados, dezoito, nos outros dois, totalizando setenta, cada ano simbolizando um ano da vida do Grande Líder. No alto da torre fica uma enorme chama vermelha, construída em vidro, iluminada à noite. A torre se chama Juche por causa da filosofia *juche* do Grande Líder, descrita como uma extensão brilhante do marxismo-leninismo, que o aprofunda e completa, uma síntese de toda a experiência humana até então. Na base da torre, fica uma pequena gruta cujas paredes estão cobertas por plaquetas de mármore, que atestam a apreciação de discípulos estrangeiros da "ideia juche". Pelo desenho, as placas são exatamente iguais àquelas que se encontram na tumba de um santo católico milagreiro. Ergui os olhos, esperando ver muletas penduradas como troféus, dando testemunho do sucesso do *juche* para curar a paralisia. A maior placa, de maior destaque, era do Comitê Português para o Estudo do Kimilsunismo, mas havia também placas da Índia e do Senegal, do Paraguai e da Nova Zelândia; realmente, de todos os países do mundo.

O que exatamente é o *juche*, a ideia que substitui e torna redundantes todas as ideias anteriores? Na medida em que ela significa algo inteligível, parece representar autossuficiência, especialmente a autossuficiência coreana. Kim Jong Il, filho do Grande Líder e seu sucessor, foi um expoente da *ideologia juche*. Ainda que eu tenha tentado mais e insistido mais tempo do que a maioria, achei seu texto – mesmo levando em conta deficiências de tradução – radicalmente ilegível. Tudo o que havia de original era uma combinação peculiar de opacidade e banalidade. Cada participante do *Festival Mundial da Juventude e dos Estudantes* recebeu um panfleto dele, intitulado *Sobre a Ideologia Juche: Tratado Enviado ao Seminário Nacional sobre a Ideia Juche, Ocorrido em Comemoração dos Setenta Anos do Grande Líder Kim Il Sung*, em 31 de março de 1982. O panfleto tinha capa cinza, com letras douradas. Dentro, protegida por uma folha de papel-manteiga, havia uma foto do Grande Líder, exatamente com a aparência que se diz que ele tinha: a de um pedante roliço, sem senso de humor, cruel, mimado, mas talvez inteligente. Eis algumas de suas reflexões sobre o *juche*:

> Como disse o Líder (isto é, Papai), a *ideologia juche* baseia-se no princípio filosófico de que o homem é senhor de tudo e decide tudo. A *ideologia juche* levantou a questão fundamental da filosofia ao olhar o homem como fator principal, e elucidou o princípio filosófico de que o homem é senhor de tudo e decide tudo.
>
> O homem ser senhor de tudo significa que ele é senhor do mundo e de seu próprio destino; o homem decidir tudo significa que ele desempenha o papel decisivo de transformar o mundo e de moldar seu próprio destino.
>
> O princípio filosófico da *ideologia juche* é o princípio de uma filosofia centrada no homem, que explica a posição e o papel do homem no mundo.
>
> O Líder deixou claro que o homem é um ser social com *chajusong*, criatividade e consciência. O homem possui uma posição especial e desempenha um papel especial como senhor do mundo porque é um ser social com *chajusong*, criatividade e consciência.
>
> O Líder deu uma nova concepção filosófica do homem ao definir que *chajusong*, criatividade e consciência eram os traços essenciais do homem, o ser social.
>
> *Chajusong*, criatividade e consciência são as qualidades sociais do homem, que tomam forma e se desenvolvem socialmente e historicamente. Ele mantém sua existência e atinge seus objetivos apenas socialmente. No mundo, apenas o homem vive e conduz atividades em relações sociais. *Chajusong*, criatividade, e consciência são peculiares ao homem, o ser social.
>
> O homem é um ser com *chajusong*, isto é, um ser social independente.

Citei o Caro Líder tão longamente não para divertir, mas para *entediar* o leitor, para lhe dar alguma ideia, por tênue que seja, de como deve ser morar num país em que trechos como este devem ser não apenas lidos, mas memorizados, regurgitados publicamente e aplaudidos como se fossem incrivelmente brilhantes; em que tudo o que é impresso tem o mesmo estilo, pois nenhum outro estilo é permitido; em que o olho é constantemente atacado por slogans, e os ouvidos, por discursos (há caixas de som funcionando perpetuamente nos vagões dos trens, nos elevadores que levam ao metrô, nas fábricas, nos conjuntos habitacionais e até dentro dos apartamentos). Imagine ainda que esse estado de coisas existe não por uma hora, ou por uma semana, ou por um mês, mas por 45 anos, como na Albânia; aí você começa a entender o que é viver na Coreia do Norte.

Uma das duas únicas conversas espontâneas, não oficiais – tão intensas quanto breves – que tive com coreanos durante minhas duas semanas na Coreia do Norte aconteceram alguns dias depois da nossa chegada ao país, do lado de fora da Grande Casa de Estudos do Povo, um enorme prédio, metade pagode, metade mausoléu fascista. Muito inesperadamente, um rapaz perguntou-me, enquanto eu passava por ali, se eu falava inglês.

– Sim – respondi.

– O senhor se importa se conversarmos? – ele perguntou. – Gosto de ouvir o inglês padrão falado. É para mim um grande prazer.

Ele estudava inglês no Instituto de Línguas Estrangeiras, onde, como em todo estabelecimento educativo, se ensinava o marxismo-leninismo e a *ideologia juche – ad nauseam*. De repente ele disse:

– Minha única felicidade é ler literatura inglesa. Quando leio Shakespeare e Dickens, sinto uma alegria tão grande que não consigo expressá-la.

Seria aquilo uma forma de lisonja? Acho que não; sua fala e sua emoção eram inequivocamente sinceras.

Enquanto eu me afastava – não podíamos ficar parados muito tempo –, meditei sobre por que Shakespeare e Dickens eram tão indizivelmente importantes para ele. Encontrei a resposta em Kim Jong Il:

> O Líder apresentou a ideia de revolucionar, de proletarizar e de intelectualizar todos os membros da sociedade, e, assim, transformá-los em homens comunistas do tipo *juche*, como grande tarefa revolucionária na modelação de toda a sociedade segundo a *ideologia juche* [...]. Os pensamentos definem o valor e a qualidade dos homens e, por isso, o remodelamento ideológico é da máxima importância na transformação do homem.

Quem não trocaria aliviado (o adjetivo não dá conta) aquilo por isto?

Pelo alto céu, no chão nos assentemos
para contar histórias pesarosas
sobre a morte de reis: como alguns foram
depostos, outros mortos em combate,
outros atormentados pelo espectro
dos que eles próprios destronado haviam,
outros envenenados pela esposa,
outros mortos no sono: assassinados
todos! É que, no centro da vazia
coroa que circunda a real cabeça
tem a Morte sua corte, e, entronizada
aí, como os jograis, sempre escarnece
da majestade e os dentes arreganha
para suas pompas, dando-lhe existência
fugaz, somente o tempo necessário
para cena pequena, porque possa
representar de rei, infundir medo,
matar apenas com o olhar, inflada
de ilusório conceito de si mesma,
como se a carne que nos empareda
na vida fosse de aço inquebrantável.
E após se divertir à saciedade,
com um pequeno alfinete ela se adianta,
fura a muralha do castelo e, pronto:
era uma vez um rei![1]

Será mais doce a subversão?

Quanto a Dickens, sem dúvida ele era ensinado para demonstrar os horrores do capitalismo, mas as lições ensinadas e as lições aprendidas não são necessariamente as mesmas. Afinal, o fato é que cada personagem de Dickens, por mais malvado ou maltratado que seja, ao menos fala com a

---

[1] William Shakespeare, "Ricardo II (Ato 3, cena 2)". Trad. Carlos Alberto Nunes. In: *Teatro Completo: Dramas Históricos*. Rio de Janeiro, Agir, 2008, p. 93. (N.T.)

própria voz e com as próprias palavras; é, portanto, mais humano do que os norte-coreanos têm permissão para ser ou supostamente são.

Numa pausa após me despedir do estudante de inglês, mirei a cidade à frente da Grande Casa de Estudo do Povo. O que havia de errado com ela exatamente? Sob alguns aspectos, ela era muito impressionante; por que dava tanto frio na espinha? Olhei em volta em busca de uma explicação, que me fugia, mas que ficou muito tempo nas margens da minha consciência.

Largos degraus levavam da Casa de Estudo, do outro lado da vasta rua, para uma praça cheia de chafarizes, arbustos, terraços de concreto, cascatas, espaços abertos e uma enorme escultura de um grupo de mulheres dançantes, lançando lenços de concreto para o ar e formando arcos. Em seguida vinham alguns prédios de ministérios, com a colossal grandiosidade retangular que os chineses outrora preferiam ao construir terminais ferroviários na África. À distância, no alto de uma ladeira pouco íngreme, pavimentada com concreto, com um braço estendido como numa saudação nazista, havia uma estátua de bronze gigante, com quase 20 m, do Grande Líder. Parece que quando Enver Hoxha morreu, deixou seu sobretudo para Kim Il Sung, pois era o mesmo que Enver estava usando em sua estátua em Tirana.

As pessoas andavam em silêncio, insignificantes como formigas numa estrada. Enfim entendi o que me perturbava naquela cena, além de seu mau gosto: Pyongyang era a *langue de bois* transformada em pedra.

Fomos colocados num enorme complexo novo de apartamentos na Rua Kwangbok, que tinha treze faixas de largura (a 13ª, central, apenas para uso do Grande Líder). O complexo tinha sido construído na expectativa de que a Coreia do Norte recebesse alguns dos eventos das Olimpíadas de 1988, mas, quando ele não conseguiu atrair esses eventos, a história da Rua Kwangbok mudou, e ficou decidido que ela tinha sido construída não como Vila Olímpica, mas especialmente para o *Festival Mundial da Juventude e dos Estudantes*. Isso ilustra o modo como a Coreia do Norte vive no triunfo e evita a humilhação. Nenhum acontecimento histórico é insignificante demais para ser reescrito.

Os apartamentos eram bem construídos, uma longa série de torres dos dois lados da rua, que me teriam lembrado de Miami caso houvesse neon. Havia cinco pessoas em cada apartamento; reparei que os negros e os brancos, exceto um encantador estudante de Física de ascendência nigeriana, tão interessado em diversão quanto em política, ficaram separados, como se houvesse uma lei contra a confraternização. Recebemos cupons para todas as nossas refeições, que comíamos numa cantina que dava para a Rua Kwangbok. As garçonetes coreanas que nos serviam tinham sorrisos encantadores e se moviam com uma graça natural, que fazia nossos movimentos parecerem grosseiros e desajeitados.

Em nossa primeira refeição, uma moça claramente de classe média, que usava apenas roupas negras sem forma e óculos redondos de coruja, causou um sobressalto em todos ao anunciar que sempre ficava chocada com o fato de as pessoas de esquerda, que se julgavam compassivas, conseguirem comer carne. Ela tinha opiniões muito definidas, incluindo uma visão bastante negativa do sexo masculino em geral: ao assinar seu nome, ela acrescentava uma cruz ao o que ele continha, para transformá-lo no símbolo biológico para fêmea. Sua censura, porém, teve efeito limitado; muitos em nossa "delegação" não eram inclinados a sentimentalismos a respeito do destino de animais irracionais. Eram comunistas durões, que se vestiam como durões e cortavam o cabelo curto para que suas cabeças aparecessem tão ossudas quanto possível. Ouvi um deles descrevendo uma manifestação de que tinha participado na Inglaterra, na qual também havia um membro da Anistia Internacional com um cartaz.

– Fui até ele e disse: "Eu não acredito nessa babaquice burguesa", e ele disse: "Então você acha que os presos políticos deviam ser torturados e mortos?". Falei: "Pois é isso mesmo que eu acho".

A pessoa para quem ele relatou esta encantadora conversa riu. O que eu achava assustador na dupla era que seus rostos estavam contorcidos de ódio mesmo quando eles riam, e, quando eles falavam de matar prisioneiros políticos, estavam falando sério. Eram membros de um grupelho comunista para o qual Stalin era um deus, não apesar de seus crimes, mas por causa deles. Eu me perguntava que experiência de vida, que temperamento, poderia ter dado origem a tanto veneno. Que esplêndidos teriam sido como torturadores e comandantes de campos de concentração, se apenas houvesse essa oportunidade.

Se tivessem ouvido, como eu ouvi de diplomatas em Pyongyang, que o *Festival Mundial da Juventude e dos Estudantes* tinha provocado faltas de comida por toda a Coreia do Norte, por muitos meses antes, eles não teriam acreditado; ou, se tivessem acreditado, teriam achado que não era importante. Também não teriam achado significativa a observação aparentemente casual feita a mim por uma senhora norte-coreana de que ela e seu filho de 12 anos tinham passado as noites e os fins de semana, por vários meses, no trabalho "voluntário" de construção na Rua Kwangbok e em seu complexo associado de arenas e salões esportivos. Eles simplesmente teriam louvado o espírito stakhanovista do povo coreano. Se tivessem ouvido o fim de minha conversa com o aluno do Instituto de Línguas Estrangeiras, haviam-no descartado como um "resquício" da velha ordem, mesmo que ele tivesse nascido 25 anos após o estabelecimento do comunismo na Coreia do Norte.

— É correto usar expressões idiomáticas em inglês? – perguntou ele.

— Claro – respondi. – Usamos o tempo todo.

— Faria sentido, então, dizer que "Este festival é tão bem-vindo quanto uma tempestade de neve antes da colheita"?

Respondi que ele estava mais capacitado para responder do que eu.

Que importância meus comunistas durões teriam dado à resposta dada por um dos guias norte-coreanos a uma pergunta sobre os aleijados e feridos na guerra do país (somente pessoas sem defeitos físicos têm permissão para morar em Pyongyang)?

— Esse – disse ele – é um problema que já resolvemos.

Claro que eles não teriam dado importância alguma. O que é um pouco de eugenia diante da Marcha Árdua? Quanto a mim, logo fiquei convencido – absoluta e inabalavelmente convencido – de que um dia surgiriam histórias da Coreia do Norte que chocariam o mundo, histórias de crueldades iguais ou superiores às de Kolyma no Canal do Mar Branco, na época de Stalin.

O líder da nossa delegação era um jornalista de uma revista radical com temas asiáticos, que dedicara boa parte da vida às relações anglo--norte-coreanas, as quais eram, claro, de natureza totalmente não oficial. Kim Il Sung e Nicolae Ceauşescu (ainda com boa fama) eram dois de seus heróis. Formado na Escola de Estudos Orientais e Africanos, ele era socialmente inapto. Suas roupas, como as de muitos intelectuais, eram farrapos, e ele sempre parecia ter sido atacado por um furacão; porém, ao contrário de alguns comunistas da delegação, era um homem bondoso, incapaz de ofender deliberadamente. Porém, apesar de toda a sua delicadeza, de seu conhecimento e de sua inteligência, ele tinha se associado a um regime de tirania inominável. Durante nossas duas semanas na Coreia do Norte, ele abordou uma das duas mulheres na delegação e disse:

– Fui informado por camaradas coreanos de que vocês passaram a noite inteira fora.

Tendo-se transformado no instrumento de espiões e de informantes, ele ficou genuinamente surpreso com a reação de ultraje provocada por essa observação. Ele usou as palavras "camaradas coreanos" sem ironia; era um verdadeiro inocente no estrangeiro.

Claro que os coreanos o tratavam – bem como todos os demais chefes de delegação – com grande consideração. Foi colocada à sua disposição uma Mercedes nova, com motorista; ele foi convidado a participar de reuniões que pareciam de grande monta. Era um genuíno idealista, desprovido de ambições materiais, mas, ainda assim, o contraste entre a atenção que ele recebia na Coreia do Norte e o desprezo com que era tratado em seu país de origem deve ter ficado gravado nele. O que me entristecia era a quase certeza de que, em seus corações (e mentes), os coreanos deviam sentir por ele nada além de desprezo, usando-o como joguete voluntário e vendo-o como um dos "idiotas úteis" de Lênin. Sua ingenuidade era chocante, mas, como homem, ele não era digno de desprezo. Um dia ele teria vergonha de seu apego à Coreia do Norte.

Chegamos alguns dias antes da abertura do festival e fomos levados a passeios pela cidade. Enquanto nosso ônibus passava pelas ruas de Pyongyang, os pedestres ficavam parados e acenavam para nós, e os fiéis acenavam de volta contentes, achando que tinham expressado a solidariedade proletária internacional. Porém, para aqueles que se devam ao trabalho de observar, os acenos dos pedestres tinham uma qualidade peculiar, como o sorriso de uma boca sem brilho nos olhos. Acenavam rígidos, como autômatos; assim que o ônibus passava, seus braços erguidos caíam como pedra para o lado, e eles seguiam caminho. Era afabilidade por decreto, hospitalidade militarizada.

Fomos levados ao Museu de História e ao Cemitério dos Mártires. As exposições no Museu de História eram majoritariamente fotografias que provavam como Kim Il Sung tinha libertado a Coreia do jugo colonial japonês, algo que precisava ser provado por todo tipo de falsificação histórica e de contrafação fotográfica, pois, na verdade, ele teve muito pouco a ver com a libertação da Coreia em 1945. Foram os russos ao Norte e os americanos ao Sul que derrotaram os japoneses. Parece verdade – cada fato da história coreana moderna é um campo minado, falando figuradamente – que o Grande Líder-a-ser, um dia, liderou um pequeno destacamento de guerrilheiros antijaponeses e demonstrou bravura em condições incrivelmente duras: ele fugiu (muito sensatamente) para a URSS. Ali ele passou a maior parte dos anos da guerra, até que percebeu que a causa coreana, sem apoio, não tinha chance, só voltando à Coreia com o Exército Vermelho, que estabeleceu um estado comunista a norte do paralelo 38.

Os exércitos estrangeiros não eram mencionados no Museu de História; o papel desempenhado pelos Estados Unidos na derrota do Japão não era enfatizado. Porém ficávamos sabendo que Kim, como Hoxha, era um revolucionário precoce, que começara sua carreira anti-imperialista ainda mais cedo, aos 12 anos. E, como no museu Hoxha em Tirana, as fotografias do museu de Pyongyang eram borradas e granuladas, prontas para a subtração ou o acréscimo de pessoas conforme exigissem as circunstâncias políticas.

Fora do museu, ficava a gigantesca estátua de Kim em cor de cobre, inchado e sem humor, como um sapo. Coloquei-me aos pés dela e ri. Mas também me perguntei sobre a psicologia de homens como Kim Il Sung e Enver Hoxha. Será que eles acreditavam em suas próprias infalibilidades, ou será que eram completos cínicos? O que pensa um homem quando vê sua própria estátua, seu próprio retrato, suas próprias palavras por toda parte? Se alguém possui a crença reconfortante de que os crimes de um homem acabam por encontrá-lo, que considere que Enver Hoxha morreu em paz em sua cama após 40 anos de psicopatia triunfante, e que Kim Il Sung quebrou esse recorde, ficando 40 anos no poder.

Quanto ao Cemitério dos Mártires, bem acima da cidade, era um belo exemplo do gênero, um tanto mais elaborado do que o equivalente albanês, como se poderia esperar de uma nação sete vezes maior. Música de órgão, baixinha, surgia de caixas de som ocultas em arbustos podados, o que me lembrava, sobretudo, dos dias em que, entre os filmes, um piano elétrico Wurlitzer costumava emergir do fosso da orquestra nos cinemas. O cemitério era terraplenado, com filas simétricas de tumbas e um busto de cada mártir num pedestal branco. Não era um lugar de luto, e menos ainda de recordação (ter memórias era crime na Coreia do Norte); era apenas outro quadro de propaganda, e os bustos quase certamente não tinham relação com os mártires enterrados – se é que de fato havia algum mártir enterrado ali.

Também fomos levados a fazer visitas a escolas e a hospitais. A Escola Secundária Número 1 era o tipo de instituição a que os visitantes eram sempre levados; quando mencionei a um diplomata que tinha visitado uma escola dessas, ele disse, cansado: "Ah, sim, a Escola Secundária Número 1". Seu saguão de entrada era feito de mármore, o prédio inteiro é imaculado, e reina um perfeito silêncio. O guia nos disse que a escola era histórica porque o Grande Líder a tinha visitado duas vezes. Em seguida nos mostraram as salas de aula, cujo asseio era quase sobrenatural, sem nem sequer um pedaço de giz fora do lugar. Os quadros-negros nunca tinham sido usados, nem os apagadores (um apagador, uma vez usado, jamais recuperará sua condição de novo). Mostraram-nos laboratórios com equipamentos novos e magníficos, outra vez, nunca usados. As crianças que frequentavam a escola – poucas, considerando-se o tamanho do prédio – estavam em outro lugar. O laboratório de informática estava equipado com os últimos modelos japoneses, mas nem as máquinas nem a mobília mostravam o menor sinal de uso.

– Só o socialismo pode fazer isso – disse um membro do nosso grupo com o rosto iluminado, um homem que trabalhava para a agência de notícias soviética que havia em Londres e que, apesar das revelações da *glasnost*, ainda era crente. Sua voz tinha aquele tom da histeria religiosa.

Ele não queria entender o significado dos quadros-negros sem uso, do asseio que teria satisfeito a mais obsessiva das donas de casa, do fato de que levamos 45 minutos para chegar à escola por um caminho cheio de voltas, mas apenas cinco minutos para voltar por um caminho direto. Ele não perguntou se a escola, mesmo que fosse real, era típica, ainda que, se lhe mostrassem qualquer coisa boa em seu próprio país, ele, de imediato, responderia que ela era excepcional, recorrendo a uma torrente de estatísticas como provas. Aqui o pensamento crítico se dissolvia ao primeiro sinal de um saguão de entrada feito de mármore; longe de lhe faltar inteligência, ele era um verdadeiro peregrino político, o tipo exato de ingênuo voluntário para o qual aquela farsa absurda era montada. Talvez, na década de 1930, houvesse alguma tênue desculpa para os intelectuais que se deixavam levar por uma performance como essa, na medida em que, à época, havia algo que o mundo nunca tinha experimentado antes. Porém que desculpa havia quase sessenta anos depois para uma resposta tão imbecil?

Fomos ao laboratório de idiomas (como eu estivera no laboratório de idiomas na escola em Korce, na Albânia). Pedi para ver o livro-texto de inglês, mas não pude ficar com ele muito tempo. Uma das histórias falava de um porco-espinho cujos espinhos afastaram um tigre, e, só para o caso de o aluno não captar a moral, ela era explicada: a Coreia do Norte era o porco-espinho; os Estados Unidos, o tigre. Havia também poesia no livro-texto: uma ode do Caro Líder, Kim Jong Il, sobre a alegria de entrar na universidade que, por acaso, levava o nome de seu pai, Kim Il Sung.

Um membro do nosso grupo perguntou sobre a educação sexual na escola. As meninas, disseram-nos, aprendem sobre a menstruação aos 12 anos. E os meninos?

— Estão aprendendo engenharia.

O hospital em Pyongyang que os estrangeiros inelutavelmente visitam é o Hospital da Maternidade. Diziam que aquele era o projeto de estimação do Caro Líder e, aliás, seu presente pessoal à nação, ainda que a maneira como ele oferecia um presente desses não era uma questão prudente no clima de opinião da Coreia do Norte. O Caro Líder, além de ser o "gênio das artes plásticas" e um grande músico (escreveu um concerto para piano, sem dúvida no estilo musical "correto"), também seria uma autoridade em obstetrícia.

O saguão de entrada mais parece o saguão de um teatro de ópera do que a recepção de um hospital. O Caro Líder, que recebeu o crédito pelo desenho do próprio hospital, teria exclamado "Vocês construíram um palácio, não um hospital!", quando o viu pela primeira vez. O chão de mármore multicolorido e as colunas refletem a luz lançada pelo lustre central. Na parede do outro lado, fica o inevitável mural do Grande Líder. Todo prédio público tem uma pintura dessas, com 10 m de largura, mostrando o Grande Líder de pé, sozinho, no alto de uma montanha, usando um sobretudo azul-escuro com barrete de pano, em meio ao rosa das cerejeiras em flor, com uma vasta paisagem a seus pés, ou com uma multidão de reles mortais – trabalhadores, soldados, crianças, intelectuais, colonos agrícolas – em volta da base do pedestal sobre o qual ele está, com os braços estendendo-se para ele como se seu toque curasse escrófula.

Colocamos batas brancas de neve e calçamos galochas: um procedimento higiênico que muito impressionou os fiéis. Andamos por um laboratório depois do outro, por instalação depois de instalação, sem qualquer sinal de uso corrente. Já vi muitos laboratórios na minha carreira médica, mas a calma dos laboratórios na Maternidade de Pyongyang eu só tinha encontrado em necrotérios. No laboratório de radioisotopia, reparei uma pequena pilha de exames de fígado. O último tinha sido feito há mais de seis meses, e eles eram raros e espaçados. Não havia pacientes, nem equipe, nenhuma maca atulhava os corredores, que não ecoavam som algum além dos nossos louvores.

Alguns dos fiéis estavam ansiosos para ouvir minha opinião sobre o hospital, outra proeza do socialismo, que trazia a luz do êxtase aos olhos deles.

– Um hospital como aquele não era possível apenas no socialismo? perguntavam.

Eu respondia que sim, ainda que talvez eu não estivesse querendo dizer a mesma coisa que eles.

Pouco depois, encontramos um jovem russo, agradável e inteligente, chamado Boris, linguista fluente em francês, inglês e japonês. Na companhia de um jovem comunista da delegação britânica – da estirpe antes ingênua do que durona –, descrevi a Boris nossas visitas à escola e ao hospital. Ele riu, pois se lembrou de participar precisamente do mesmo tipo de visita como guia e intérprete na URSS antes do advento de Gorbachev. Os estrangeiros eram solenemente levados a instituições de perfeição improvável. O propósito era enganá-los; processo esse que exigia sua cooperação voluntária.

— Ainda bem que já passamos dessa fase — disse Boris.

Aquilo foi demais para o jovem comunista; ele fugiu da mesa para não ouvir mais.

À noite, a Rua Kwangbok ganhava vida. Mulheres coreanas que moravam no Japão tinham recebido permissão para voltar à sua antiga terra natal para montar barraquinhas, vendendo comida e bebida para os milhares de delegados. Havia diversos cafés temporários geridos por uma empresa japonesa cuja equipe usava óculos de sol em estilo americano e que esperava que toda vez que comprássemos algo deles tivéssemos um bom-dia. Muitas delegações haviam trazido caixas de som, fazendo o concreto da Rua Kwangbok vibrar com rock. Os latino-americanos tinham suas próprias bandas e se juntavam para cantar e dançar até tarde da noite. Os poucos coreanos que testemunharam essa exuberância latina ficaram olhando como se eles fossem criaturas do espaço sideral. Os latino-americanos tentaram chamar os coreanos para se juntarem a eles, mas as profundezas da diferença cultural, para nem falar dos riscos políticos, dificilmente teriam sido maiores, e os coreanos limitaram-se a observar passivamente.

Os diplomatas lotados em Pyongyang estavam impressionados com a transformação da Rua Kwangbok. Eles nunca tinham visto aquela vida toda nela durante o tempo que passaram na cidade. (Normalmente, como me disseram, até *eles* viviam com medo do aparato de segurança; e um deles me disse que os norte-coreanos matavam diplomatas estrangeiros sempre que lhes dava na telha, mas ele estava num estado de terror tão abjeto que eu não sabia se ele estava sendo realista ou se era um caso psiquiátrico — ou os dois.) Porém, claro que a Rua Kwangbok estava isolada do resto da cidade, como se ali reinasse a peste. Numa curva na única rua que levava ao centro de Pyongyang, a polícia tinha colocado um enorme holofote para ofuscar os veículos que se aproximavam, para que tivessem de diminuir e a polícia pudesse tirar fotos. De qualquer modo, era improvável que coreanos sem autorização tentassem chegar à Rua Kwangbok, já que a Coreia do Norte não incentivava quixotescas iniciativas privadas.

De toda forma, elas não teriam podido comprar nada ali com seu dinheiro. Havia três tipos de moeda na Coreia do Norte: dinheiro "azul", trocado por moeda forte; dinheiro "vermelho", por moedas socialistas, e dinheiro "branco", com o qual os coreanos eram pagos e que os estrangeiros não tinham permissão para utilizar. Claro que o dinheiro azul tinha o maior poder de compra e os preços em dinheiro vermelho eram altíssimos, mas só o dinheiro branco era aceito para comprar passagens de trens ou de ônibus, criando um problema adicional para os estrangeiros que queriam viajar pelo país.

Pouco havia para os norte-coreanos comprarem; eles dependem de rações (o racionamento é a essência do socialismo "realmente existente"). Um diplomata me disse que, nos feriados nacionais – quando não se esperava influxo maior de estrangeiros –, as lojas ficavam cheias de frutas. Não, claro, de frutas *de verdade*, mas de plástico, muito mais avançadas tecnologicamente. Assim se realizava o sonho marxista do domínio do *homem* sobre a *natureza*; sem depender das estações, o *homem* verdadeiramente se torna *homem* pela primeira vez em sua história, pois a decisão de quando enfeitar as lojas com frutas de plástico depende única e exclusivamente de sua consciência.

Fui diversas vezes, durante o festival, à Loja de Departamentos Número 1 de Pyongyang. Ela fica bem no centro da cidade. Suas prateleiras e seus balcões rangiam com o peso dos produtos feitos localmente, empilhados em pirâmides impressionantes ou em forma de leque, perfeitamente arranjados nos vários andares do prédio. No térreo havia uma variedade de comidas enlatadas, quinquilharias e bebidas alcoólicas, incluindo uma forte aguardente coreana com uma cobra inteira conservada ou marinada na garrafa – presumo que um afrodisíaco. Tudo reluzia de perfeição; o asseio era notável.

Não demorei para descobrir que aquela loja não era uma loja qualquer. Estava repleta de milhares de pessoas, subindo e descendo as escadas rolantes, de pé nos cantos, entrando e saindo pelo portão principal numa corrente constante, indo e vindo – mas nada estava sendo comprado ou vendido. Verifiquei isso ficando de pé na entrada por meia hora. As pessoas que saíam não carregavam mais do que as pessoas que entravam. À saída, suas sacolas de compras continham tanto ou tão pouco quanto continham à entrada. Em alguns casos, reconheci pessoas saindo que tinham entrado poucos minutos antes, só para revê-las entrando na loja quase imediatamente. E observei um balcão de quinquilharias por quinze minutos. Havia talvez vinte pessoas de pé ali e dois funcionários atrás do balcão, mas sem dar qualquer atenção aos "clientes". Estes e os funcionários olhavam uns através dos outros em linha reta, sem se mover ou falar.

Com o tempo, eles ficaram cada vez mais desconfortáveis por serem observados por mim. Começaram a arrastar os pés e a remexer-se, como se meu olhar fizesse deles insetos vivos pregados na cortiça. Os funcionários também ficaram inquietos e começaram a perguntar-se o que fazer naquelas circunstâncias imprevistas. Concluíram que não havia nada a fazer além de distribuir algo diante dos olhos do inquisitivo estrangeiro. E assim, de repente, começaram a entregar bacias de plástico aos vinte "clientes", que as pegaram (sem sequer fingirem pagar). Foi então sorte deles? Eles receberam algo em troca de nada? Não, seus problemas tinham apenas começado. O que deveriam fazer com suas bacias? (Por acaso, eram todas marrons, pois os funcionários não tinham iniciativa suficiente para distribuir uma variedade de bens que dessem verossimilhança à performance, nem mesmo entregar bacias de cores diferentes.)

Eles ficaram andando confusos em volta do balcão, segurando as bacias com uma mão, como se fossem chapéus que tivessem removido na presença de um superior. Alguém os levou ao balcão do outro lado para quem fossem entregues; alguns simplesmente esperaram até que eu fosse embora. Eu teria tirado uma foto, mas lembrei bem na hora que aquelas pessoas não estavam participando daquela farsa porque tinham escolhido, que elas também eram vítimas e que – apesar de seus rostos sem expressão e falta de energia – eram pessoas com *chajusong*, isto é, criatividade e consciência, e tê-los fotografado teria apenas aumentado sua degradação. Deixei o balcão das quinquilharias, mas voltei por um instante pouco depois; as mesmas pessoas estavam de pé ali, *sem* bacias marrons de plástico, que estavam perfeitamente reempilhadas na prateleira.

Também segui aleatoriamente algumas pessoas, tão discretamente quanto podia. Algumas se ocupavam de subir e descer incessantemente as escadas rolantes; outras iam de balcão em balcão, passando alguns minutos em cada um deles antes de ir adiante. Não inspecionavam as mercadorias, moviam-se inquietas como fariam analfabetos condenados a passar o dia entre as prateleiras de uma biblioteca. Eu não sabia se ria, se explodia de raiva, ou se chorava. Contudo eu sabia que estava observando uma das mais extraordinárias visões do século XX.

Decidi comprar algo – uma caneta-tinteiro. Fui até o balcão em que as canetas eram exibidas como o leque da cauda de um pavão. Elas estavam tão à venda quanto a Torre Eiffel. Quando entreguei meu dinheiro, algumas pessoas se juntaram, demonstrando, pela primeira vez, alguma vida. Eu sabia, claro, que não podiam recusar algo a mim; se recusassem, o jogo seria completamente entregue. Assim, as pessoas observaram, de olhos arregalados e incrédulos, aquela desconcertante transação acontecer: dei à funcionária um pedaço de papel, e ela me deu uma caneta.

A caneta, evidentemente, era da pior qualidade possível. A borracha para a tinta era tão fina que teria perecido imediatamente ao fazer contato com ela. O pistão de metal já estava enferrujado; o corpo de plástico estava tão estaladiço que a menor pressão o rachava. E a caixa em que ela vinha era de cartolina absorvente, por cujas fibras a tinta impressa corria como os capilares nas bochechas de um bêbado.

Logo antes das 16h, em duas ocasiões, testemunhei o pagamento dos compradores. Uma fila enorme formou-se no balcão de cosméticos e itens de banho, e, ali, todos, homens e mulheres, recebiam a mesma paletinha de ruge, apesar da grande variedade de mercadorias expostas. Muitos saíam ligeiramente confusos, examinando o ruge sem entender o que era. Em outro balcão, vi uma fila similar recebendo um par de meias, todas marrons, como as bacias de plástico. As meias, porém, realmente ficavam com os clientes. Depois do pagamento, uma nova leva de compradores de Potemkin chegou.

A Loja de Departamentos Número 1 era tão extraordinária que eu precisava conversar com alguém a respeito. Porém o jovem comunista de Glasgow, para quem a descrevi, simplesmente exclamou:

— E daí? Muita gente vai à Harrods sem comprar nada, só para olhar.

Mesmo assim, voltei duas vezes à Loja de Departamentos Número 1 porque, na minha opinião, ela tinha tantas camadas de significado quanto um grande romance, e, a cada visita, era possível perceber — como na leitura de Dickens ou de Tolstói — alguma coisa que não tinha sido notada anteriormente.

A Loja de Departamentos Número 1 era uma admissão tácita de que a abundância de bens materiais era desejável, de que seu consumo era sim um objetivo próprio à humanidade. Essa admissão do óbvio não seria notável sob nenhum aspecto caso os socialistas não a negassem com tanta frequência, criticando a democracia capitalista liberal por causa de seus desperdícios e de sua inculcação de desejos artificiais em seus cidadãos, obscurecendo com isso seus "verdadeiros" interesses. Ao estocar a Loja de Departamentos Número 1 com todas as mercadorias que podiam encontrar só para impressionar os visitantes estrangeiros, os norte-coreanos admitiam que a abundância material era moralmente preferível à carência e que a escassez não era um sinal da virtude da abstinência; antes, era prova de insuficiência econômica. A escolha, mesmo em questões pequenas, dá sentido à vida. Por mais bem alimentado, por mais confortável que o homem moderno possa ficar sem a escolha, ele a exige como um direito, não por ser economicamente superior, mas como um fim em si mesma. Ao fingir oferecê-la, os norte-coreanos admitiam isso; e, ao admiti-lo, reconheciam que estavam conscientemente comprometidos com a negação daquilo que todos querem.

Mas a reflexão mais sombria provocada pela Loja de Departamentos Número 1 é aquela que diz respeito ao poder que pode ordenar que os cidadãos tomem parte em uma performance enorme e enganosa, não uma vez, mas um dia após o outro, sem que qualquer um dos atores jamais indique, pelo menor sinal, que está ciente de seu engano, ainda que seja impossível que não esteja. Pode-se quase atribuir um senso de humor macabro e sádico ao poder, na medida em que a performance ordenada apresenta uma dessemelhança total em relação à experiência real e às condições de vida dos atores. É como se o diretor de uma colônia de leprosos ordenasse a encenação de um concurso de beleza — algo que se poderia esperar, digamos, num filme surrealista psicologicamente depravado. Isso, porém, não é piada, e a humilhação produzida nas pessoas que tomam parte nela, longe de ser uma limitação, é um benefício essencial ao poder; afinal, os escravos obrigados a participar de sua própria escravização, sinalizando para os outros a felicidade de sua condição, são tão humilhados que dificilmente vão rebelar-se.

Meus companheiros que foram enganados por esse vasto simulacro de cidade e de país não pararam para se perguntar por que cada pessoa na Coreia do Norte, sem exceção, usava uma divisa com o rosto do Grande Líder. Se tivessem sequer considerado a questão, diriam que era simplesmente por causa de sua popularidade. As divisas tinham desenhos diversos, cada qual indicando, aparentemente, a posição de quem a usava na hierarquia social. Nenhum estrangeiro, porém, conseguia decifrar o código embutido naquelas divisas.

Um diplomata contou-me que, em sua competição para provar a lealdade a Kim Il Sung, os homens costumavam tatuar no braço a data de sua admissão no Partido. E a admissão anual de crianças aos *Jovens Pioneiros* é uma cerimônia de histeria em massa, as emoções aumentam sem parar nos dias que a antecedem, culminando numa invocação de quinze minutos a Kim Il Sung, no fim da qual os novos *Jovens Pioneiros* são declarados verdadeiros filhos e filhas de Kim. As meninas começam a chorar ao ouvir o nome do Grande Líder. Isso me recordava um pouco o conto "La Maison Tellier", de Maupassant, em que um grupo de prostitutas se encontra na primeira comunhão, durante a qual uma onda de profunda emoção religiosa toma conta delas (sem, é claro, vir a mudar seu modo de vida). E também me lembrei do modo como a notícia da morte de Stalin foi recebida na Rússia, com os soluços dos aterrorizados.

O festival foi aberto alguns dias depois da nossa chegada, numa cerimônia num enorme estádio que fora construído para as Olimpíadas, mas que jamais testemunhara um evento olímpico. O comparecimento à cerimônia de abertura, como nos recordaram diversas vezes, era obrigatório. Cada um de nós recebeu convites oficiais, mas não havia *RSVP* escrito neles. Além disso, cada delegação deveria usar seu "uniforme". Em nosso caso, uma camisa especial tinha sido desenhada, e por uma feliz coincidência a cor era marrom-pelotão-de-choque. Cerca de metade de nós deveria participar da marcha diante de Kim Il Sung, e a ideia de fazer isso tinha para mim apelo imenso: dali a vinte anos, eu adoraria contar como marchei diante de Kim. Infelizmente, não fui selecionado para a marcha.

A cerimônia foi preparada com precisão militar. Os ônibus que levavam as delegações para o estádio partiam em intervalos de trinta segundos, proeza impressionante de organização. Chegamos ao estádio duas horas antes do horário marcado para que o Grande Líder fizesse sua entrada, deixando bastante tempo para que a tensão se acumulasse; técnica bem desenvolvida por outro grande líder, Adolf Hitler.

Do outro lado do estádio, havia 20 mil crianças, cada qual com uma série de cartões coloridos que, por meio de mudanças instantâneas e coordenadas, produziam padrões, retratos, paisagens e slogans (estes em inglês, francês, espanhol, árabe e coreano). No instante mesmo em que as crianças mudavam as cores dos cartões que mostravam, elas soltavam um grito agudo que perfurava o céu. O efeito era, sem dúvida, impressionante por causa de sua escala e do *timing* perfeito; porém era de gelar a espinha.

Mesmo que eu não tivesse ouvido de um diplomata que aquelas crianças estavam ensaiando para a cerimônia de abertura, havia cinco ou seis meses; que durante aquele tempo elas não foram à escola; que muitas vezes, durante aquele período, elas seriam vistas sendo levadas para casa em caminhões do Exército após os ensaios, às 2 ou 3 da manhã; que esses desfiles e cerimônias eram um traço constante da vida norte-coreana; mesmo que eu não tivesse ouvido nada disso, ainda teria concluído, a partir do espetáculo mesmo, que sua produção envolvera sacrifícios terríveis. Ali estava uma demonstração perfeita do *homem* como meio e não como fim; das pessoas como meras engrenagenzinhas numa máquina que abrangia tudo. Acho que é verdade dizer que, mesmo que houvesse uma máquina disponível para fazer o trabalho dessas 20 mil crianças, o governo ainda teria escolhido as crianças para fazer aquilo; afinal, pode haver treinamento melhor para uma vida de insignificância pessoal e de subordinação a ordens do que a participação num espetáculo como aquele?

No estádio havia 150 mil pessoas, das quais apenas 15 mil eram estrangeiros participando do festival. O resto eram norte-coreanos. Enquanto aguardávamos a chegada do Grande Líder, estrondosos aplausos, obviamente coordenados, iniciavam nas seções coreanas da plateia e ondas de pessoas levantavam-se e lançavam os braços ao ar, com um efeito semelhante ao vento correndo em meio ao trigo. Para meu horror, as pessoas à minha volta juntaram-se a essa atividade descerebrada (descerebrada, mas não despropositada). O que estavam aplaudindo, o que estavam celebrando, que emoção, ou que pseudoemoção, estavam sentindo? Recordei um trecho de Václav Havel:

> Cada pessoa, de algum modo, sucumbe a uma trivialização profana de sua humanidade intrínseca [...]. Em cada qual, há certa disposição de fundir-se com a multidão anônima e fluir confortavelmente junto a ela pelo rio da pseudovida. Trata-se de algo muito maior do que um mero conflito entre duas identidades. É algo bem pior: é um desafio lançado à própria noção de identidade.

Como Havel estava certo! Não havia compulsão externa para que aquelas pessoas se comportassem daquele jeito, para abandonar suas faculdades críticas, para perder sua identidade, para unir-se numa comunhão pseudomística com 100 mil pessoas das quais nada sabiam. Porém elas não podiam esperar para fazer isso; aliás, elas se alegravam em fazê-lo e depois sentiriam-se preenchidas. Ali estava uma profunda rejeição da liberdade individual por parte de pessoas que eram livres, e que gratamente rejeitavam o corolário da liberdade: a responsabilidade individual, com todas as suas incertezas e tormentos.

Teria sido fácil levantar-se, acenar e gritar *hurra* quando a maré de *ersatz* de alegria chegou à nossa parte do estádio. Afinal, o que efetivamente estava em jogo? Fazia diferença eu tomar parte naquilo ou não? Bem, fazia diferença para mim, e isso bastava; permaneci sentado.

Volta e meia, antes da chegada do Grande Líder, os membros de uma delegação iam para a pista de corrida com sua bandeira nacional e corriam em volta do estádio debaixo dos calorosos aplausos da multidão. Eram a solidariedade e a amizade internacionais em ação, segundo a visão do governo norte-coreano (para o qual a amizade não tem nada de pessoal). A primeira delegação a chegar à pista foi a da Organização para a Libertação da Palestina, seguida, não muito depois, pelos iraquianos, que exibiam um retrato de Saddam Hussein, grande amigo da humanidade e especialista em guerra química. Os palestinos receberam aquele tipo de adulação normalmente reservado às estrelas pop; o ativista judeu de Hackney quase desmaiou. E sempre que uma delegação africana chegava à pista, os negros da delegação britânica, um deles com *dreadlocks* rastafáris e um barrete de lã com as cores da bandeira da Etiópia, prestaram-lhes uma estranha homenagem, emitindo grunhidos como um gorila em uníssono, aparentemente julgando que essa volta à selva era, de algum modo, pan-africana. De início, senti-me constrangido e, depois, quis rir; mas, no fim, achei aquilo triste, porque aqueles jovens queriam desesperadamente identificar-se com culturas e com povos sobre os quais eram profundamente ignorantes, só porque tinham a mesma origem racial – ou uma origem similar.

A área do campo começou a ficar cheia daquilo que nosso programa chamava de "artistas". Seriam 50 mil, além das 20 mil crianças com cartões coloridos. Como proeza organizacional, era estupendo; como proeza artística, era, é claro, infinitamente menor do que um violinista tocando uma partita de Bach.

Alguns dos artistas estavam vestidos com um uniforme azul e branco de ginasta; andaram feito patos e fizeram a saudação a Kim Il Sung em estilo fascista. Continuaram andando feito patos até as minhas pernas se cansarem: eram a encarnação da Força pela Alegria, ou da Força pelo Medo, que, claro, é a mesma coisa. Mas eram apenas um pequeno contingente em comparação com os dançarinos. Uso a palavra "dançarinos" porque o idioma felizmente não possui uma palavra que transmita com maior exatidão a natureza daqueles tantos milhares de pessoas. Os robôs dançam? Afinal, aquele não era um mero corpo de balé. As "danças" eram manobras militares feitas ao som de música (com 3 mil músicos, claro), por soldados homens e mulheres em diversos uniformes horrendos de náilon.

As "danças" que faziam tinham títulos como "Freemos e Frustremos os Movimentos Imperialistas de Agressão e Guerra Nuclear!" e "Voem, Pombas da Esperança!". O programa trazia uma nota sobre esta última: "Pombas da paz, voem alto no céu azul, limpo de nuvens nucleares. Milhares de pombas dançam, como para cobrir o céu do mundo inteiro".

Os 50 mil artistas levavam pompons e lenços e, com uma manobra de absoluta precisão, eles conseguiram transformar-se coletivamente na representação de uma flor. Pessoalmente, não acho que isso foi algo que 50 mil pessoas, com 50 mil personalidades e 50 mil aspirações, devessem fazer. Só depois me disseram o verdadeiro significado da flor: era uma variedade conhecida como *kimilsungia*. A inspiração artística (se artística é exatamente a palavra) para aquele horrendo espetáculo, a mim, parecia derivar em igual medida de Busby Berkeley e do Dr. Goebbels.

Com todos no lugar, chegou o momento pelo qual estivemos todos esperando – a entrada do Grande Líder. Era impossível que todos, naquele enorme estádio, vissem aquele portentoso acontecimento; porém uma espécie de pandemônio controlado irrompeu instantaneamente pelo estádio inteiro. Os 50 mil artistas lá embaixo ergueram as mãos num gesto de verdadeira subserviência a seu *faraó*, e os espectadores coreanos também. Gritaram e uivaram em uníssono e deram pulos coletivamente por minutos a fio; os estrangeiros, enredados na atmosfera de autovilificação histérica, levantaram-se e aplaudiram como que para salvar suas vidas.

Não sou por natureza corajoso, nem anticonvencional, mas, no momento em que Kim Il Sung entrou, decidi que não me levantaria, nem se todos no estádio me gritassem xingamentos, nem se eu fosse ameaçado com torturas ou mesmo com a morte. Fiquei tão chocado com a visão e com o som de 200 mil homens e mulheres idolatrando outro mortal, abdicando totalmente de sua humanidade, que não acho que exagero ao dizer que eu preferia morrer a assentir a esse mal monstruoso (minha mãe foi uma refugiada da Alemanha nazista). Fiquei sentado; eu não conseguiria agir de outro jeito.

A terrível obediência da multidão, que não fora coagida, ao menos em sentido imediato, indicava o poder do regime, poder esse que parecia absoluto e ilimitado, que tinha adentrado os recônditos mesmos das mentes, que tinha erradicado toda força que se lhe contrapunha. Porém aquela força, que era tão grande, era também estaladiça. Bastaria que 10 mil pessoas não se levantassem para Kim Il Sung quando ele entrou no estádio – a omissão de um pequeno ato de obediência – e seu poder e sua mística se teriam partido como um graveto, permanecendo quebrados e irrecuperáveis. Minha recusa em levantar-me era apenas um gesto frágil e isolado; porém um pequeno cristal lançado num mar de solução saturada pode causar uma precipitação imensa, e um dia uma coisa dessas acontecerá na Coreia do Norte, e todos, tendo caído em si, ficarão impressionados por ela não ter acontecido antes.

Perguntei-me outra vez como deveria ser receber tanta adulação, observar calmamente 200 mil pessoas idolatrando você. Após muitos anos, será que você fica indiferente? Será que você passa a acreditar que a homenagem é merecida, ou, pior, que é prestada livremente, que expressa alguma emoção real? Teria sido interessante conversar com Kim Il Sung. Recordei o único objeto de culto de personalidade política com quem já me tinha encontrado, cerca de dois anos antes: Jonas Savimbi. Na sua "Terra Livre de Angola", a parte de Angola dominada por suas forças, havia o culto mais grotesco. Seu retrato e suas palavras estavam por toda parte; seus poemas eram os únicos permitidos; e, quando seu nome era mencionado numa conversa particular, o falante tinha de levantar-se enquanto o pronunciava. Perguntei a Savimbi a respeito do culto (à época, ele dizia ser democrata liberal).

– Se as pessoas me amam – respondeu – como posso impedi-las?

A adulação ao Grande Líder terminou tão rapidamente quanto tinha começado, como que graças a um sinal oculto, como se uma duração precisa lhe tivesse sido designada. Então veio a marcha das delegações diante dele, todas as 140. Foi uma procissão tediosa, mas o tédio não foi sem sentido. Os coreanos, que não tinham permissão nem para respirar sem autorização do governo, devem ter concluído que aquelas delegações eram, de algum modo, oficiais e que, portanto, seu país, a Coreia do Norte, era naquele momento o centro das atenções do mundo. Não surpreendia que as delegações da Guatemala e de El Salvador fossem respectivamente da União Revolucionária Nacional Guatemalteca (URNG) e da Frente Farabundo Martí de Libertação Nacional (FMLN), isto é, das coalizões guerrilheiras. Naquela época, os iraquianos ainda tinham de ficar afastados dos iranianos, e os escandinavos, para minha grande admiração, desfraldaram duas faixas, uma perguntando por que a Anistia Internacional não recebia permissão para investigar as condições na Coreia do Norte (a pergunta não era difícil de responder), e outra expressando solidariedade com os estudantes chineses pró-democracia que, não fazia muito, tinham sido massacrados na Praça da Paz Celestial. Mais tarde, quando os manifestantes escandinavos voltaram a seu lugar no estádio, houve tumultos com seguranças que tentaram tomar as faixas. Alguns dos escandinavos foram socados e chutados (a Suécia costumava ter um representante diplomático em Pyongyang, mas ele fora removido quando os norte-coreanos se recusaram a pagar por alguns Volvos novos que tinham pedido e recebido).

Quando os tumultos começaram, ouvi alguns de meus colegas de delegação, aqueles comunistas durões, expressando a vontade e, na verdade, o anseio, de juntar-se a eles – do lado dos norte-coreanos, "para enfiar a porrada neles". Discutindo entre si a famosa cena em que o estudante solitário (desde então executado) se postou na frente da coluna de tanques em Pequim e os deteve apenas com a força moral, um deles observou que, se estivesse pilotando o tanque, teria dirigido "por cima daquele canalha, para esmagá-lo". E seu rosto deixava claro que ele estava falando sério.

Havia apenas duas delegações que não traziam consigo bandeiras nacionais: a japonesa, que deve ter pensado que a omissão era um gesto de delicadeza, considerando o passado colonial do Japão na Coreia, e a britânica, para a qual a bandeira da União era objeto de ódio concentrado, especialmente, claro, entre aqueles de ascendência irlandesa.

Quando todas as delegações tinham marchado, uma menina da Coreia do Sul adentrou o estádio, para a grande e genuína empolgação da multidão. Contra a lei sul-coreana, ela tinha vindo ao Norte, fazendo um caminho tortuoso (e quando ela voltou ao Sul, foi condenada a passar bastante tempo na prisão). Todos os coreanos concordam que sua península é um país só, dividido artificialmente ao fim da guerra. Porém, se a Coreia é uma, a pergunta é: qual? A resposta, exceto para a menina excêntrica e corajosa do Sul, é óbvia: o Norte está condenado. Não apenas sua população é metade daquela do Sul, mas seu Produto Interno Bruto (PIB) *per capita* estagnado equivale a menos de ¼ do PIB do Sul, e sua dívida externa, apesar de pequena, é impagável. O Sul, por outro lado, está destinado, num futuro não muito distante, a ultrapassar muitos países da Europa Ocidental; e, se está longe de ser um paraíso de liberdade e de democracia, permite uma liberdade cotidiana impensável no Norte. Os comunistas de nossa delegação viam os constantes tumultos estudantis em Seul como sinal de fraqueza; eu os via, antes, como sinal de força, pois se tornaram ritualizados e não ameaçam a ordem econômica do país. São os países sem dissidência, que vivem na paz do túmulo, que são frágeis e vulneráveis.

Era hora do discurso do Grande Líder. Até ali, a cerimônia inteira fora tão hitlerista, tão megalomaníaca, que presumi que o Grande Líder fosse um orador inflamado, um homem capaz de inspirar em seus ouvintes a febre da indignação e outras emoções agradáveis. Eu não poderia estar mais equivocado. Ele falava como um gerente de banco aposentado, recordando cheques que fora obrigado a devolver. Sua voz era monótona, sem modulação nem entonação: uma verdadeira voz de burocrata. Era impossível distinguir o conteúdo de sua fala, que era traduzida simultaneamente para o inglês e transmitida por alto-falantes cheios de eco. Por isso, não sou capaz de comentar suas outras qualidades. Só posso observar que não parecia um modelo de concisão.

O entusiasmo com que o discurso do Grande Líder foi recebido não tinha nada a ver com o que era dito; só com quem dizia. Se ele tivesse recitado a lista telefônica de Pyongyang – presumindo que tal volume subversivo sequer exista – a multidão ainda teria aplaudido com lágrimas nos olhos. O contraste entre a banalidade de seu modo de falar e o êxtase da resposta era assustador.

Agora era hora de o convidado de honra, o Camarada Robert Mugabe, falar. Parte de seu Exército zimbabuano, a brigada usada para aterrorizar os matabele, foi treinada pelos norte-coreanos. Os alto-falantes, que transmitiam seu discurso quase simultaneamente em inglês e em coreano, tornavam-no praticamente incompreensível, mas os poucos trechos entendidos eram platitudes destiladas – a educação era boa, o futuro pertencia à juventude, etc. Claro que o fato de ele não ter nada a dizer o impedia de falar por muito tempo. O século XX pertence a quem não tem nada a dizer.

O aplauso que ele recebeu ao final de seu discurso foi polido, mas sem entusiasmo. Suspeito que o Grande Líder pense que palmas para outra pessoa signifiquem palmas a menos para ele.

Houve mais danças militares e, em seguida, alguns efeitos com luz e fogos de artifício. Foi tedioso – kitsch em escala inimaginável. A saída do Grande Líder foi acompanhada pelo mesmo pandemônio de sua chegada, e continuou por vários minutos após seu comboio provavelmente já estar distante.

Ao sairmos do estádio, um dos comunistas ingênuos perguntou a mim o que eu tinha achado da cerimônia de abertura.

– Para dizer a verdade – falei – nunca gostei muito de fascismo.

Agora, então, o festival estava aberto. Havia centenas de "eventos" todos os dias: por exemplo, manifestações de solidariedade aos vários povos do mundo que estavam sofrendo os efeitos da intervenção imperialista. Elas aconteciam do lado de fora de prédios públicos, e, com exceção de um pequeno contingente de nacionais dos países que eram objeto da expressão de solidariedade, as pessoas reunidas eram todas coreanas, trazidas para a ocasião em veículos militares.

Participei de diversas manifestações dessas, que pareciam completamente fora desse mundo. Que resposta teria eu recebido se pudesse perguntar aos coreanos, na manifestação com o povo da Guatemala, onde ficava a Guatemala? Os membros ou apoiadores da URNG fizeram discursos enfáticos, ainda que não eloquentes, em espanhol, sendo aplaudidos de tempos em tempos pelos coreanos, que agiam sob instruções, pois não entendiam uma palavra deles, e permaneceram, em sua maioria, num estado de indiferença exausta. Mais para o final da multidão, algumas das mulheres discretamente conversavam durante os discursos e até enquanto aplaudiam. Os homens erguiam faixas com slogans em espanhol, com a mesma fonte usada nas faixas de todas as outras manifestações (exceto nas faixas em amárico e em árabe). Seus rostos não denunciavam qualquer pensamento. Assim que a manifestação acabou, os coreanos voltaram em bando aos caminhões militares para serem levados para casa, ou talvez para participar de outra manifestação de solidariedade com outro povo oprimido.

Enfim, os guatemaltecas estavam tão envolvidos em sua própria causa, tão certos de sua justiça, que estavam cegos para a indiferença dos demais em relação a ela. Não repararam que as pessoas na "manifestação" estavam ali compulsoriamente; preferiam acreditar que o povo coreano os apoiava, e assim, enganando-se quando a verdade era tão evidente a seus olhos, provavam sua inadequação para o poder.

A manifestação em apoio ao povo africano seguiu, claro, o mesmo formato. Por coincidência, pouco depois encontrei alguns estudantes de medicina africanos que estavam prestes a concluir seus estudos na Coreia do Norte. Eles foram atraídos para a Rua Kwangbok, durante o festival, como mariposas para a luz: ali estava prova de que havia vida após a morte.

Conversamos e minha admiração por eles cresceu rapidamente. Eles tinham vindo à Coreia sem saber nada a respeito, após responder anúncios no jornal. Não tinham conseguido entrar na faculdade de Medicina em seu próprio país, e a Coreia parecia dar-lhes uma segunda chance. Daqueles que tinham chegado com eles sete anos antes, quase a metade teve de voltar, por não conseguir tolerar as condições coreanas. Assim que chegaram, disseram-lhes que não podiam ouvir no rádio nem a BBC, nem a Voz da América; não podiam ouvir música estrangeira, nem na privacidade de seus próprios quartos; não podiam visitar as casas dos coreanos, nem os coreanos podiam visitá-los; e, se algum dia fossem encontrados com uma mulher coreana, seriam mandados para casa *e a mulher seria morta*.

— Isso era por motivos políticos – perguntei – ou por motivos raciais?

— Os dois – responderam – mas a proibição refletia os fortes preconceitos raciais da maioria dos coreanos. Mesmo assim, os alunos às vezes eram capazes de fazer amizade com mulheres coreanas, subornando os guardas para olhar para o outro lado.

— E, na privacidade de suas camas – perguntei – as mulheres expressavam amor sem limites por Kim Il Sung?

Eles riram.

— Elas falavam – aos sussurros – de sua amargura e de seu ódio pelo regime.

Aqueles estudantes tinham viajado pelo país. Havia muita pobreza, disseram; a desnutrição ainda existia, e a tuberculose não tinha sido erradicada, como afirmava o governo; era o contrário. As pessoas não podiam viajar para longe de casa sem permissão, a qual raramente era concedida; Pyongyang era uma cidade completamente fechada, e seus habitantes eram vastamente privilegiados, a julgar pelos critérios do resto do país. Os estudantes conheciam cirurgiões e médicos nas províncias que nunca puderam visitar Pyongyang, nem brevemente. Porém, por piores que as coisas estivessem agora, alguns anos antes eram piores: havia tênues sinais de relaxamento, e as pessoas não eram mais todas obrigadas a usar as mesmas roupas. Alguma variedade e cor eram agora permitidas.

Um dos africanos, um homem com o ar mais melancólico do que os outros, disse que tinha percebido a necessidade desesperada do *homem* por algo que fosse além dele mesmo, por alguma forma de transcendência. A religião dava à vida humana um significado que nenhuma doutrina social jamais poderia dar. Ele queria escrever um livro sobre suas experiências na Coreia do Norte, e o incentivei a isso. Na verdade, disse que era *dever* dele escrevê-lo.

Despedimo-nos e, à tarde, assisti a uma mesa redonda com Boris, o russo encantador e extremamente inteligente. O assunto da reunião era religião, pela qual Boris tinha um interesse particular. Ela aconteceu numa sala de conferências gigante, com traduções simultâneas das falas em inglês, francês, espanhol, russo, coreano e árabe. A mim parecia um esforço de magnitude considerável, projetado para convencer os ingênuos de que a Coreia do Norte era um Estado tolerante no que dizia respeito à religião; porém os habitantes tinham-me dito que a crença religiosa era implacavelmente reprimida no país inteiro, ainda que uma catedral católica funcionasse na capital para enganar os estrangeiros. Outra vez, ao defender, da boca para fora, a tolerância, os norte-coreanos admitiam que tinham escolhido um caminho que sabiam errado. Os albaneses pelo menos tinham a coragem de suas perseguições.

A sessão começou com uma declaração do secretário coreano, que dizia que a preocupação fundamental de todas as religiões era a justiça. Ninguém se levantou para negar, e a implicação oculta de sua observação, de que entre a religião e o marxismo-leninismo, que também se preocupava com a justiça, não havia desacordo real (isto é, até que os marxistas-leninistas dominem o Estado por completo) não foi contraditada.

A primeira fala da mesa foi notavelmente esquisita. Por algum motivo, uma brochura da Agência Nacional de Turismo do Afeganistão, incentivando as pessoas a visitar o Afeganistão e garantindo-lhes uma recepção calorosa, tinha sido deixada em cada mesa da sala de conferências. A autoridade afegane levantou-se para explicar que se tratava de uma brochura antiga, e o nome de Sua Majestade, o rei Zahir Shah, exilado em Roma cerca de quatorze anos antes, deveria ser apagado dela, pois o Afeganistão agora era uma república democrática. O que, então, deveríamos pensar da imagem do *Bazkashi*, a grande cerimônia em homenagem ao aniversário do rei, em que milhares de cavaleiros perseguiam um bode sem cabeça arrastado por outro cavalo? Em honra de quem hoje se fazia o *Bazkashi*? Ainda havia bodes no Afeganistão, com ou sem cabeça? Infelizmente, essas questões nunca foram apresentadas, muito menos respondidas, mas diversos delegados zelosamente expurgaram o nome do antigo rei da brochura, ajudando deste modo a construir o futuro por meio da alteração do passado.

Seguiram-se vários discursos, todos feitos numa determinada monotonia, e cada qual como uma molécula girando num vácuo, sem conexão com o que vinha antes, ou com o que vinha depois. Era como se Harold Pinter tivesse escrito uma peça sobre fanáticos religiosos passando o fim de semana enfurnados numa casa de campo. Boris, já sensível por causa de anos da verborreia tediosa e sem sentido de Brejnev, ficou louco de tédio quase imediatamente, pois ele tinha esperado uma discussão real. Eu, por outro lado, tinha levado um livro e, portanto, pude rir. Um colombiano de boné de beisebol amarelo declarou-se a favor dos direitos humanos. Um sudanês com roupas compridas declarou que o islã era a única religião clara e justa. Um católico coreano agradeceu a todos os cristãos ao redor do mundo por ajudar a derrotar as manobras demoníacas dos imperialistas. Um afegane disse que o islã exigia que os muçulmanos fossem bons. Um nigeriano declarou que "só pode haver paz se não houver guerra". Boris precisou sair correndo, como se tivesse uma súbita cólica.

À tardinha, quase participei de um encontro semiclandestino, organizado pelos escandinavos atrás de um dos blocos de prédios na Rua Kwangbok, para expressar solidariedade aos estudantes pró-democracia da Praça da Paz Celestial. Porém, antes que eu saísse, tomei uma cerveja com o Sr. Kim, um de nossos vigias, homem muito encantador e bondoso. Era impossível não gostar dele; eu mal podia acreditar que ele fosse a favor de todo aquele horror. Mencionei para onde estava indo, e o Sr. Kim pareceu alarmar-se.

— Por favor, não vá a essa reunião — disse ele. — Por favor, não vá.

— Por quê? — perguntei.

— Não vai ser bom para mim se você for. Peço, como favor a mim, que você não vá.

Ele estava falando sério? Parecia que sim. Depois encontrei um empresário da Alemanha Ocidental, que trabalhava com quase tudo e conhecia intimamente a Coreia do Norte, e ele disse que o Sr. Kim estava só atuando, apelando a meu sentimentalismo burguês para ajudar a diminuir o número de pessoas que participaria de uma reunião inconveniente para as autoridades. O empresário alemão, tão experiente, tão claramente bem-sucedido do ponto de vista material, fez minha decisão de atender ao pedido do Sr. Kim parecer tola e ingênua. E, no entanto, eu também sentia como se, caso houvesse apenas um milésimo de chance de que o Sr. Kim fosse sofrer como resultado do meu comparecimento, minha decisão era correta. De qualquer modo, quando falei que tomaria outra cerveja (japonesa) em vez de ir à reunião, o Sr. Kim pareceu profundamente aliviado. Louvou o que chamou de disciplina da delegação britânica, muito diferente da bagunça dos escandinavos.

Ah, se ao menos o Sr. Kim soubesse da ópera cômica de politicagem que estava acontecendo nos bastidores, os golpes e contragolpes entre as várias facções (cada qual acreditando representar a *verdade absoluta marxista*), as reuniões clandestinas durante as quais um grupelho compunha um documento afirmando representar "a política britânica", como se a delegação fosse um governo no exílio, e a fúria liliputiana que essa presunção produzia entre os demais grupelhos. O Sr. Kim tinha ouvido falar que os britânicos eram desordeiros (a fama de nossos *hooligans* do futebol já tinha chegado até a Coreia do Norte), mas agora ele percebia que se tratava de um equívoco. Pelo contrário, repetia ele, éramos os mais disciplinados. Eu queria os louvores de um homem que, provavelmente sem culpa, trabalhava para o aparato de segurança da Coreia do Norte.

Ao chegar a Pyongyang, vislumbrei o terror por trás da ordem tumular da Coreia do Norte. Eu estava num táxi, disponibilizado especialmente para o festival, com outro delegado. Enquanto voltávamos para a Rua Kwangbok, tivemos de parar no meio-fio porque um comboio oficial estava passando. O outro delegado tirou uma câmera da bolsa para tirar uma foto. Naquele instante, o rosto do motorista do táxi contorceu-se num esgar de medo, que lembrava a foto da menininha fugindo pela estrada no Vietnã: seus braços acenavam em pânico enquanto ele tentava empurrar a câmera para baixo da janela. Meu companheiro captou a mensagem, mas dava para ver que o pulso do motorista estava acelerado por algum tempo depois de a câmera já estar seguramente de volta na bolsa. Quanto ao comboio, ele não passou diretamente por nós, mas por um cruzamento bem adiante.

Com uma semana de festival, fui ao Palácio dos Estudantes e das Crianças, participar de um encontro internacional sobre literatura. O prédio, apesar do nome, não fazia concessões às crianças: não havia imagens de animaizinhos peludos, nenhum brinquedo, nenhum jogo, e, ao menos enquanto eu estava lá, nenhuma criança, exceto no mural do saguão de entrada, onde, com rostos brilhantes e cheios de adoração voltados para cima, elas cercavam o Grande Líder. Como os Grandes Líderes amam as crianças! Como as crianças amam os Grandes Líderes!

Fui levado ao último andar do Palácio das Crianças num elevador operado por uma senhora cujo trabalho, como pressenti na hora em que ela me espiou discretamente, mas com cuidado, era tanto apertar botões quanto observar. Sua memória não seria sobrecarregada pelo número de clientes: o Palácio ficava vazio, e nem um eremita numa caverna no meio do deserto poderia desejar paz mais completa.

Fui recebido por um membro do Sindicato dos Escritores, que me levou pelo corredor até o salão em que estava acontecendo a reunião. Dos dois lados do corredor, havia portas com os dizeres *Sala de Criação de Literatura*, e naturalmente fiquei curioso para olhar ali dentro. O membro do Sindicato dos Escritores abriu a porta para uma delas: uma sala nua, com cinco escrivaninhas enfileiradas como uma guarda de honra, cada qual com uma máquina de escrever (três no alfabeto latino; uma, cirílico; e uma em árabe) com uma folha de papel pronta, inserida, e uma pequena pilha de papel ao lado. Em suma, havia sido feito todo o possível para apagar até a menor centelha de inspiração literária.

A reunião aconteceu numa sala retangular e comprida, com uma abertura para outra sala de dimensões similares. Das duas pontas, retratos do Grande Líder e do Caro Líder olhavam-nos desde cima com a lúgubre onisciência que deriva da onipresença. Em volta das paredes da sala, havia pesadas poltronas estofadas em verde profundo, cada qual coberta por um pano rendado. Na mobília, as preferências eram maoístas: e Mao, claro, tinha fixação estética pelo estilo pequeno-burguês dos anos 1930.

A reunião era principalmente entre autores da Coreia do Norte e de Gana, mas, por algum motivo, o secretário-geral do Sindicato dos Escritores Etíopes estava lá, bem como um solitário americano, um poeta radical que usava duas faixas – *Liberdade para a África do Sul* e *Saúde É Direito, Não Privilégio* – e que estava vestido para uma manifestação contra a Guerra do Vietnã. Apresentei-me como médico apreciador de literatura, não como escritor, e o chefe dos poetas coreanos ali presente disse que não importava que eu não fosse escritor, porque somos todos engenheiros – os médicos eram engenheiros do corpo; os escritores, da alma.

A "discussão" consistia amplamente em poetas coreanos descrevendo as invejáveis condições em que trabalhavam. Na Coreia, os escritores recebiam um salário igual ao de um vice-ministro, ou mesmo de um ministro. Havia quinhentos autores profissionais na Coreia, cinquenta dos quais eram mulheres, e todos pertenciam ao sindicato. Faziam formação de escritor na Universidade Kim Il Sung. Não havia problemas para publicar na Coreia do Norte (os autores de Gana reclamaram das dificuldades de encontrar editores em seu país), e um dos poetas deu a nós as estatísticas de produção do ano anterior: romances – cinquenta obras; contos – seiscentas obras; poemas – mil obras.

Os ganenses ficaram impressionados. O problema com a literatura de Gana, disseram, era o fato de ela não ser planejada. Autores como eles precisavam lutar por conta própria, não havia apoio do Estado. A maioria precisava ter outro emprego para se sustentar. Os poetas coreanos sacudiram a cabeça diante de condições tão intoleráveis.

Eles fumaram sem parar durante a reunião. Eram homens cultos e inteligentes, que conheciam Byron, Shakespeare, Walt Whitman, e que teriam citado poetas franceses e alemães caso houvesse franceses ou alemães presentes. Será que era só imaginação minha quando detectei que, debaixo de seu otimismo oficial, havia um desespero profundo e inominável, uma sensação absoluta de derrota e rendição pessoal, bem como uma ausência completa de respeito por si? Pedi para ver algumas das obras e um deles disse que me traria traduções de sua obra no dia seguinte.

Voltei para o Palácio dos Estudantes e das Crianças como combinado, e o poeta, ainda fumando, deu a mim um maço de poemas, um dos quais transcrevo:

O Sol da Humanidade

O Camarada Kim Il Sung, o Grande Líder –
Ele aguardou por eras
Com grande ansiedade em cada coração.
Voou alto
Para atender ardentes desejos deles.

A longa história que tinha corrido
E todas as eras por vir
Deram as mãos
Para colocá-lo alto no céu do século XX.

O Camarada Kim Il Sung, o Grande Líder –
Ele
Encontrou as belas gemas da verdade
Em vão buscadas por séculos
Entre as massas sofredoras
E espalhou-as pelo mundo
Em ondas e em raios de luz.
Etc., etc.

Isso é menos de 1/4 do poema, no resto do qual o Grande Líder, entre outros, abraça o povo que geme acorrentado, sustenta-o nos campos primaveris das verdes colinas da felicidade, que ondulam na distância, dignifica-o e dá a ele asas de liberdade, pelas quais o povo derrama muito sangue, desenha a imagem de um novo mundo que ficou no caos por muitos séculos, e dá uma faixa imortal à Grande Marcha da História.

A Coreia do Norte não era tanto uma fábrica de lisonja, mas um campo de trabalhos de lisonja forçados. O único gênero para um verdadeiro poeta ali era o silêncio, e talvez até isso fosse perigoso, uma vez que um homem se declarasse escritor. Nenhuma oportunidade de ampliar o culto era perdida. Eis aqui algumas linhas de um livro de frases em coreano para falantes de inglês: "Sua Excelência Kim Il Sung é o maior gênio da época moderna"; "O presidente Kim Il Sung é o sol da humanidade"; "O marechal Kim Il Sung é milagreiro, patriota ímpar, gigante da história".

A caminho do hotel, segundo o livro de frases, o leitor poderia exclamar: "Mutilemos o imperialismo americano!", que puxaria como resposta: "Em nosso país, sessenta é a flor da juventude; e noventa, o começo da velhice".

Deixo ao leitor a tarefa de imaginar que idade tinha o Grande Líder quando o livro de frases foi publicado.

Eu deveria ter feito uma peregrinação a Belém da Coreia do Norte, a aldeia de Magyongdae, onde o Grande Líder nasceu, numa casa humilde. Não ficava longe da Rua Kwangbok, e eu sabia que, se não a visitasse, me arrependeria assim que saísse do país. Mas, mesmo sabendo disso, não consegui ir.

Também não consegui ir assistir à ópera revolucionária *Canto de Alegria* ("obra laureada com o prêmio do povo", com 5 mil artistas). Uma olhada no programa da ópera convenceu-me a não ir:

Prólogo: "Canto de Alegria Dedicado ao Líder".
Ato I: "A Felicidade Floresce do Grande Amor".
Número: "Tesouros Brilham ao Sol Amoroso".

Número: "Devemos ao Líder a Farta Colheita".
Ato II: "Somos Felizes no Amor do Líder".
Ato III: "O Ensolarado Paraíso do Povo".
Dança das Crianças: "Somos os Mais Felizes do Mundo".
Canto e Dança Folclóricos: "Meu País é o Paraíso do Povo".
Ato IV: "Seguir o Líder e o Partido".
Dança e Coro: "Seguir o Líder e o Partido Para Sempre".
Final: "Canto de Longa Vida e Saúde ao Líder".

Seria possível supor que a exposição a esse tipo de "arte" imunizaria para sempre as pessoas contra ela. Longe disso. No Palácio dos Estudantes e das Crianças, havia uma coletânea de poemas escritos por participantes durante o festival. Um professor de literatura inglesa, que era da Índia, escrevera "Um Poema para o 13º Encontro Mundial da Juventude e dos Estudantes, Pyongyang":

A atmosfera é alegre
Os prédios são tão grandiosos
Aqueles que realizam o festival
São povo de grande país

Sob a liderança brilhante
Do Camarada Kim Il Sung
Um novo Sol brilha na Coreia
E toda flor desabrocha

Coreia Democrática

é um canto
o canto de um povo
delicado e poderoso
maior do que a terra

E um dos ganenses, que lamentavam a carência de editoras em sua terra natal, contribuiu com "Pyongyang, Cidade do Brilho":

> Que beleza,
> Que beleza as obras
> Estruturadas sob o nobre guia
> De nosso caro camerada [sic] Kim Il Sung...
> Pyongyang, admiramos seu zelo
> Ao realizar este festival
> Você é mesmo a cidade do brilho.

Nesses poemas, revela-se uma das atrações do marxismo-leninismo para certos intelectuais frustrados: ele é a vingança dos sem talento contra o mundo. Somente na mais absoluta tirania, os autores desses poemas poderiam viver como poetas.

Com apenas dois dias sobrando na Coreia, era hora de visitar uma família coreana – não espontaneamente ou ao acaso, claro, mas de maneira altamente oficial e organizada. Nosso ônibus nos levou até um conjunto habitacional de prédios, sob nenhum aspecto bonito, mas certamente não pior do que os esforços municipais britânicos dos anos 1960 e 1970, e cujas áreas públicas, ao contrário de suas equivalentes britânicas, não estavam cobertas de pichações, nem cheiravam a urina.

A população inteira do conjunto estava lá para nos receber. Eles aplaudiram nossa chegada, e as mulheres, em longos vestidos de náilon, agitaram – ou, em alguns casos, sacudiram, de um jeito que achei quase ameaçador – flores de plástico para nós. Quando os moradores bateram palmas, não havia aplauso em seus rostos, apenas indiferença. Seus movimentos eram mecânicos e exauridos, como uma engrenagem perdendo velocidade.

Fomos divididos em pequenos grupos e levados, como cordeiros para a morte, a nossos respectivos anfitriões.

Estava claro que o prédio em que o anfitrião do meu grupo vivia era um pouco especial: tinha sido construído apenas para esportistas. (Havia também prédios para artistas, escritores, cientistas, etc.). Nosso anfitrião era campeão mundial de luta e, portanto, mais do que um pouco privilegiado. Por exemplo, num país em que não era permitido possuir uma bicicleta, ele possuía um carro. Tinha viajado para várias partes do mundo e tinha fotografias para provar isso. Era um homem bem baixinho, cuja altura ia só até os meus ombros, mas não havia como não notar a musculatura que se projetava sob suas roupas e que fazia seu paletó parecer ainda mais lúmpen do que era.

Sua esposa cumprimentou-nos com recato, e sentamos no chão em volta de uma mesa baixa, cheia de comida. Essa hospitalidade teria sido mais comovente se uma câmera de vídeo para o serviço de TV e um gravador para a estação de rádio não estivessem presentes, e se nossa intérprete não tivesse sido tão intimidadora em sua insistência de que sorríssemos e nos descontraíssemos. Achei a presença de retratos de Kim Il Sung e de Kim Jong Il em cada sala um tanto inibidora, também – os mesmíssimos retratos, aliás, que se vê em cada cômodo do país (não existe o direito de escolher *quais* retratos pendurar da dupla dinâmica). Também reparei que a música marcial que entrava pela janela aberta, vinda do sistema de alto-falantes lá fora, de cujas imperiosas transmissões somente a surdez profunda libertaria, não criava uma atmosfera de intimidade pessoal.

Perguntaram-nos sobre o nosso trabalho. Falei que era médico, o que era simples o bastante; mas uma moça do nosso grupo, com quem eu tinha feito amizade, disse que era etnomusicóloga.

– O que é isso?

– Eu estudo a música de diferentes partes do mundo.

– E então?

A pergunta era um pouco mais difícil de responder. Com sorte, ela daria aula de etnomusicologia para os outros.

A conversa morreu. O câmera mexeu-se e apontou a câmera para nós, procurando ansiosamente sinais de vida.

– Façam muitas perguntas – disse a intérprete, com certo desespero na voz, como se fosse ser responsabilizada por qualquer hesitação. – Por favor, façam muitas perguntas.

Não conheço cura melhor para a curiosidade do que aparecer na televisão norte-coreana. Enfim, com a música entrando no apartamento mesmo com a janela fechada, o lutador perguntou a mim se eu gostava de esportes.

Alguma coisa dentro de mim explodiu. Eu estava cansado de mentiras: tinha a sensação de que uma resposta anódina faria de mim o cúmplice de um crime terrível.

– Não – falei. – Detesto. Não suporto.

Provavelmente a intérprete transmitiu minha mensagem como "Sim, ele adora jogar vôlei".

Imediatamente, tive uma daquelas crises de consciência que marcam tão obviamente o liberal ocidental. O pobre lutador provavelmente não era culpado das mentiras (a visita inteira era uma mentira) produzidas por seu governo; ele era só um peão num jogo em que os indivíduos não tinham a menor importância. Dentro dos limites prescritos, ele provavelmente estava tentando ser hospitaleiro, e, se a visita fosse considerada um fracasso, ele provavelmente também viria a ser culpado. Em circunstâncias normais, eu não teria sonhado em ser rude a ponto de dizer a um campeão mundial, dentro de sua própria casa, que eu odiava todo tipo de esporte. Afinal, um campeão mundial não merece menos respeito do que outras pessoas. Porém eu tive a sensação muito forte, irresistível, de que se permitisse que a visita prosseguisse, sem problemas, seu curso prescrito e banal, estaria jogando o jogo do regime, desumanizando-me, e gestos de não conformidade, por menores que fossem, tinham importância vital, pois eram sinais para os outros do que, por trás de um exterior aparentemente robótico, ainda havia uma mente voltada para a verdade.

Era hora de sair do apartamento do lutador, mas o último ato da farsa ainda estava por vir. Era a dança compulsória no quintal de concreto entre os prédios de apartamentos. A música era berrada pelos alto-falantes; as mulheres que anteriormente nos tinham sacudido flores de plástico vieram até nós e nos tiraram para dançar. Não havia como fugir; quase um portador de paralisia cerebral no que diz respeito à dança, fui encolhido até a retaguarda do grupo, mas uma mulher determinada, ciosa da instrução de que todos os estrangeiros deveriam dançar diante das câmeras para demonstrar a alegria internacionalista da ocasião, pegou-me pelos dois pulsos e levou-me para a frente. Teria sido necessário um embate considerável para me livrar dela, talvez até um soco no queixo. Ela me fazia rodopiar: era como dançar preso e algemado. Seu toque era antinatural, aterrorizado, e seu rosto estava fixo num esgar de alegria compulsória. Ela não me soltava, nem entre as danças, pois o Partido tinha estabelecido um tempo determinado para as danças com os estrangeiros, e ter-me soltado antes desse tempo teria sido um abandono do dever, quando não, um crime contrarrevolucionário. E assim dançamos, como os esqueletos de um alto-relevo medieval de uma *danse macabre*, ela sem me olhar nos olhos uma única vez, mesmo que tenhamos dançado por quinze minutos, o rosto dela permaneceu resolutamente afastado do meu esse tempo todo.

Na mesma estranha pista de dança, também dançava uma jovem liberada de Berlim Ocidental, defensora de causas boas ou, ao menos, dos *bien-pensants*, a julgar pelo modo como ela se vestia – aquele tipo de pessoa que era contra a guerra, contra a poluição. Ela também estava sendo dançada pelas garras fixas de uma mulher coreana que não a olhava nos olhos. Porém os olhares dela e o meu se encontraram, e vi, por uma mudança quase imperceptível em sua expressão, que ela, pela primeira vez, entendia aquilo que só a autoindulgência e a presunção dos intelectuais poderia ter escondido dela, isto é, que havia no mundo algo ainda mais maligno do que a Câmara dos vereadores de Berlim, ou um jornal da Axel Springer.

Subitamente me desfiz num acesso de riso. Minhas pernas amoleceram e só não caí no chão como uma marionete sem fios porque a formidável senhora coreana, determinada em fazer o show continuar para poder salvar a própria pele, me segurou. Claro que ela não conseguia entender por que aquele estrangeiro esquisito estava rindo, porém, seu rosto não demonstrava o menor interesse no assunto. Suas bochechas, sua boca, seus olhos eram tão de granito quanto as estátuas heroicas por toda parte em Pyongyang. Era verdadeiramente o *novo homem*; Kim Il Sung teria ficado orgulhoso dela.

Nenhum avião da Aeroflot há de ter recebido um passageiro tão aliviado quanto eu. A companhia tem má fama entre os viajantes (Xan Smiley uma vez me disse em Moscou que percebera que a *glasnost* era algo importante, e não só um truquezinho barato, quando uma aeromoça da Aeroflot sorriu para ele), mas eu não tinha reclamações a fazer. Pelo contrário: agora que os ventos da mudança tinham varrido a URSS, parecia-me que até o ar dentro do avião era livre em comparação com o ar da Coreia do Norte.

Quando fomos forçados pelas condições climáticas a pousar em Vladivostok e não em Khabarovsk, olhei com benignidade para tudo ali fora, e senti a atração romântica da vastidão siberiana agitar-se dentro de mim.

Chegamos em casa muitas horas depois. Um homem, logo depois da imigração no aeroporto de Heathrow, parou alguns de nós e, sem apresentar credenciais, exigiu ver nossos passaportes e saber onde tínhamos estado. Seus modos eram rudes e bruscos. Quase com certeza era da Segurança Nacional ou da Inteligência Militar, seção 5 (MI5). Não posso dizer que o interesse policial por certos membros do nosso grupo era ilegítimo; havia muitos defensores ativos do *Irish Republican Army* (IRA) entre nós, e aqueles que achavam que o mundo não melhoraria com algumas bombas em locais estratégicos eram claramente minoria. Porém a falta de jeito do serviço de segurança, sua grosseria, não poderia ter alimentado melhor a paranoia daqueles jovens que julgavam, apesar de terem acabado de visitar uma terra de trabalhos forçados, onde tudo era ou proibido ou compulsório, sofrer perseguições sem paralelo na história do mundo.

3. Romênia

Fiquei aliviado quando o burocrata alfandegário romeno, preocupado com um time romeno de rúgbi que voltava de Londres cheio de tesouros eletrônicos semilícitos, me mandou passar sem examinar os conteúdos de minha mala, que incluíam as memórias de um oficial da inteligência britânica de seus dias na Romênia durante a guerra e depois dela, e uma biografia do rei Carol (ambas com as sobrecapas removidas, para evitar uma "provocação" desnecessária). Estes e outros livros eminentemente dignos de confisco se destinavam a intelectuais romenos cujos nomes me tinham sido passados em Londres, e cujos endereços eu tinha guardado na memória no trem para o aeroporto. Para o caso de minha memória falhar, eu também os guardava codificados em pedaços de papel enfiados nos meus bolsos. Eu não tinha certeza se devia lembrar-me do meu próprio código, ainda que tivesse certeza de que a *Securitate*, a polícia secreta romena, fosse capaz de quebrá-lo com facilidade. Eu não tinha vocação para a clandestinidade.

Fui recebido por uma guia da *Comtourist*. Ela segurava um cartaz que dizia Bem-vindo, Sr. Daniels, e, ainda que isso fosse pura formalidade – pela qual eu tinha generosamente pagado de antemão uma agência especializada em viagens para a Romênia –, ela me deu uma leve dor na consciência. Afinal, aqui estava eu, entrando em mais um país com motivações falsas, como turista e não como escritor. O argumento de que eu estava ajudando a denunciar o mal que eu imaginava existir ali não me consolava absolutamente; afinal, o mal que eu esperava denunciar, em grande parte, era consequência da doutrina de que os fins justificam os meios.

Além disso, a guia da *Comtourist* desmentia o nome desajeitado de sua organização, e era jovem e encantadora. Ela tinha aqueles olhos brandos, líquidos, amarronzados, que os autores do pré-guerra que escreveram sobre a Romênia elogiavam sem parar. Ela era aluna de medicina e estava começando o treinamento clínico. Expliquei que eu também era médico, que passava metade do meu tempo como médico e a outra metade viajando pelo mundo (omiti minhas atividades literárias). Eu sabia que meu estilo de vida, claro, estava além de tudo que ela podia imaginar. Após qualificar-se, provavelmente ela seria obrigada a trabalhar por vários anos em alguma cidade indescritivelmente desoladora sem carne nem manteiga. Porém presumi que, como guia de estrangeiros, ela era, apesar de seus encantos, uma funcionária de confiança da *Securitate*, da qual, diziam alguns, um quinto da população romena era informante. Eu queria confrontar a ideologia dela com uma forte lufada de liberdade. Isso foi antes de eu perceber que *ninguém* na Romênia acreditava na ideologia, muito menos seus guardiões, e que a ideologia era a última coisa a motivar um agente da *Securitate*. Eu ainda não tinha me reajustado ao estranho espelho em que pensamento e linguagem, crença e ação estavam radicalmente divorciados.

— Eu adoraria viajar — disse ela baixinho, com humildade.

Agora, eu exibir minha própria liberdade na cara de sua falta de liberdade parecia insensível, pura fanfarronice.

Fomos de carro na penumbra até meu hotel. As ruas eram mal iluminadas, a luz dos apartamentos era lúgubre e amarelada, como as páginas de livros velhos. Eu queria perguntar à minha guia como eram os hospitais romenos, mas ela dificilmente teria falado com franqueza. Os carros para estrangeiros têm escutas, segundo antigas fontes romenas, e o motorista pode, só aparentemente, não entender inglês. Porém, em todo caso, fazia pouca diferença, porque depois encontrei muitas pessoas que me descreveram os serviços médicos na Romênia. Elas discordavam quanto aos menores detalhes, e suspeitei que algumas tivessem exagerado, mas todas concordavam que, aos idosos, especialmente do campo, o tratamento médico era muitas vezes negado, com o argumento de que eles eram inúteis para a economia.

Talvez nesse ponto eles não fossem inteiramente infelizes, já que as condições sanitárias nos hospitais para as pessoas comuns eram deploráveis. Não havia enfermeiros o bastante e faxineiros. Muitas vezes havia dois pacientes para uma cama, os remédios estavam indisponíveis e o equipamento era antigo ou estava quebrado. Os nascimentos só eram registrados até seis meses depois; este era um método administrativo de manter a taxa de mortalidade infantil sob controle. As propinas eram fundamentais para obter o tratamento, que oficialmente era gratuito. Os médicos não operavam, e os enfermeiros não ajudavam os pacientes sem o pagamento de *ciubuc*, a propina romena. Panos e retalhos eram muitas vezes usados em curativos na falta de bandagens, e as ambulâncias às vezes não iam prestar socorro por falta de combustível. Colados aos pavilhões ginecológicos, havia policiais cujo trabalho consistia em procurar mulheres que tinham feito abortos ilegais. Eles verificavam nos quadros as temperaturas de todas as mulheres que tinham sofrido abortos espontâneos – era crime ter febre. O ditador Ceauşescu tinha decretado que não havia romenos o bastante e que era o dever patriótico de toda mulher ter pelo menos cinco filhos (depois disso, se quisessem, elas poderiam abortar legalmente). Os homens sem filhos de mais de 25 anos eram obrigados a pagar um imposto especial.

Chegamos ao hotel. Ele ficava na periferia de Bucareste, na frente do prédio do *Scinteia*, uma pilha enorme, no estilo barroco bolo de noiva da era stalinista tardia. Sobre sua torre, havia uma luz vermelha, um farol na treva de ataque aéreo da cidade. Presente fraterno da URSS para a Romênia, o prédio continha o quartel-general do *Scinteia*, o diário do Partido, que significa *Centelha* (como o russo *Iskra*, nome do jornal que desempenhou um papel muito importante na história bolchevique pré-revolucionária). A *Centelha*, claro, era de um tédio monumental – exceto para um leitor obsessivamente interessado nas atividades oficiais do presidente Ceauşescu e de sua esposa. No gigantesco e limpo pátio de entrada do prédio, constantemente varrido por uma camponesa de lenço, ficava uma estátua faraônica de Lênin, *onlie begetter*[1] da *Centelha*. Os fundos do edifício, que depois examinei com certo interesse, ainda pareciam um canteiro de obras: a terra revirada em barro, com blocos de concreto sem uso espalhados, a fachada de pedra dos muros já se esfacelando. A frente do *Scinteia* era puro poder estatal; os fundos, abandono e decadência.

Quando cheguei à Romênia, fazia mais de quarenta anos que ela era um Estado comunista. Antes da tomada do poder, planejada pelos russos, o Partido Comunista Romeno (PCR) tinha mil membros. Logo surgiram disputas entre os líderes e os julgamentos-espetáculos. Um "projeto heroico", o Canal Danúbio-Mar Negro, que, segundo dizem, teria consumido as vidas de 100 mil presidiários, foi iniciado, mas jamais concluído.

Minha guia e eu nos despedimos no hotel. O dever dela estava cumprido. O hotel era do tipo socialista hiltoniano, uma torre de concreto cinza, com elevadores insuficientes, de modo que, às vezes, você passava quinze ou vinte minutos pensando se ia diminuir as perdas e subir pela escada de incêndio ou simplesmente esperar um pouco mais. Como eu conhecia esses hotéis! Previ corretamente a falta de tomadas para a pia ou para o chuveiro, a luz amarelada e mofada, o bolor de pó mumificado emanado pelas cortinas, a *indesligabilidade* do rádio ao lado da cama, de modo que um tênue murmúrio de ritmo sem melodia gotejava da cabeceira da cama. Claro que o telefone era grampeado e, segundo Ion Pacepa, o chefe da inteligência romena, que desertou para os Estados Unidos em 1978 e escreveu um livro vil (não sem auxílio, suspeita-se), havia microfones e câmeras infravermelhas instaladas nas paredes de todos os quartos de hotéis usados por estrangeiros. Bem-vindo à Romênia.

Consigo resistir à atração da TV em qualquer lugar, exceto em quartos de hotel. Mal havia o carregador, dublê de informante da polícia, saído com sua gorjeta de 25 *lei* (se fui generoso ou avarento, depende do fato de calculá-la pelo câmbio negro ou oficial), liguei o monstro desajeitado no canto. Descobri que ela não permaneceria ligada a menos que eu mantivesse o botão apertado com força, com o dedão, que logo ficou dormente

---

[1] A expressão *onlie begetter* aparece na dedicatória dos *Sonetos*, de Shakespeare, e significa "único inspirador", mas a referência só faz sentido em inglês. (N. T.)

com o esforço. Não só: minha mente também logo ficou dormente, insensibilizada pelos quinze minutos de recitação solene dos resultados das colheitas das fazendas em todo o país. As cifras eram tão honestas quanto os resultados de plebiscitos que concediam novos mandatos de sete anos a ditadores incumbentes: a Fazenda Número 3 de Ploieşti tinha colhido 1.427,36 kg de tomates por hectare, ao passo que a Fazenda Número 7 de Iasi, a 400 km de distância, tinha colhido 1.427,19 kg.

Esse programa, como vim a descobrir, não era uma aberração: o âncora, que se dirigia aos "estimados espectadores" (dos quais eu deveria ser quase a metade, imagino), entoava os resultados da colheita toda noite. Ao terminar, havia um programa igualmente envolvente sobre o progresso agrícola e industrial da Romênia, graças aos esforços incansáveis e perpétuos do presidente da República e secretário-geral do Partido, Nicolae Ceauşescu. Sequências de cinco minutos de tratores arando a terra, com closes do solo revirado, acompanhados de comentário monótono, foram seguidas por sequências similares (todas em preto e branco) de maquinário ligeiramente antiquado, zumbindo e produzindo alguma coisa – nunca havia qualquer indicação do quê, a produção sendo um fim em si mesma, o triunfo definitivo, independentemente de alguém querer ou poder usar a coisa produzida. E em seguida vieram as sequências de operários nas fábricas, enfileirados em reuniões, escutando – ou ouvindo – discursos, que recebiam com aplausos prolongados e gritando o nome de Ceauşescu. Depois me disseram que, nas duas pontas de cada fileira, havia um agente da *Securitate* para garantir que ninguém parasse de aplaudir e de gritar antes do tempo.

Mais ou menos a cada vinte minutos, o programa era interrompido por música marcial, com uma imagem da bandeira romena esvoaçando em câmera lenta, seguida por tomadas aéreas de um vasto complexo de prédios de apartamentos de concreto. Era um anúncio do *14º Congresso do Partido*, que aconteceria dali a quatro semanas.

Posteriormente, em minha visita, descobri que as pessoas em Bucareste faziam filas de horas para copiar a lista de programas de TV búlgaros afixada nos quadros de avisos das instituições búlgaras na cidade. Que a TV búlgara fosse considerada um socorro aos momentos de tédio é certamente um fenômeno inteiramente novo na história mundial, algo original e sem precedentes. Os búlgaros, há muito acostumados às presunções romenas de sofisticação superior, adoravam a inversão produzida pelo *Conducator* e sua esposa.

Desci para jantar no restaurante reservado para hóspedes estrangeiros. No saguão do hotel, havia meia dúzia de rapazes andando em círculos, vigiando a contrarrevolução, usando ternos que pareciam forrados com pedrinhas.

— Você é grupo? — perguntou o garçom.

Confessei ser um indivíduo, e o garçom franziu o rosto. Havia várias mesas limpas e vazias no restaurante, mas ele enfim conseguiu colocar-me num assento que espetava com tantos farelos, a uma mesa que dava a impressão de ter acabado de ser usada num banquete de cossacos do século XVII. Era uma bela cura para o apetite.

— Que quer? — perguntou o garçom.

A pergunta mostrou-se supérflua porque — para indivíduos — só havia bife cozido e batatas. O bife era seco feito o Atacama, as batatas fritas semicozidas, gordurosas, frias e infestadas de pontinhos pretos.

— Vegetais? — perguntei especulativamente. — Salada?

— Não — disse o garçom.

De sobremesa, havia uma torta de chocolate em que óleo lubrificante tinha sido usado em vez de manteiga.

Antes da guerra, a Romênia era celebrada pela excelência de sua cozinha. Na época em que eu estava lá, a arte na apresentação de refeições foi trocada pela arte de esconder microfones em cinzeiros nas mesas dos restaurantes.

Fui para a escuridão da noite de Bucareste para digerir o equivalente romeno da *nouvelle cuisine*. Na rua, olhei para trás para ver se algum dos homens de terno grumoso que ficavam pelos degraus de fora do hotel estava seguindo-me. Não, eu estava sozinho. Apertei o passo só para o caso de algum deles mudar de ideia – em Londres, deixaram-me muito desconfiado e inquieto com histórias desses homens, que seguiam você de um jeito propositalmente desajeitado, para assustar e intimidar.

Era outubro; havia um frio de outono no ar e dava para sentir as folhas caídas debaixo dos pés. A escuridão longe do hotel era tanta que mal dava para distinguir o chão. De vez em quando, um carro passava, fazendo estardalhaço nos paralelepípedos, suas luzes perfurando a treva. Na minha direção, veio um pequeno grupo de bêbados de farra, cada qual com uma garrafa sendo levada pelo gargalo. Em outros países, eu poderia ter ficado ligeiramente apreensivo, mas não aqui; um dos pouquíssimos benefícios do comunismo é a aparente raridade do crime de rua (ainda que a URSS tenha, pela primeira vez, revelado sua altíssima taxa de homicídios, um crime em grande parte da variedade doméstica, sem grandes tecnologias). Os bêbados passaram sem notar-me. Estavam absortos na hilaridade, o que quase me chocou. Como alguém conseguia rir na Romênia? Desespero, histeria? Eu estava esquecendo minha própria crença de que a vida nunca pode ser abrangida por algumas poucas proposições simples. Minhas viagens estavam tornando-me um ideólogo com preconceitos rígidos, um caso em que viajar estreitava a mente.

Bucareste fora outrora conhecida como a Paris dos Bálcãs, e, na manhã seguinte, foi fácil ver por quê. Muitas das ruas e avenidas com árvores enfileiradas foram construídas como imitações da Paris de Haussman. Há até um *Arc de Triomphe* em sua própria *Place de l'Étoile*, erigido em 1922 em comemoração das fugidias vitórias do Exército romeno durante a Primeira Guerra Mundial (antes que ele fosse maciçamente derrotado). Ao longo da Şouseaua Kiseleff, ficam as casas, no tamanho e no estilo dos castelos da Normandia, da antiga *haute bourgeoisie*. Na Piaţa Victoriei, onde enormes prédios de apartamentos dignos do *novo homem socialista* eram construídos, tive meu primeiro vislumbre dos planos de Ceauşescu para remodelar a cidade, assim atingindo a imortalidade. Descendo o Bulevardul Ana Ipătescu, o estilo arquitetônico fica alegremente eclético, uma maçaroca de Segundo Império, Ludwig Louco da Baviera, Bauhaus e clássico-bombástico vienense. Os estetas tendem a franzir o cenho para essa mistureba (já chamada de "um mexidinho selvagem"), por exibir francamente a tendência dos romenos do pré-guerra a apropriar o brilho superficial do Ocidente: já eu o achei encantador e, em seu efeito geral, original.

Andei longas distâncias no centro da cidade. Fiquei surpreso ao descobrir que muitas das mulheres eram não apenas bonitas, mas elegantes. Havia também senhoras idosas que, em sua atenção a suas roupas e joias, não teriam parecido deslocadas nos cafés de Viena, comendo esculturas de Cellini de bolo e calda.

Como eu mesmo não dou muita atenção à minha aparência, costumo não considerar muito o visual dos outros, dentro de limites amplos, mas definidos. Porém, aqui em Bucareste, a elegância assumia uma qualidade bem distinta, sendo não apenas agradável aos olhos, mas comovente. Afinal, quando se considerava o que estava disponível nas lojas — pano tingido nas cores baças dos corredores de hospitais, como na Albânia —, começávamos a apreciar o esforço que custava às mulheres vestir-se bem, as horas de frustrantes buscas por materiais e, em seguida, por costureiras. A elegância delas, portanto, não era apenas vaidade; era uma negação e uma rejeição dos valores impostos pela ditadura, que, por toda parte, preferia a uniformidade à individualidade.

E assim era estranho ver uma moça elegante correr para pegar lugar num ônibus surrado e superlotado com grandes tanques de metano líquido no teto (a gasolina e o diesel eram bastante escassos), dando-lhe a aparência de um enorme mergulhador mecânico. E era ainda mais estranho estar nos cafés de Bucareste, o último resquício patético de um modo de vida em tudo o mais desaparecido. Ali os garçons de paletó branco serviam clientes, que ficavam sentados desamparados em mesas do lado de fora, tomando exatamente a mesma bebida, café de bolotas ou o líquido nauseantemente doce, amarronzado, viscoso e químico, com um retrogosto amargo, conhecido como laranja, fruta mítica mencionada em textos antigos; afinal, estava além dos poderes organizadores daqueles cafés oferecer uma escolha, mesmo que a escolha não fosse um conceito suspeito desde um ponto de vista ideológico. (Não tinha sido o próprio Engels quem afirmou que a liberdade era o reconhecimento da necessidade?) O Hotel Plaza Athénée, que, antes da guerra, era um sórdido antro de intrigas e rumores políticos em que todos os empregados supostamente seriam funcionários da *Securitate*, tinha um café que vendia um único tipo de torta química e nenhuma bebida, nem mesmo água. Tomar café e comer uma torta em

Bucareste significava visitar mais de um estabelecimento, e poderia perfeitamente levar a tarde inteira.

Meu primeiro destino era o notório Centru civic, com sua imensa Avenida do Triunfo do Socialismo. A partir de 1984, mais de 9 mil casas foram demolidas para a construção dessa avenida insana e monumental, bem como muitas igrejas, muitas delas antigas. Um quarteirão inteiro da cidade velha foi destruído num ataque coordenado não apenas aos monumentos do passado, mas ao passado mesmo. E a ideia de Ceaușescu de "sistemização", segundo a qual todo romeno era obrigado a morar em prédios de apartamentos quase idênticos, deveria ser aplicada não apenas aos camponeses, cujas aldeias ancestrais seriam varridas do mapa, mas também aos citadinos que moravam nas cidades sem planejamento e anárquicas do passado.

Eram esses apenas os planos de um ditador maluco? Infelizmente, não. Há muitos ditadores malucos no mundo, mas só aqueles mergulhados na filosofia marxista-leninista, com seu desprezo absoluto pelo passado "obscurantista" e pelos seres humanos, combinado com seu otimismo ilimitado quanto à perfectibilidade do homem e à glória de seu futuro distante, se empenhariam numa engenharia social de escala tão vasta, ao mesmo tempo trágica e comicamente mal pensada. Segundo a filosofia, a desejada homogeneização do mundo terá vantagens imensas (além da conveniência da polícia secreta): "O atual envenenamento do ar, da água, e da terra [escreveu Engels] só pode ser extinto com a fusão cidade e campo".

E Lênin tinha uma visão ainda mais poética do futuro. Em suas palavras, o socialismo traria: "[...] uma redistribuição da população humana (acabando assim tanto com o atraso rural, com o isolamento e com a barbárie, quanto com a concentração antinatural de vastas massas humanas nas grandes cidades)".

No comunismo, verde é a árvore da teoria, mas cinza é a vida.

A Avenida do Triunfo do Socialismo é imensamente longa e larga, com grandiosos prédios de apartamentos dos dois lados. Alguns foram concluídos cerca de três anos antes da minha visita, mas nunca foram ocupados. Recentemente, porém, Ceaușescu abriu as lojas do térreo. A ideia é que fossem elegantes, parisienses mesmo, com ornamentos em bronze, vidro polido, chão de mármore e espelhos dourados; porém, como a comida, a elegância foi *ersatz*, e errou o alvo. Era elegância por decreto; por decreto, aliás, de um homem sem gosto, de um aprendiz de sapateiro (como foi Ceauşescu um dia) que se viu na posição de Luís XIV.

Além disso, as lojas não eram lojas (uma ilustração prática da verdade do materialismo dialético, que, devemos lembrar, nega a lei aristotélica da não contradição). Afinal, elas não vendiam nada; seu estoque de itens de luxo era para exibição, não venda. E esses itens de luxo também eram eles próprios *ersatz*, se vistos bem de perto. As embalagens dos cosméticos, por exemplo, imitavam as dos cosméticos no Ocidente, porém a impressão era fuleira, a tinta espalhava-se, as letras douradas estavam fora do lugar, o celofane amarelava. E isso, presumia-se, era o que de melhor se podia produzir na Romênia, pois nada além do melhor era digno da grande avenida. Alguns "clientes", suas vozes sussurradas como num museu, vagavam sem entusiasmo por aquelas estranhas cavernas de Aladin de raquetes de tênis ruins, espreguiçadeiras caras e eletrodomésticos Potemkin, sem dúvida recordando (como poderiam esquecer?) que, a menos de 200 m do Triunfo do Socialismo, formava-se uma fila de horas sempre que havia rumores de linguiça ou de bacon.

Não existe ainda na língua uma palavra para esses extraordinários estabelecimentos: pseudolojas, ou paralojas, talvez.

O canteiro central da avenida era ocupado por jardins e por um imenso sistema de fontes, construído em concreto moldado em motivos florais de extraordinária vulgaridade. Era sempre possível dizer quando o *Conducator* (a palavra romena para *Führer*) estava prestes a passar por ali, ou tinha acabado de passar por ali: as fontes, normalmente secas, eram ligadas. Tirando os policiais, cujo propósito era intimidar os pedestres, que, por uma questão de princípios, tinham de receber ordem para andar por um caminho diferente daquele que tinham escolhido, e mulheres camponesas, que varriam o chão com vassouras de bruxa, poucas pessoas ficavam por ali. E, no alto de uma suave inclinação da qual se via toda a extensão da avenida, ficava um prédio que, como o castelo do Drácula num filme de horror, as fazia olhar os pés e se apressar.

Era o Palácio do Povo, que, apesar de ainda inconcluso, já tinha virado lenda. Uns diziam que tinha 4 mil quartos, e outros, 12 mil; uns, que continha a necrópole de Ceauşescu, e outros, que havia tantos quartos subterrâneos quanto nos andares acima do chão; uns, que era de uso pessoal do ditador, outros, que todos os ministérios teriam escritórios ali; mas outros diziam, ainda, que ali ficaria também a masmorra central e as câmaras de tortura dos prisioneiros políticos. Porém todos concordavam que Ceauşescu visitava diariamente o local para supervisionar sua construção, mudando os planos constantemente segundo seus caprichos e, assim, retardando a conclusão.

O Palácio do Povo era um vasto edifício – em volume, três vezes maior do que Versalhes –, num estilo arquitetônico que seria mais bem descrito, talvez, como MGM-babilônico. Sem dúvida ele tinha total solidez, projetado para resistir a terremotos e à guerra nuclear, mas sua fachada de pedra branca, com oito andares de altura, com cada ordem de decoração arquitetônica conhecida por Hollywood, dava-lhe a aparência de um cenário de filme. Você meio que esperava que milhares de figurantes, carregando lanças e usando couraças no peito, fossem subitamente tomá-lo de assalto. Ao aproximar-se, porém, o riso acabava: nas cercas em volta, havia, a cada mais ou menos 50 m, rapazes de rosto bruto em ternos granulosos, que empunhavam seus *walkie talkies* do mesmo jeito que os *yuppies* empunham seus celulares. Eles miravam você com desconfiança; um sorriso teria provocado seu ódio irracional. A curiosidade, bem como a fotografia, não era permitida, especialmente na enorme entrada negra subterrânea, larga o bastante para tanques, escancarada abaixo da estrutura inteira.

O Palácio do Povo tinha sido feito como anúncio, não de um produto, mas da insignificância individual do homem em comparação com o poder do Estado. Mesmo os métodos empregados em sua construção tendiam a essa gloriosa conclusão. Deveria-se esperar, num país europeu teoricamente dedicado ao progresso tecnológico e à modernização, que um vasto projeto como o Palácio do Povo fosse realizado com os métodos mais modernos à disposição. Pelo contrário: observei operários peneirando à mão cimento para pedras, como donas de casa peneirando farinha antes de assar um bolo. As máquinas usadas eram poucas, e sob nenhum aspecto modernas; em seu lugar, era usado um exército de trabalhadores. Isso tinha a vantagem de enfatizar a natureza faraônica da empreitada inteira, milhares de hilotas em trabalhos forçados pela vontade de um só homem, suas contribuições individuais, uma parte infinitesimal do todo bizarro e sem valor.

De início achei o palácio divertido, com toda a sua absurda fanfarronice arquitetônica; depois, fiquei fascinado por ele, pois a mim ele parecia levantar, de maneira tangível, as questões mesmas que minha viagem romena pretendia responder. Qual era a natureza da autoridade que podia dirigir os esforços de um país inteiro não apenas para a construção de algo inteiramente desprovido de mérito, fosse utilitário ou estético, mas para a destruição de tudo de valor do passado? Enfim, percebi que não conseguia olhar o palácio por nenhum instante a mais; ele me deixava com raiva demais para meu próprio bem. Eu não podia mais olhar para ele, como não podia olhar para o Sol; sentia uma estranha tensão se acumulando em mim, que poderia, a qualquer momento, levar a um acesso irracional. Fui embora.

Como afetava os romenos essa Versalhes sem beleza, essa monstruosidade tirânica? Fiquei observando as pessoas comuns passando, procurando em seus rostos sinais de raiva ou de frustração. Porém não achei nenhum; elas não olhavam nem para a direita, nem para a esquerda, mas para baixo, ou direto à frente, ao passar, apressadas. A tirania tinha-as deixado inescrutáveis (os romenos outrora foram conhecidos por sua volatilidade sulista, ou latina); tinham adotado a única defesa possível nas circunstâncias, aquilo que os alemães da era nazista chamavam de "emigração interior".

Era hora de visitar as pessoas cujos nomes eu tinha recebido em Londres. De início, senti uma certa relutância: medo. Era irracional, pois o pior que poderia acontecer a mim, como estrangeiro, era prisão, interrogatório e expulsão, tudo material que eu poderia utilizar, e certamente não sem interesse. Porém, na Romênia, o medo é como um miasma, o produto etéreo e gasoso, da terra, que, na Idade Média, julgavam causar e transmitir doenças. O meio pelo qual esse terrível contágio se espalhava era uma das coisas que me interessava.

Não assuma riscos, disseram-me em Londres; se, a caminho de encontrar alguém, você suspeitar que está sendo seguido, aborte a visita. Prefira a cautela; as consequências para a pessoa que você vai visitar podem ser drásticas. Às vezes (disseram-me), a *Securitate* quer intimidar você, deixando desajeitadamente óbvio que você está sendo seguido; em outros momentos, eles seguem com a maior perícia, de modo que é difícil detectá-los.

Aluguei um carro durante minhas duas semanas na Romênia. Cerca de 9/10 dos carros ali são Dacias, Renaults de design antiquado construídos na Romênia. Nessa sociedade sem classes, a cor do seu carro indica sua ocupação ou posição – carros pretos para *apparatchiks* graúdos, brancos para diretores de instituições, tons pastel para gente de importância intermediária. Meu primeiro carro era vermelho (até que precisei trocá-lo por um azul-claro, porque os conteúdos do tanque foram removidos com sifão, e o medidor de combustível, alterado no estacionamento do hotel). O carro tinha uma placa especial, para tornar-me óbvio a qualquer autoridade. Enquanto eu dirigia por Bucareste, olhava nervoso meu espelho retrovisor a cada momento. Qualquer carro que ficasse atrás de mim por mais de 100m estava seguindo-me; qualquer policial que falasse em seu *walkie talkie* estava transmitindo informações sobre meus movimentos. Foi só depois de eu ficar dando voltas por ruas secundárias que consegui convencer a mim mesmo de que estava sozinho. Naturalmente, parei a certa distância de meu destino, e, mesmo assim, achei que qualquer pessoa casualmente de pé numa porta me estava observando.

Tendo abandonado o carro, andei rápido e determinado para o endereço. Era importante, disseram-me, que eu parecesse confiante, não furtivo. Porém meus olhares frequentes por cima do ombro poderiam ter-me denunciado, caso alguém estivesse observando. Fiquei ligeiramente decepcionado porque, depois de tantas precauções, não havia ninguém.

Não posso, claro, descrever minhas visitas em grandes detalhes: fazer isso poderia colocar em risco as pessoas que visitei. Os romenos são obrigados a reproduzir para a polícia, palavra por palavra, quaisquer conversas que tenham com estrangeiros nas 24 horas anteriores, e não cumprir essa regra é considerado prova de deslealdade, e até de dissidência. Não é efetivamente proibido falar; só dizer qualquer coisa.

As pessoas com quem me encontrei eram intelectuais literários que sabiam ou inglês ou francês. Não eram uma amostra representativa da população, mas não me disseram nada sobre a vida cotidiana na Romênia que não fosse confirmado por pessoas que subsequentemente encontrei por acaso, dirigindo pelo país. Suas privações eram tanto físicas quanto espirituais; as primeiras teriam sido suportáveis, dizem, se não fosse pelas segundas. Elas não viam luz ao fim do túnel; estavam tristes e sem alento.

O primeiro homem que contatei, um economista, tinha acabado de passar quatro horas na fila para comprar ovos (sem conseguir comprá-los). Será que o fato de essas experiências serem comuns fazia uma geração torná-las mais aceitáveis, menos enervantes? Um amigo meu, suíço, uma vez viu gente em Bucareste *brigando* por batatas. Um efeito da busca incessante, que toma tanto tempo, por bens cotidianos era uma desaceleração geral do ritmo da vida. Em toda probabilidade, os romenos nunca foram celebrados por sua expediência; porém, com o advento do novo regime, uma tarefa que na Europa Ocidental teria levado alguns minutos (como comprar manteiga ou lâmpadas), a ser encaixada na miríade de outras atividades diárias, tinha virado verdadeiramente o trabalho de uma tarde inteira, quiçá de um dia. Calculando-se o tempo gasto nela, fazer fila era provavelmente a atividade mais importante de cada romeno.

Na Era da Luz, como Ceaușescu às vezes chamava sua "época", quando ficava cansado de chamá-la de Era de Ouro da Romênia, houve tanta carência de gás doméstico que, no inverno, as pessoas tinham de cozinhar depois da meia-noite, quando a pressão era um pouco mais alta. Mesmo assim, levava meia hora para aquecer água o bastante para uma xícara de chá. A luz da Era da Luz, claro, era estritamente metafórica: durante o inverno, quando não havia um puro e simples corte de energia, os quartos não podiam ter mais do que uma lâmpada de 40 watts.

Alguns podem considerar isso ecologicamente correto, a epítome do "estilo de vida sustentável". Que inspecionem, portanto, as fábricas romenas, que gastaram a energia do país, e cujo principal produto era a poluição.

Havia carências de quase tudo (nem na minha posição privilegiada de turista pude comer vegetais frescos uma vez na Romênia). Havia um mercado negro de livros – não só de livros proibidos, mas de todos os tipos de livros. Um romance poderia custar metade do salário de um mês (espero não estar ouvindo autores amargurados murmurando que, ao menos ali, a literatura recebia o devido valor). Quanto a café e a cigarros Kent, estes – e não *lei* amarrotados e sujos – eram a verdadeira moeda da Romênia.

Mas era a atmosfera espiritual sufocante da Romênia que mais preocupava as pessoas com quem me encontrei. Todos viviam com medo; o medo era a condição universal, que abrangia tudo, a experiência cotidiana de todos no país. Eu tinha sentido isso na Coreia do Norte; porém minha incapacidade de me comunicar com os coreanos, bem como as enormes diferenças culturais entre nós, mantiveram viva em minha mente a possibilidade de eu interpretar erradamente o que via. Aqui na Romênia não havia essa possibilidade: sempre que eu entrava numa casa, a conversa era adiada até que o telefone fosse removido da sala, pois se presumia não só que os telefones costumavam ser grampeados, mas que havia um microfone dentro de cada aparelho para monitorar opiniões privadas expressas em casa. Uma das pessoas que visitei, que se julgava constantemente vigiada, fechou todas as cortinas e ligou o rádio antes de indicar que falar era seguro.

Será que era paranoia? Essas precauções, a meu ver, tinham mais chance de atrair a atenção da polícia para ele do que o contrário; porém ele me disse que elas eram necessárias, porque ele tinha sido chamado até a delegacia para ser interrogado depois que o último estrangeiro (que, como eu, achou que ele não estava sendo seguido) o visitara, e, ainda que ele não tenha sofrido qualquer violência física ali, a violência verbal foi prolongada. Da próxima vez, poderia ser pior. Será que ele estava dramatizando sua experiência para impressionar uma pessoa de pouca experiência, como eu? Ele tinha uma estranha intensidade, algo incandescente, que forçosamente me lembrava de Soljenítsin. Era real, aquela similaridade, ou fingida? Tudo o que ele me fazia era grandioso: ao me dar comida, pão e queijo, ele cortava fatias com a paixão do Saturno de Goya devorando os próprios filhos. Estava escrevendo um romance no estilo de Gogol (o realismo não bastava para captar a loucura da Romênia, disse) e queria que eu achasse um jeito de contrabandear seu manuscrito para um editor em Londres. Uma vez que fosse publicado, ele viraria um dissidente de verdade, em vez de ser um mero desconhecido que vivia, como agora, nas margens da clandestinidade. Era, portanto, essencial que eu e outros lhe fornecessem o máximo de publicidade protetora, pois eram apenas os holofotes do Ocidente que impediam o regime de "desaparecer" seus adversários.

Várias pessoas me sugeriram que ele era um *agent provocateur* e me advertiram para tomar cuidado com ele.[2] Eu me sentia um peixe fora d'água, ou como se, conforme Alice, eu tivesse entrado no espelho e chegado a um mundo em que tudo era familiar, mas diferente, onde nada era o que parecia ser, onde a ignorância era culpa, e a confiança, uma tolice.

> A lógica [escreveu Elie Wiesel ao visitar a URSS] não vai ajudá-lo aqui. Você tem a sua lógica, eles têm a deles, e a distância entre vocês não pode ser transposta com palavras. Quanto mais você os vê, mais seguro você fica de que tudo o que pensou ou achou até agora não vale nada; aqui você precisa recomeçar do zero.

Não levei o manuscrito gogoliano, claro, mas levei uma mensagem de amor a uma inglesa com quem ele havia tido um breve encontro em Bucareste, algumas semanas antes. Não era um modo muito satisfatório de manter um caso de amor, mas o único modo disponível para ele naquelas circunstâncias.

Conversei sobre o medo predominante com todas as pessoas que encontrei. Cada uma tinha a sua interpretação, mas todas concordavam que ele era o resultado não da ameaça física, mas algo mais profundo. Claro que o regime estava preparado para ser brutal se necessário fosse: ele não tinha nenhum "sentimentalismo burguês" quanto ao valor dos indivíduos, ou de seus direitos. Tinha torturado e matado muitas, muitas pessoas. Porém o medo não era só da brutalidade. Era algo mais sutil, mais profundo, menos tangível, quase desconcertante, enigmático. Talvez quase até ontológico. Certos intelectuais até culpavam a si próprios ou ao povo romeno, dando a entender que a astúcia, a passividade e a paciência romenas,

---

[2] Isso era absurdo, mas, na atmosfera romena da época, parecia plausível.

exibidas diante de inimigos de poder avassalador no último milênio, não eram, na verdade, nada mais glorioso do que covardia ou pusilanimidade. Um deles mencionou um estudante na cidade de Braşov, que tinha imolado a si mesmo publicamente no ano anterior, como Jan Palach, o estudante tcheco que tinha colocado fogo em si mesmo para protestar contra a invasão soviética da Tchecoslováquia em 1968. Porém, ao contrário de Jan Palach, o protesto sacrificial do estudante romeno não encontrou eco de resposta no país; vergonhosamente, até seu nome era desconhecido, e quase todos tinham esquecido até sua existência. Isso não porque o regime de Ceauşescu gozava de apoio, longe disso; era só que os romenos não conseguiam organizar a oposição, tanto por seu individualismo feroz quanto porque a *Securitate* logo se infiltraria numa organização maior do que duas ou três pessoas. Eles não tinham a determinação necessária para libertar-se: o *Reich* deles era de mil anos.

Falta de determinação não é necessariamente uma qualidade sem atrativos. A única das pessoas com que me encontrei que possuía a dureza da impiedade era o *grande escritor da terra romena* (ou *agent provocateur*); porém preferi os outros, ainda que, no fim das contas, suas realizações fossem menores do que as deles, pois eles falavam tanto com raiva quanto com tristeza, e, portanto, tinham menos chances – caso o dia deles chegasse – de cometer suas próprias injustiças. Além disso, havia algo agridoce nas circunstâncias físicas em que nos encontrávamos. Muitos viviam em apartamentos em prédios pré-comunistas. Esses apartamentos eram inocentes quanto aos aparelhos modernos, e seus pisos, cobertos por tapetes orientais; sua mobília, pesada, antiga e escura. Nada tinha sido jogado fora, pois nada era substituível. A atmosfera toda era a de uma civilização desaparecida: cultivada, poliglota, *Mitteleuropa*. Um historiador disse a mim que se sentia um membro de uma raça em extinção, uma vez que seu apartamento tinha sido sistemizado e todos os vestígios do passado, apagados (o grande sonho de Ceauşescu), então sua vida realmente não serviria a propósito algum.

Ouvi brandas críticas aos intelectuais romenos quando voltei à Inglaterra: eles não protestavam o bastante, não se uniam, não tinham um programa comum. Essas eram críticas que eu sentia que não poderia fazer...

Por uma ironia extraordinária, essas eram as últimas palavras que eu tinha escrito para este capítulo antes que a revolução romena estourasse, seis semanas após eu sair do país, durante as quais milhões de romenos desarmados preferiram enfrentar rifles e metralhadoras a suportar um dia a mais do regime do *Conducator*. À época, eu também estava empenhado nos capítulos sobre a Albânia, a Coreia do Norte e o Vietnã, mas tinha planejado – mais ou menos – o que escreveria sobre a Romênia.

Acompanhei o andamento da revolução com mais do que mero interesse: paixão seria uma palavra melhor. Ouvi cada boletim de notícias sem perder nenhum, e, quando soube que Ceauşescu e a esposa tinham fugido de helicóptero do telhado do quartel-general do Partido, senti uma satisfação e uma alegria profundas, que nenhuma outra notícia já me tinha proporcionado. Meu coração acelerou, abracei a mim mesmo, quis pular e dançar; senti que precisava compartilhar a maré de alegria com o máximo de pessoas. Fui comprar um jornal na cidadezinha onde estava escrevendo (e onde o chefe dos correios, diante de uma carta para a Romênia, provavelmente perguntaria se a Romênia ficava na Ásia ou na África).

– Ceauşescu foi derrubado – falei para a senhora no caixa.

– Puxa – respondeu ela.

– Como assim, "puxa"? Ele era um monstro.

– Então tudo bem – disse ela, sem se convencer.

Não havia dúvida, contudo, de que a revolução me apresentava alguns probleminhas. Será que eu deveria abandonar meu capítulo ou continuá-lo como se nada tivesse acontecido? Será que deveria escrevê-lo com o benefício nada desprezível de ver em retrospecto? Será que deveria afirmar ter mais perspicácia política do que efetivamente tinha à época? Será que deveria escrever sobre Ceauşescu como se ele ainda estivesse vivo, ou como se ele estivesse relegado àquele recipiente de capacidade infinita de marxismo, a lata de lixo da história?

Havia problemas que iam além dos meros problemas de estilo. Será que agora eu poderia revelar com segurança as identidades das pessoas com quem conversei? Quando voltei a escrever o capítulo, havia dúvidas sobre o caráter da revolução: ainda havia gente demais da velha guarda em seus cargos. E era já seguro revelar que, quando "conversei" com autoridades em nossa embaixada em Bucareste, fomos para uma sala "segura", que acreditávamos não ter escutas, e que, mesmo ali, nos comunicamos passando bilhetes um ao outro?

Decidi continuar como deveria ter feito caso não tivesse havido revolução, evitando, na medida do possível, que os eventos subsequentes colorissem minhas descrições daquilo que vi, ainda que o retrospecto fosse inevitavelmente afetar minha interpretação do que eu via. Para provar minha boa fé nisso, mencionarei um artigo que escrevi, que me provocou grande vergonha quando foi publicado numa revista nos Estados Unidos, seis semanas após eu escrevê-lo, no dia mesmo em que Ceaușescu foi derrubado, e vários dias depois de a *Securitate* ter demonstrado sua verdadeira ferocidade, a qual eu – de jeito nenhum amigo do regime – subestimei grosseiramente. No artigo, afirmei que o terror na Romênia era kafkiano, tendo a ver quase tanto com a metafísica quanto com a tortura. Eu tinha chegado apressadamente a essa conclusão porque havia conhecido pessoas que tinham sido várias vezes convidadas a informar para a *Securitate* recusaram-se, e, mesmo assim, não tinham sofrido nenhuma represália óbvia. Dificilmente haveria momento menos oportuno para publicar essa opinião. À época, eu não sabia que toda delegacia da Romênia tinha sua câmara de torturas. Por outro lado, previ que Ceaușescu não duraria tanto quanto os pessimistas da Romênia me haviam sugerido.

Tenho mais uma confissão a fazer. Quando vi a filmagem de Ceaușescu falando do balcão do quartel-general do Partido, no dia anterior à sua queda, e, de repente, ficando assustado e perplexo quando a multidão se voltou contra ele, quase senti pena, esquecendo, por um instante, quem ele era e o que tinha feito. Vi um velho solitário de frente para o abismo. Cercado por anos por oportunistas e bajuladores, talvez ele tivesse realmente imaginado que era o filho favorito da nação. Todos os grampos telefônicos, a espionagem, as denúncias, as chantagens, as torturas não o tinham ajudado a descobrir a verdade mais elementar e óbvia: que ele era um homem que inspirava o máximo ódio e desprezo, ódio de uma profundidade que não se parecia com aquele inspirado por nenhuma outra figura política com que eu já me tinha deparado, ódio que alcançava cada fibra do ser de cada romeno e que era reforçado por cada dia de sua ditadura.

Durante a revolução, recordei uma pintura no Museu de Belas Artes de Bucareste, que parecia bem diferente de todas as demais pinturas expostas ali. Era de Bruegel, e se chamava *O Massacre dos Inocentes*. Fui vê-la três vezes, despertando as suspeitas da equipe (não havia mais ninguém no museu). O quadro mostra cavaleiros chegando numa cidadezinha no inverno. No começo você admira a beleza da composição, o azul do céu, a paisagem, a disposição perfeita das figuras. Então, ao aproximar-se da tela, a admiração dá lugar ao horror, na hora em que se vê os soldados desmontados perfurando bebês com as espadas, ou puxando as crianças dos pais ensandecidos. Eles fazem isso com a calma daqueles que simplesmente cumprem seu dever (estou só cumprindo ordens, quase se consegue ouvi-los dizer). Os soldados montados olham com indiferença. Pior ainda, alguns dos aldeões parecem estar ajudando os soldados com seu "trabalho", e, no primeiro plano, dois cachorros brincam, como que para ressaltar a ignorância verdadeiramente bestial de um dos soldados, que urina feliz contra a parede de uma estalagem enquanto os inocentes são massacrados.

Não sei se esse quadro maravilhoso e terrível sobreviveu à revolução. O museu, bem próximo do Palácio Real e do quartel-general do Partido na Piata Republicii (uma praça, como já se disse, que aguarda o *coup d'état* para o qual foi projetada), foi muito prejudicado. Se o quadro tiver sobrevivido e, se voltar a ser exibido, pergunto-me, que mensagem transmitirá ao povo romeno, já que tantos entre eles cooperaram para sua própria sujeição?

Os encontros com as pessoas na Romênia tinham uma intensidade especial e bastante extraordinária. Toda conversa frívola ficava de fora; em uma hora, você se sentia unido por laços indissolúveis de amizade (e mais do que amizade). Em três ocasiões, conversei, por várias horas, com um historiador em Bucareste, um homem cujo pai e cujo avô foram historiadores, sem reparar que as horas das refeições tinham passado, nem me importar com isso. Ele não era um dissidente, nem teria afirmado ser especialmente corajoso. Porém ele se recusara a entrar para o Partido, e assim permaneceu no mais baixo grau da hierarquia acadêmica, ganhando o equivalente, aos 40 anos, a US$ 25 por mês. Além disso, ele só escrevia a verdade – como a enxergava –, mesmo que isso o limitasse a assuntos históricos tão arcanos que até os ideólogos os ignoravam. Ele esperava que, publicando pacientemente os resultados de suas investigações sobre assuntos pequenos e aparentemente sem importância, acabaria conseguindo, como um pontilhista, chegar a um quadro maior; um quadro totalmente oposto à absurda caricatura oficial da história romena que era propagada por toda parte.

Valia a pena esse projeto? Nas circunstâncias romenas, será que pesquisas sobre a igreja de Valáquia, no século XVII, não traziam à mente o antigo provérbio romeno: a aldeia inteira está em chamas, mas vovó quer terminar de pentear o cabelo? Será que esse projeto deveria ser entendido como covardia, ou era uma base essencial para a recuperação da Romênia do dano infligido pelo comunismo e por Ceaușescu? Se ele se tivesse comprometido um pouco com o mal, quem era eu, que tinha feito o mesmo em circunstâncias muito menos difíceis, para culpá-lo? Coragem excepcional é uma virtude, mas nunca pode ser um dever. Mesmo assim, existem aqueles que talvez digam que ele deveria ter escolhido o exílio em vez de prevaricar da verdade, porém é terrível para um historiador ficar separado de seu idioma, de sua cultura, de seu assunto. É uma espécie de morte. E teria mesmo sido melhor para a Romênia se o campo fosse deixado integralmente para picaretas da mais abjeta laia?

O historiador e eu discutimos juntos o funcionamento do totalitarismo. Ele falava por experiência, com conhecimento íntimo, e eu, com observações superficiais e algumas leituras. Fiquei bastante orgulhoso da minha dedução – que, devo admitir, levei um tempo enorme para fazer – de que, dentro de um regime totalitarista estabelecido, o propósito da propaganda não é persuadir, e muito menos informar, mas sim humilhar. Desse ponto de vista, a propaganda não deveria aproximar-se da verdade o máximo possível; pelo contrário, ela deveria violentá-la tanto quanto pudesse. Afinal, ao afirmar incessantemente aquilo que é evidentemente verdadeiro, ao tornar essa inverdade onipresente e inevitável, e, enfim, ao insistir que todos aquiesçam publicamente a ela, o regime demonstra seu poder e reduz os indivíduos a nulidades. Quem pode manter o respeito por si quando, longe de defender o que sabe não ser verdade, precisa aplaudir o que sabe ser falso – não ocasionalmente, como todos fazemos, mas durante toda a sua vida adulta? De que outro jeito é possível explicar a insistência do regime de Ceaușescu de que tinha produzido a Era da Luz, no momento mesmo em que a própria luz era racionada?

O historiador tinha paixão pela preservação do passado, justamente porque um ataque absolutamente coordenado lhe era dirigido. Sua admiração por Orwell não tinha limites (eu tinha encontrado a mesma admiração por toda a Europa Oriental). Nunca ter vivido num estado totalitário e mesmo assim tê-lo entendido tão bem – isso era genial! Afinal, para entender a Europa Oriental, não era preciso apenas informação, mas imaginação. Orwell captou intuitivamente, mas com precisão impressionante, a importância do controle do passado para um regime totalitário. Porém eu disse que sua conclusão em 1984 era, mesmo assim, equivocada; Winston Smith não poderia ser obrigado a amar o Grande Irmão, só a fingir que o amava. Mencionei que, em 1988, eu testemunhara 100 mil pessoas cantando o hino nacional da Letônia pela primeira vez em quase meio século, apesar de ele ter sido proibido totalmente, apesar dos anos de terror, de deportações, de assassinatos, de coletivização, de doutrinação, de inverdades e de destruições. Isso me convencera de que a aniquilação do espírito humano não era possível.

Mas, aqui, na Romênia, disse o historiador, o mal estava gravado na alma das pessoas, e seriam necessárias duas, três, até quatro gerações para apagá-lo (observação não inteiramente contraditada pelos acontecimentos que se seguiram à revolução). De tempo em tempo, enquanto ele falava, olhava pela janela para ver se havia alguém embaixo na rua; seu prédio de apartamentos ficava ao lado de uma embaixada, na qual havia guardas dia e noite.

Então falei da outra dedução da qual eu tinha muito orgulho: de que, numa tirania como a de Ceaușescu, as carências de bens materiais, e até de bens essenciais, não eram um problema para os governantes, mas uma grande vantagem para eles. Essas carências não eram acidentais ao terror, mas um de seus instrumentos mais poderosos. Não apenas as carências (que se sabia serem permanentes, não temporárias) mantinham as pessoas pensando exclusivamente em pão e linguiça, e direcionavam suas energias para obtê-los, de modo que não houvesse tempo ou disposição para a subversão, como também elas – as carências – significavam que as pessoas podiam facilmente ser levadas a virar informantes, a espionar e a trair umas às outras de forma muito barata, por benefícios materiais triviais, que dispensavam a necessidade de se fazer fila. (Quem nunca fez fila por horas que atire a primeira pedra.) E, como todos na Romênia tinham de recorrer ao mercado negro para sobreviver, todos estavam expostos à chantagem das autoridades, que podiam ameaçar com "justiça" quem não cooperasse.

Isso tudo era bem verdade, disse o historiador, mas eu ainda não tinha mergulhado nas profundezas da degradação romena. Os regimes totalitários criavam uma psicologia debilitante de cumplicidade. Como eram donos de tudo, controlavam tudo e não reconheciam limites a seu próprio poder, cada bocado de comida na boca, cada instante de descanso, cada item de consumo só era gozado por força de sua graça e favor, que poderiam ser retirados a qualquer momento. Assim, até a mais cotidiana das atividades servia para lembrar a todos que viviam em termos ditados que tinham comprometido seus princípios por uma batata ou por um pedaço de papel. Mesmo a liberdade – isto é, a não encarceração numa instituição penal, a mais excelsa forma de liberdade, à época, na Romênia – era não um direito, mas um privilégio, e, aliás, um privilégio frágil. Andar nas ruas livremente dependia de não elevar a voz contra a injustiça, como se deveria. Assim, mesmo essa liberdade limitada era comprada ao custo da emasculação moral. Todos – tirando um ou outro dissidente – eram cúmplices do regime; morar na Romênia era ser maculado por sua indelével corrupção. Todos eram vítimas e culpados ao mesmo tempo; era por isso que levaria gerações para consertar os danos infligidos, para desfazer o *novo homem*, que agora entrava em sua quinta década como um rato, sicofanta, hipócrita, covarde, chantagista, duplipensante sem coragem...

Havia uma ironia nisso tudo, claro: tudo o que ele dizia confirmava a ideia marxista, prenunciada nas *Teses sobre Feuerbach*, de que o ser social do homem não era determinado por sua consciência, mas sua consciência era determinada por seu ser social (no fundo, pelas relações de produção). O historiador acreditava que o comunismo tinha efetivamente produzido uma mudança na alma das pessoas, em seu ser mais interior. Eu não tinha tanta certeza (ainda que eu não pudesse exatamente dizer isso a um homem que tinha vivido quarenta anos no esgoto que eu visitava só por alguns dias); repetidas vezes, na Romênia, encontrei pessoas excelentes, muitas nascidas em plena era comunista, que faziam concessões, é verdade, mas que nunca perdiam de vista o que estavam fazendo. De fato, nunca conheci um romeno que não abominasse intensamente o que tinha sido feito com seu país. E parecia que, enquanto fosse esse o caso, o *novo homem* só existiria como sombra. A hipocrisia, sem dúvida, é em si um vício, porém o hipócrita ainda sabe o que é virtude e o que é vício, e, portanto, ainda há esperança para ele. O *novo homem*, por outro lado, tinha perdido a capacidade de distingui-los.

Na cidade moldava de Iasi, 400 km a leste de Bucareste, conheci um historiador que vivia entre pilhas triplas de livros, empilhados contra as paredes até o teto de seu quarto. Era um homem delicado, como costumam ser as pessoas livrescas, guardando seu veneno, à medida que o tinha, a estudiosos de quem discordava. Ele falava com a voz baixa, como que temeroso de ser descoberto com um estrangeiro. Levei-lhe *Um Coração de Cachorro*, de Bulgákov, que ele recebeu com grande prazer. Por seu jeito, presumi que fosse um homem tímido, mais Hamlet do que Dom Quixote.

Eu estava errado. No aniversário de quatrocentos anos do nascimento de Miguel, o Valente, príncipe que, por pouco tempo e pela primeira vez, uniu as províncias da Romênia, produziu não um protesto, mas uma celebração não oficial. Isso foi antes de 1965, o começo da Era da Luz de Ceauşescu, quando Miguel, o Valente, ainda era considerado um nacionalista burguês, não um herói nacional. Celebrar o aniversário de seu nascimento, mesmo com um bolo, era considerado um sinal de desvio do *caminho verdadeiro do internacionalismo socialista*. O jovem historiador foi condenado a dez anos de trabalhos forçados num campo prisional. Ele mencionou seus sofrimentos ali (serviu seis anos) com uma leveza tão eloquente quanto qualquer descrição devastadora. Ele foi libertado no primeiro lampejo de "liberalismo" de Ceauşescu. O fato de ele ter afirmado algo que depois se tornou ortodoxo não teve nada a ver com sua libertação. "Objetivamente" – no sentido stalinista – ele estava equivocado. Afinal, a verdade nos países totalitários não depende da correspondência com a realidade; ela depende só de *quem* a propõe, e *quando*.

Ao ser libertado, o historiador voltou-se a seus livros. Era especialista em historiografia romena e tinha várias vezes recebido ofertas de bolsas no exterior, na Alemanha e na França.

— Por que não tinha ido — perguntei — e ficado onde poderia ter trabalhado em paz?

— Eu queria mostrar a meus alunos que era possível viver na Romênia ainda como um ser humano — disse.

— E esse projeto não era perigoso?

— Não tenho medo. Já sei como é o trabalho duro.

Um homem contra o Estado: Dom Quixote contra não meros moinhos de vento, mas carros blindados, tanques, gás lacrimogêneo, informantes, tortura, campos prisionais, chantagem e assassinato. Meu pessimismo habitual agora me parecia uma atitude vulgar diante do mundo.

Mesmo assim, um pensamento cínico me ocorria toda vez que eu encontrava intelectuais romenos: se o totalitarismo algum dia fosse derrotado na Romênia, eles logo sentiriam saudades dele? De um jeito estranho, sua própria negação do valor da vida dava valor à vida. O mal do regime era tão avassaladoramente onipresente que ninguém precisava preocupar-se com questões complexas e entediantes quanto o nível de imposto de renda que maximizava tanto a justiça quanto a eficiência econômica, ou o melhor jeito de organizar as pensões dos idosos, ou a pesquisa científica. Passava-se direto às grandes questões da existência humana, deslocando-se ao largo de meros detalhes administrativos.

E, secretamente, caí num dos pecados que acossam os intelectuais ocidentais, que eu normalmente abomino: comecei a sentir inveja do sofrimento, aquela emoção profundamente desonesta que deriva da tola noção de que somente os oprimidos podem ser justos, ou, mais importante — escrever qualquer coisa de profundo. Eu achava que, se ao menos eu tivesse vivido só um pouquinho da experiência romena, meus problemas literários se resolveriam a si próprios: não haveria necessidade de procurar assunto, e eu escreveria com compulsão febril e com uma profundidade que viriam por conta própria. Quanto ao sofrimento necessário, eu o aceitava de antemão com coração leve; afinal, mesmo que eu estivesse errado, e o sofrimento não necessariamente dê sentido ao esforço artístico, o esforço artístico certamente dá sentido ao sofrimento.

Meu historiador em Bucareste tinha um interesse profissional que quase nem podia ser mencionado: a história dos judeus na Romênia. Sobre esse assunto, obra nenhuma era escrita ou publicada na Romênia; um véu impenetrável de silêncio tinha descido sobre o destino de quase 1 milhão de pessoas, das quais restavam apenas 20 mil, e todos que procuraram levantar esse véu eram vistos como inimigos do Estado. Ainda que fosse gentio, o historiador entendia bem a importância de preservar a memória dessa comunidade, outrora grande, de todos os esforços oficiais para esquecer que ela um dia existira, já que país nenhum pode recuperar sua própria saúde enquanto um crime tão terrível permanece sem ser expiado, ou, pior ainda, sem ser reconhecido.

O silêncio oficial a respeito do extermínio, durante a guerra, de uma parte tão considerável da população romena foi o resultado de diversos fatores que se reforçavam mutuamente, o primeiro dos quais, e certamente não o menor, foi o antissemitismo do Danúbio do Pensamento, o próprio *Conducator*, que, nesse aspecto, tinha os mesmos preconceitos de uma grande parcela de seu povo. Segundo Ion Pacepa, Ceaușescu sempre repetia que dois dos maiores ativos da Romênia eram os alemães e os judeus, já que ambos podiam ser sequestrados para a obtenção de moeda forte. O antissemitismo público e escancarado era inadmissível, claro, desde o Holocausto; que maior vingança contra os judeus, então, do que simplesmente esquecer que eles já tinham vivido em grande número na Romênia? Essa amnésia desumana ficava ainda mais diabólica graças à presença de um contingente ridículo de judeus restantes, assustados demais para protestar contra as perseguições atuais, cientes demais de que tudo poderia ser pior para exigir que qualquer coisa fosse melhor.

Ironia das ironias, portanto, que – como me disse o historiador – houvesse um aviso na porta do escritório do rabino-chefe da Romênia dizendo: "Não aceitamos conversões". Por que esse aviso era necessário? Porque todos os dias, antes que ele fosse postado, o escritório era tomado por romenos que se ofereciam para se converter ao judaísmo, na esperança de poder, assim, fugir da Romênia da Era da Luz para Israel, malvada e sionista e, de lá, para o Ocidente. Mais pungente ainda, eu me vi em meu hotel, jantando em frente a duas senhoras judias idosas, que moravam em Israel, mas tinham nascido na Romênia e que conversavam entre si em romeno, sua língua materna. Elas diziam ter vindo tratar seu reumatismo, como faziam todos os anos, pois havia uma cura romena fajuta envolvendo lama e injeções (disponível apenas por meio de pagamentos em moeda forte) para a doença. Porém elas vinham mesmo para poder falar besteira com um garçom – mesmo por um tempo curto – em sua própria língua, uma língua que não era para sempre estrangeira, e para gozar um pouco os prazeres da fala sem tradução.

De início, perguntei-me como alguém que tinha vivido um sofrimento, como elas deviam ter testemunhado, suportaria voltar a seu cenário; porém eu esquecia a importância da linguagem para os seres humanos, maior talvez do que a de qualquer experiência subsequente. Como eu sobreviveria à separação da língua inglesa? O inglês, claro, tem muitas terras de exílio, mas, se você é romeno, aonde pode ir para ouvir seu idioma, se não à Romênia mesma (ou à Moldávia, onde, aliás, me disseram que se fala o romeno mais puro, porque, até muito recentemente, o russo era a língua oficial, e, assim, o romeno foi poupado das distorções da *langue de bois* comunista, sendo usado apenas para as transações da vida cotidiana)? As romenas de Israel estavam tão deliciadas com o som da fala do garçom que não se importavam nem com suas lembranças, nem com a comida repulsiva que lhes era servida.

Quando voltei a Bucareste, depois de duas semanas viajando pelo país, visitei outra vez o historiador; àquela altura, ele era meu guru para todos os assuntos romenos. Sabendo de seu interesse pela história judaica, mencionei que, em Sighetu Marmației, cidade do extremo Norte, eu tinha inesperadamente encontrado um monumento em hebraico e em romeno, lembrando a deportação dos judeus, em 1944, daquela cidade para os campos de extermínio em outro lugar. Porém, em Iasi, onde 1/3 da população, antes da guerra, era judia, não encontrei nenhum memorial semelhante, nem a menor indicação, na verdade, de que Iasi um dia fora diferente do que é hoje, *Judenfrei*. Ao ver as pessoas andando normalmente em Iasi – não com muita alegria, é verdade, mas por razões diferentes da história cataclísmica da cidade –, quis pará-las e perguntar aonde tinham ido todos os judeus. Elas sabiam? Se importavam? As pessoas não podem viver só das lembranças, claro; mas podem viver inteiramente sem elas?

Eu me perguntava sobre a diferença entre Sighetu Marmației e Iasi. Supus que o memorial das atrocidades transilvânias era permissível porque a Transilvânia, à época, estava sob jurisdição húngara, e foi a polícia húngara que juntou todos os judeus de Sighetu para o extermínio; já em Iasi, o mesmo trabalho foi feito (com toda a disposição) pelos próprios romenos. Esse fato infeliz era indigerível desde o ponto de vista da historiografia romena, segundo a qual a história do país tinha sido um progresso contínuo e triunfante até o glorioso presente, todos os fenômenos negativos devendo ser atribuídos exclusivamente aos estrangeiros ou a um punhado de membros antinacionalistas da classe governante. O monumento em Sighetu não era luto pelos judeus; era propaganda anti-húngara.

Minha avaliação era essencialmente correta, disse o historiador.

O nacionalismo raivoso com que Ceaușescu tentou dar legitimidade a sua ditadura era uma camisa de força em que qualquer reflexão histórica ou política era impossível. Foi nesse ponto da nossa conversa que mencionei um curioso volume, metade em inglês, metade em francês, que encontrei numa livraria de Bucareste: *A Prioridade de Paulescu na Descoberta da Insulina*. O propósito do livro, publicado pela primeira vez em 1977, era estabelecer que a insulina não tinha sido descoberta em Toronto por Banting, Best e Macleod, como aparece em quase todos os livros, mas por Paulescu, em Bucareste, e que os canadenses tinham perversamente privado Paulescu do crédito (e, portanto, do Prêmio Nobel).

O historiador perguntou se eu já tinha ouvido falar de Popov, e ficou surpreso ao descobrir que sim. Popov foi o homem que os russos diziam ter inventado o rádio antes de Marconi. Eu já tinha ouvido falar dele porque meu pai possuía um livro enorme sobre a URSS, publicado na Rússia em 1947, que reclamava todos os grandes feitos imagináveis para a URSS e para a Rússia pré-revolucionária. O livro era creme, e as armas da URSS estavam gravadas em ouro na capa. Do lado de dentro, havia fotografias em sépia de generosas moças camponesas em trajes típicos, segurando cestas de frutos em campos ondulantes de milho, uma fileira de colheitadeiras colhendo a fartura no horizonte. O livro era organizado como um calendário religioso, cada dia do ano comemorando um acontecimento político ou o nascimento de um gênio russo. Quando criança, eu gastava muitas horas com o livro, olhando as imagens e gravando os nomes exóticos – Mendeleiev, Mussorgsky, Lunatcharski, Dzerjinsky, Jdanov – na memória. E foi nesse livro que conheci Popov.

– Paulescu é o Popov romeno – disse o historiador, rindo.

Na verdade, o livro era bastante convincente. Paulescu era um fisiologista de fama considerável, que publicara os resultados de seu trabalho sobre um extrato da glândula pancreática muitos meses antes do grupo de Toronto. Por algum motivo, ele não foi recebido pela comunidade acadêmica (Paulescu publicara em francês, mas, naquela época, o inglês ainda não tinha atingido seu predomínio completo no mundo científico). O grupo de Toronto conhecia o trabalho de Paulescu, mas o apresentava erradamente, de modo constante, em seus próprios trabalhos. Segundo o autor, eles perceberam de imediato que Paulescu já tinha descoberto o que eles também pretendiam descobrir. Assim, eles propositalmente entenderam mal sua obra, para que pudessem afirmar a prioridade na descoberta.

Comecei a ler *A Prioridade de Paulescu na Descoberta da Insulina* com uma espécie de esgar de superioridade em meu rosto. Presumi já conhecer a história da descoberta (sou formado em fisiologia), e, sem dúvida, havia mais do que um elemento de arrogância cultural em minha relutância em admitir que uma descoberta científica tão importante pudesse ter sido feita num fim de mundo dos Bálcãs. Porém a documentação no livro era decisiva, e as evasivas subsequentes dos cientistas de Toronto não eram agradáveis de ler. Entendi o sentimento de orgulho nacional ultrajado que esse comportamento perverso e impróprio inflamaria.

Mesmo assim, uma coisa deixava-me perplexo no livro: sua data de publicação. Um médico britânico aposentado tinha chamado a atenção para a reivindicação de prioridade de Paulescu, muitos anos antes, no *British Medical Journal*, e, segundo o historiador, o autor do livro lutara em vão, por muitos anos, para trazer luzes póstumas ao nome de Paulescu. O autor era, ele próprio, um fisiologista que tinha sido aluno de Paulescu, e seu sucessor na cátedra de fisiologia da Universidade de Bucareste; o livro era escrito mais com o espírito de piedade filial do que de veemência nacionalista.

Mas por que, eu me perguntava, Paulescu tinha demorado tanto a ser reconhecido até em seu país de origem? Porque Paulescu depois veio a tornar-se um intolerante católico romano, um anticomunista fascistoide que, além de trabalhos científicos, escrevia panfletos antissemitas. Foi só recentemente que se decidiu que a glória que sua descoberta científica traria para a Romênia era maior do que o risco de ter de admitir que um homem poderia ser um cientista brilhante *e* um anticomunista fanático (afinal, na visão de mundo oficial, que se declarava científica acima de tudo, qualquer pessoa que realizasse qualquer coisa de algum valor antes da revolução deveria ter sido, no mínimo dos mínimos, um comunista *avant la lettre*).

Antes da reabilitação de Paulescu, portanto, você não podia mencioná-lo, porque ele era fascista; depois de sua reabilitação, você não podia mencionar que ele era fascista, porque ele tinha sido reabilitado.

Nessas circunstâncias, perguntava o historiador, surpreendia o fato de os intelectuais deixarem a Romênia tão rápido quanto podiam? Ele tinha a sensação de que logo seria o último a sobrar. Pediu-me um favor: como eu tinha tido tanto sucesso em contrabandear livros para dentro da Romênia, será que eu me importaria em contrabandear alguns para fora? Um arqueólogo seu amigo estava indo embora para a França, mas não conseguia suportar a ideia de deixar para trás sua biblioteca dolorosamente adquirida. Era ilegal exportar livros usados da Romênia, que eram considerados tesouros nacionais mesmo que não fosse permitido lê-los. Quando ele fosse embora, não poderia levar consigo nada de sua biblioteca, a qual seria entregue ao Estado. Se cada visitante simpatizante levasse um ou dois dos volumes mais importantes para o Ocidente, a biblioteca talvez pudesse ser resgatada, ao menos em parte. Aceitei, mas fiquei alarmado ao descobrir que os livros que me foram passados estavam em grego e em russo, línguas que eu não conseguia ler. Porém, no último instante, o risco tanto para mim quanto para os livros foi considerado grande demais, e minha missão de misericórdia bibliográfica foi abortada, não sem certo alívio de minha parte.

Na primeira vez que o visitei, o historiador me deu um conselho muito valioso: eu deveria ir ao Museu Histórico Nacional, que, como a

Gália, era dividido em três partes. A parte mais importante, desde meu ponto de vista particular, como devo admitir, era aquela dedicada às "Provas do amor, da grande estima e da apreciação de que gozam o presidente N. Ceaușescu e a camarada E. Ceaușescu". O museu ficava na Calea Victoriei, a outrora rua central elegante de Bucareste, que agora ficava fechada permanentemente a todo trânsito – exceto o comboio do *Conducator*, que passava duas vezes por dia, indo à lúgubre e sinistra sede do Partido e voltando dela –, e, em cujas calçadas, as pessoas faziam fila ao meio-dia para comprar bolinhas de amido glutinoso, fritas em óleo rançoso, para almoçar. Comprei minhas entradas para o museu e fui direto para a seção das Provas de Amor.

Ela ficava em três ou quatro grandes salões, os primeiros dos quais continham, em caixas de vidro, todas as condecorações e prêmios acadêmicos concedidos ao feliz casal durante suas viagens ao exterior. Ali havia cinturões e medalhas de todos os países do mundo, incluindo – digo com vergonha – o meu próprio, que concedeu ao *Conducator* uma cavalaria honorária, retirada logo antes de ele ser fuzilado. O Instituto Real de Química elegera Elena como sócia, aparentemente sob o equívoco de que ela era alguma espécie de química (ela tinha escolhido ser conhecida na Romênia como "cientista de renome mundial", ainda que ela fosse tão química quanto Maria Antonieta era pastora). Havia cinturões berrantes da África, com direito a grandes estrelas de bronze, com zebras e elefantes gravados, medalhas da Itália e da Alemanha Ocidental e doutorados honorários do Peru e das Filipinas. Este último vinha com uma citação, que ficava no fundo de uma caixa de vidro próxima ao chão. Era tão odiosamente sicofanta que precisei copiá-la, e fiquei de joelhos para isso:

> Por sua vida de compromisso com a libertação nacional e social das forças de regimes fascistas e sem lei, compromisso que lhe valeu a honra de ter sido encarcerada por suas crenças políticas, assim, juntando-se à distinta companhia dos verdadeiros líderes de homens, que, mesmo enquanto são prisioneiros políticos, afirmavam a integridade da mente por meio de sua vontade resoluta e da força de suas ideias [...].

Foi nesse ponto da minha cópia que reparei na companhia da bota de um policial à minha esquerda. Olhei para cima e ali estava, como diriam na Nigéria, um policial inteiro. O rabugento funcionário do museu, que, de qualquer jeito, já tinha achado altamente suspeita minha entrada na seção das Provas de Amor, tinha mandado chamá-lo assim que comecei a agir daquela maneira tão peculiar. Tentei explicar ao policial que estava apenas copiando o elogio filipino a seu empregador, mas era claro que a devoção voluntária ao culto não era bem-vinda, primeiro, porque era voluntária, e qualquer ação voluntária era suspeita, dando efetivamente a entender que existia a capacidade de escolher e, portanto, a de pensar; segundo, porque era obviamente louca. Meus esforços para convencê-lo de que o que eu estava fazendo era inofensivo não adiantavam; ele insistiu para que eu parasse. Para não arriscar o confisco do que eu já tinha escrito — as únicas notas que tomei na Romênia —, obedeci. De qualquer modo, o resto da citação vinha na mesma eloquência sonorosa, e só tinha interesse por ser um indício de quão completamente errados ou cínicos os seres humanos podem ser em seus juízos.

Fui dos prêmios e condecorações para os presentes dados ao Ceauşescu em suas viagens pelo mundo. Os presentes estavam divididos geograficamente, por continente, e eu estava particularmente ansioso para ver o certificado de Nicolae, de cidadania honorária da Disneylândia, conferido a ele por Mickey Mouse. Infelizmente, era ruim a iluminação da sala, e eu mal conseguia distinguir as palavras. Na seção americana, fiquei surpreso ao descobrir que astronautas americanos tinham levado uma pequenina bandeira romena para a Lua, numa época em que Ceauşescu era considerado o "bom" comunista, e se esperava que ele provasse um cavalo de Troia no Leste Europeu.

Os presentes exibidos não valiam nada. Eram bugigangas baratas, como aquelas que os turistas levam para casa depois de duas semanas numa praia estrangeira. Havia cocos com as cascas talhadas, paisagens tropicais feitas de conchas, xícaras e pires com brasões municipais, bonequinhas em trajes típicos, máscara e escudos tribais produzidos industrialmente e pequeninas catedrais de bronze. Segundo todos os relatos, os Ceauşescu, grosseiramente avaros, guardavam para si tudo de valor que adquirissem.

Porém foi na sala final das Provas de Amor, cujas luzes precisaram ser ligadas, especialmente para mim, pelo incrédulo atendente, porque ninguém a visitara nos dias, ou talvez, nas semanas anteriores, que o *kitsch* realmente resplandecia. O mau gosto, ali, virava política de governo. A sala final das Provas de Amor continha presentes dados ao Ceaușescu pelo povo e por organizações de toda a Romênia.

Pendendo nas paredes, havia retratos do casal presidencial em óleo, mosaico, tapeçaria, batique e carpetes, todos em cores primárias proletárias. A Sra. Ceaușescu, com seu penteado de colmeia, em geral segurava um buquê de flores, enquanto o marido acenava para uma multidão de crianças que o adoravam; em diversos retratos, Ceaușescu aparecia em proporções imanentes contra o céu (na verdade, ele era baixinho, e costumava receber visitantes em seu gabinete sentado sobre uma plataforma, para garantir que os olharia de cima e não de baixo), as multidões de pessoinhas abaixo estendendo a mão para ele como se ele estivesse distribuindo chocolates celestiais. Naturalmente, havia pombas brancas por toda parte. Num retrato com tons vagamente bíblicos, o casal era emoldurado por um brilhante arco-íris, sua aliança, sem dúvida, com o povo da Romênia. Porém o melhor – ou o pior – eram os enormes vasos de porcelana com retratos pintados do *Conducator*, produzidos "em seu tempo vago" pelos operários de fábricas de porcelana. Não havia nada que remetesse mais à era stalinista; outra vez, recordei as horas da minha infância, passadas com o volume soviético, com suas gravuras coloridas dos vasos de Stalin, "os maiores do mundo", presentes ao *Vojd* de operários gratos por suas vidas fecundas, felizes, etc.

Antes de eu sair das Provas de Amor, comprei aquilo que mais se aproximava de um catálogo, que continha imagens mal impressas de um casal feliz, examinando as provas de amor e de grande estima, com a esperança e a expectativa de que logo aquilo virasse um item de colecionador.

Fui da frigideira para o fogo. Ao lado do museu, havia uma sala de exibições, em que observei um grande grupo de alunos de uma escola, todos com lenços vermelhos no pescoço, enfileirados sob as ordens da professora. Segui-os: era uma exposição dos feitos econômicos da Romênia sob o guiamento de Nicolae e de Elena Ceaușescu. Do outro lado do saguão, havia uma enorme bandeira romena vermelha, amarela e azul, com o brasão comunista na faixa amarela central. Em outra parede, havia uma enorme foto de Ceaușescu de pé, num campo de milho, um grupo de camponeses reunido em volta dele (a uma distância respeitosa), atento a cada palavra que ele, ex-sapateiro, enunciava em sua explicação sobre o plantio de cereais. Para que suas palavras não se perdessem para a posteridade, para que pudessem ser gravadas no Volume 63 de suas *Obras Completas*, havia ao lado dele um homem com um caderno, inclinado para a frente, exatamente com a dose certa de avidez e obsequiosidade para pegar as pérolas lançadas. O *Conducator* mesmo estava usando calças e paletó prateados de mohair, o meio do caminho entre um traje de safári e um figurino de Mao Tsé-Tung. Também usava um barrete achatado do mesmo material, que era uma boa resolução iconográfica para aquilo que os materialistas dialéticos, sem dúvida, diriam ser uma contradição: de um lado, a necessidade de parecer único (todos os demais no quadro tinham a cabeça descoberta, e ninguém mais usava mohair prateado) e, de outro, parecer proletário – daí o barrete achatado de trabalhador.

Quanto aos itens em exibição, eram a evidência material dos grandes saltos econômicos que a Romênia fizera – precisamente aqueles feitos pela Albânia. Exibidos em caixas de vidro, estavam telefones, garrafas de suco de maçã, eletrocardiógrafos, xícaras e pires, frascos de antibióticos, ketchup, rádios, pepinos de plástico, chocolate, cadeiras de rodas, verdadeiramente uma salgalhada dos produtos da indústria romena, que traziam à mente a exclamação de um autor soviético exasperado: "Quando pararemos de considerar uma linguiça uma proeza econômica e passaremos a vê-la apenas como algo para comer?".

As crianças ouviam uma palestra empolada de um funcionário enquanto davam a volta pela exposição (eu conseguia entender que a palestra era empolada mesmo que captasse apenas algumas frases, e também conseguia entender que o atendente não acreditava numa palavra dela, pois falava com a paixão de um gravador). Fico contente em dizer que as crianças passaram muito mais tempo olhando para mim do que para os itens expostos, e eu, também, olhei para elas. Como eram bonitas e vivas as meninas, com cabelos castanhos e olhos castanho-escuros, magras e ainda jovens demais para ter sucumbido à tendência sulista para a gordura. Não demorou muito para que o professor, reparando em sua distração, reclamasse e as levasse para longe de mim, para que pudessem concentrar-se nas glórias do *ketchup* socialista, sem precedentes no mundo.

Visitei outras duas pessoas em Bucareste: um ex-diplomata que estava escrevendo suas memórias, e um poeta, ambos vigiados, este último por escrever poemas amorosos sem qualquer conteúdo político, o que automaticamente o tornava suspeito aos olhos das autoridades. Ambos tinham assinado uma carta, protestando contra a expulsão de um escritor do Sindicato dos Escritores, o que tinha desagradado certas autoridades, mas, até então, não havia acarretado nenhuma pena mais dura do que a proibição de publicar – uma resposta branda, talvez causada pelas visitas de ocidentais.

Deixei Bucareste após alguns dias, sem itinerário claro. Àquela altura, eu tinha uma aversão tão forte ao planejamento, que me recusava a pensar adiante, mesmo em se tratando de pequenas questões pessoais.

Parti para Braşov, na fronteira da Transilvânia, via Ploieşti. Esta é uma cidade petroleira, a 50 km de Bucareste, com uma história interessante e um cheiro ruim. Uma das primeiras refinarias de óleo do mundo foi instalada ali em 1856. Em 1916, as instalações britânicas de petróleo foram destruídas por agentes britânicos para impedir que elas caíssem nas mãos dos alemães. Subsequentemente, os britânicos exigiram ser compensados, e os romenos pagaram com relutância. Em seguida, os britânicos venderam-se para os alemães antes da guerra, e bombardearam as instalações outra vez, em 1944, destruindo a cidade inteira no processo.

Ploieşti fora reconstruída no estilo típico da modernidade comunista, um bloco retangular de concreto atrás do outro, como um esquema do paraíso, desenhado por Le Corbusier, tirando o fato de que os padrões reais de construção fossem extremamente baixos. De todos os materiais de construção, o concreto é o menos atraente, o mais impossível de humanizar e, portanto, amado pelos comunistas (e pelos arquitetos britânicos). Na melhor das hipóteses, seu uso disseminado cria um deserto monótono; mas onde, como na Romênia, seu uso é acompanhado de avenidas grandes, largas, cinzentas, sem árvores, que funcionam como túneis de vento e não têm trânsito, e lojas vazias chamadas simplesmente de "Sapatos", "Alimentos", "Livros" ou "Roupas", o efeito é questionar o sentido ou o propósito mesmo da vida, induzindo um estado de apatia e desespero. Ploieşti é uma dessas cidades, com uma sulfurosa cobertura de vários tons de cinza e de malva enegrecida, suspensa acima dela.

Fiquei sem gasolina logo na saída de Ploieşti, com meu indicador de combustível marcando meio tanque. Fiquei no acostamento e esperei que alguém me levasse de volta para a cidade, de onde eu esperava telefonar à locadora de veículos em Bucareste (àquela altura, eu não sabia que o problema era falta de combustível). Um burocrata de passagem deu uma carona a mim e deixou-me no maior e mais importante hotel da cidade, do qual pude telefonar pedindo ajuda. Esperei 1h30 no saguão, um belo exemplo da modernidade romena, desalentador de tão morto. Não havia onde tomar chá ou café, tinham poucas pessoas em torno e as paredes de concreto absorviam todo som, abafando-o de um jeito quase sinistro. Pelo menos não havia *muzak*. Fiquei lendo e distraí-me algum tempo com dois trabalhadores que vieram tirar uma grande planta de plástico envasada no saguão, a qual estava difícil de passar pela porta. Aonde estavam indo eles com a planta?, perguntei-me. Será que uma visita importante estava chegando à sede do Partido em Ploieşti, que tinha de ficar mais atraente para ela? Talvez a cidade inteira só possuísse essa planta (e de plástico), que era movida de escritório em escritório conforme a necessidade. Ali, de fato, havia um tema para um romancista gogoliano...

Os homens de Bucareste chegaram enquanto eu almoçava no restaurante do hotel, uma vasta expansão de mesas sem muitos clientes e uma forte escassez de garçons. Tomei uma excelente sopa de repolho roxo com linguiça e sobras em geral, seguida de carne de proveniência incerta, cozida em algum momento do século XIX, servida com vegetais molengas como se fossem verdadeiramente britânicos. Os homens de Bucareste decidiram almoçar também, mas não se sentaram à minha mesa.

Fomos depois até meu carro abandonado, onde eles provaram, além de qualquer dúvida, que eu tinha ficado sem combustível. O indicador, disseram, tinha sido alterado pelos ladrões de minha gasolina. Eu deveria tomar muito cuidado no futuro, porque na Romênia o combustível era escasso e as pessoas estavam sempre roubando-o umas das outras. (No começo do mês, quando os donos de carros recebiam seus cupons da ração de petróleo, as filas nos postos de gasolina duravam não horas, mas dias.) Infelizmente, meu tanque de combustível não tinha tranca, por isso a advertência deles não adiantava muito; eu não podia, de fato, passar as noites montando guarda no meu tanque. Eles me trouxeram um carro novo em troca do velho, ainda que, com combustível, o velho funcionasse perfeitamente bem. Regulamentos, disseram. Como pagamento, pediram apenas cupons de combustível; consideravelmente mais do que o combustível que teriam gastado para chegar até mim e voltar a Bucareste. Suspeitei que estivessem ali por conta própria e que me roubavam ainda mais combustível. Mesmo assim, a ajuda deles não foi pouca, e dei-lhes alguns cigarros Kent também. Em outros países comunistas, preferem Marlboro.

Decidi não visitar uma das únicas atrações turísticas nas redondezas de Ploieşti, a prisão de Doftana. Foi aqui que os participantes do grande levante camponês de 1907 foram presos e torturados. Posteriormente a prisão foi usada para líderes comunistas, incluindo Gheorghiu-Dej, o líder romeno, até que morresse de câncer na garganta em 1965. Até a revolução recente, uma avenida em cada cidade do país levava seu nome. (Ceauşescu acreditava que os russos tinham causado o câncer de Gheorghiu-Dej ao irradiá-lo enquanto ainda estava em Moscou, e morria de medo de ter o mesmo destino.) Parecia que havia em Doftana uma exposição dos instrumentos de tortura usados nos comunistas, dos antigos arquivos policiais sobre eles e dos pequenos tratados de devoção marxista que eles mantinham escondidos em suas celas para restabelecer o ânimo. Se jamais houve uma refutação da falácia popular de que os perseguidos, de algum modo, são mais dedicados à justiça e à liberdade do que outros, a prisão de Doftana era essa refutação. Ali estava a prova, se é que alguma prova era necessária, de que é perfeitamente possível ser firme e corajoso, até mesmo heroico, buscando fins indesejáveis. Às vezes me pergunto se os intelectuais algum dia perceberão que o valor de uma causa não é necessariamente proporcional ao esforço que as pessoas farão para promovê-la.

A caminho de Braşov, passei por Sinaia, nas Montanhas Bucegi. Estava fresco, e o campo, magnífico, as nuvens deslizando em silêncio pelas bordas de escarpas majestosas, as encostas das montanhas verde-escuras com os abetos. Quanto à Sinaia mesma, era um assentamento meio alpino germânico com chalés de madeira e um insano *schloss* teutônico, a cidade inteira decadente por falta de qualquer incentivo comercial que a mantivesse atraente. O turismo agora era interno, e as oportunidades para os romenos ganharem ou gastarem sua moeda praticamente sem valor eram quase inexistentes. Os romenos de férias ficavam vagando sem objetivo, como se estivessem só esperando o tempo passar. Libertos, por algum tempo, de sua labuta diária, que propósito teria aquele povo? Questões irrespondíveis que transcendem a política, relacionadas ao sentido de vida, vinham à minha mente sem ser convidadas.

O campo restabeleceu-me um pouco: a cada dia, bastam seus prazeres. Porém a aproximação de Braşov trouxe o pessimismo radical de volta, inundando-me. Por um trecho que pareceu ter vários quilômetros, havia uma avenida cinza, correndo como uma caverna por despenhadeiros de concreto, prédios de apartamentos proletários de cujas janelas pendiam roupas secando como troféus de alguma guerra inglória. Não havia vida na rua, nem comércio vulgar (a falta que sentimos dele quando está ausente, as críticas que lhe fazemos quando está presente), só figuras que pareciam saídas dos quadros de Lowry andando pesadamente, provavelmente atrás de batatas, naquela paisagem inumana criada por humanos.

O centro da cidade pertencia a outra época. Era tão grande o alívio por ver arquitetura de tipo humano, prédios construídos para vários fins próprios e não para algum megaplano para reduzir a consciência humana à uniformidade absoluta e à obediência irrefletida, que imediatamente você começava a romantizar o passado, o que é sempre perigoso, especialmente no caso da Romênia. Poderia uma civilização que produzira uma cidade como essa realmente ser tão terrível? Pelo menos ela tinha *algo* a seu favor; eu teria dificuldades para encontrar o que dizer em favor da civilização romena atual.

Braşov era aquilo que, no linguajar comunista, seria chamado de "cidade herói": tumultos contra o governo irromperam ali em novembro de 1987, numa época em que tudo parecia sob controle, ao menos do ponto de vista do carrasco. Dizia-se que, graças a essa manifestação de descontentamento, a cidade estava sob vigilância, particularmente rigorosa, da *Securitate*, e os visitantes estrangeiros ali eram vigiados mais de perto do que em outros lugares. Não sei se isso se aplicava a mim; só posso dizer que a senhora no elevador do meu hotel, que naturalmente supus ser uma agente ou ao menos uma informante da *Securitate*, fez as tentativas mais desajeitadas de sedução que jamais testemunhei, tocando-me diversas vezes, entre o térreo e o segundo andar, com seu vasto busto camponês (que batia logo acima da minha cintura) e piscando para mim seus cílios artificiais, viscosos de base, de um jeito que se esperaria ver num antigo filme mudo sobre a vida de Mata Hari. Será que ela queria comprometer-me, como num romance de espionagem, ou será que os cigarros Kent que eu lhe tinha dado eram o verdadeiro objetivo de sua conduta? Após viver alguns momentos tórridos encurralado no elevador (ela tinha o físico de uma lutadora), passei a preferir as escadas de incêndio.

Em Braşov conheci outro historiador, um rapaz que lutava para sobreviver, no nível salarial mais baixo. Ele estava aproximando-se da idade em que seria multado por não ter filhos, mas preferia uma multa a trazer uma criança ao mundo em condições impossíveis. Sua jovem esposa ainda era estudante. Originalmente ela queria estudar filosofia, mas seu irmão tinha fugido para a Iugoslávia, e, dali, para os Estados Unidos, fazendo, portanto, a família inteira se tornar suspeita. Somente alunos com um impecável registro familiar de lealdade ao regime tinham permissão para entrar na faculdade de Filosofia; ela tinha de contentar-se com romeno.

O historiador falou-me das condições do pequeno instituto. Ele sabia muito bem quem era o chefe da *Securitate* no instituto — todos sabiam, porque ele tinha deixado perfeitamente claro —, mas, quanto aos colegas, era impossível dizer. Que atmosfera encantadora para se fazer pesquisas! A *Securitate* o tinha abordado duas vezes para que informasse sobre os colegas, em troca de café, de dinheiro, etc., mas ele se recusou e sequer foi ameaçado como consequência. Era bem possível, porém, que todos os demais no instituto tivessem sucumbido, de modo que os informantes advertiam sobre outros informantes, e vice-versa. A partir de certo ponto, pensei, essa mania de espionagem devia ser contraproducente, pois ninguém mais conseguiria distinguir informações verdadeiras de vagas suspeitas, graças a uma regressão infinita da paranoia. Era quase como se o modelo da *Securitate* fosse não a Tcheka ou a Gestapo, mas Feydeau e os *farceurs* franceses.

Um time de rúgbi do Zimbábue estava no meu hotel, e pude ouvir sua perplexidade com a falta de qualquer coisa para fazer na cidade à noite. Na Strada Republicii, é verdade, dava para ouvir um grupo um tanto desesperado, tocando num café, mas só o volume do som produzido fazia os ouvidos zumbirem e levava você a ir embora antes que acontecesse alguma catástrofe, na forma de tímpanos estourados. Assim, o time de rúgbi ficou em sua mesa no restaurante (mais uma cantina sem alegria, onde os estrangeiros ficavam sentados longe dos romenos) e bebeu o tipo de cerveja que produz ressaca ao mesmo tempo que embriaguez. A garçonete, porém, compensou com seu charme. Ela me disse que, se ela negociasse um pouco, podia arrumar um "frango grande" na cozinha, uma verdadeira iguaria. Esperei em suspense, tomando cerveja de uma garrafa marrom sem rótulo. O "frango grande" revelou-se pato, cozido daquele jeito extraordinário que eu achava que só os britânicos dominavam, isto é, semicozido e semiassado, sem tempero, com pele mole e servido morno. Mesmo assim, era uma mudança que valeu cada um dos cigarros Kent que dei à garçonete. Depois do jantar, andei pelas ruas sem crime de Brașov compondo tiradas contra Ceaușescu.

Segui viagem, embrenhando-me mais ainda na Transilvânia, viajando entre 80 a 160 km por dia. Passei pela Terra de Burzen, pegando as estradas secundárias menores. A paisagem ali consistia em mares de morros e em aldeias com igrejas saxãs fortificadas, dos séculos XIV e XV. Os saxões tinham sido convidados para a Transilvânia pelo rei húngaro, que receava pelo controle húngaro de um território habitado principalmente por romenos. Os saxões, trabalhadores e poupadores, logo ficaram ricos; controlavam todo o comércio, governavam as cidades e acabaram virando uma casta à parte, de modo que os meros romenos (então chamados de *vlachs*) não tinham permissão para morar dentro dos muros das cidades transilvânias. Os saxões posteriormente perderam seus privilégios, claro, mas mantiveram sua cultura; e, durante os anos fascistas, muitos serviram como voluntários nas SS, e é por isso que, talvez, o mundo não tenha ficado exatamente indignado com a política de Ceaușescu de vendê-los para a liberdade mediante o pagamento de um resgate de 8 mil marcos pelo governo da Alemanha Ocidental.

Numa das estradas menores que apontavam para o Leste, dei carona a um homem, obviamente um trabalhador braçal, a julgar pela aspereza e pelo cinza profundamente entranho de suas mãos. Ele estava vestido com roupas do dia a dia, de sarja, e usava um verdadeiro barrete de trabalhador, cor macacão azul. Ficou fascinado por meu excelente mapa das estradas da Romênia, olhando-o com grande intensidade. Em seguida apontou para a Iugoslávia. A Romênia, dizia ele, não prestava; não havia nada para comer. Ele deu a entender que pretendia ir para a Iugoslávia, e usou mímica para indicar que cruzaria o Danúbio a nado. Deixei-o numa encruzilhada e desejei-lhe sorte. Ao cair da noite, ele estaria livre ou morto. Porém e sua família?, perguntei-me enquanto o observava desaparecer em meu retrovisor.

Cheguei a Sighișoara, talvez a mais perfeita das cidades transilvânias. Na arquitetura, ela é germânica, ainda que não mais seja em sua atmosfera. O olho é atraído para os baluartes da cidadela na colina, onde a cidade antiga fora construída, e, em particular, para a magnífica torre do relógio, com seu teto de tijolos em padrão e um relógio que projeta uma figura medieval diferente a cada dia da semana para marcar a passagem das horas. À sombra da torre ficava a casinha na qual, em 1431, Drácula nasceu. Hoje é um pequeno bar e restaurante. Surpreendentemente, havia peixe no cardápio (mas nada além disso), e, enquanto eu comia, uma frase que pensei que um dia usaria em jantares ficou soando na minha mente como um disco com uma agulha presa: comi peixe frito onde Drácula nasceu.

As ruas de paralelepípedos da cidade antiga, com suas belas casas em tons pastel, lembraram-me de Tallinn, na Estônia, outro assentamento alemão transplantado. Ali, claro, Hitler destruíra de uma vez por todas a comunidade alemã; certamente os assentamentos saxões romenos não sobreviveriam muito às misérias de Ceaușescu combinadas com as atrações da República Federal.

Bem no topo da colina, ficava a *Bergkirche*, à qual se chegava por uma escada de madeira coberta. Em volta da simples igreja luterana de paredes brancas, que estava fechada, ficava o cemitério alemão de madeira, coberto de ervas daninhas e de trepadeiras, as grandiosas lápides perpetuamente celebrando a memória das pessoas agora inteiramente esquecidas. Esses túmulos eram feitos de mármore e de granito, e talhados com precisão germânica, e fiquei surpreso ao ver que até os túmulos dos anos recentes mantinham essa tradição. Os túmulos do cemitério alemão eram os únicos objetos modernos que vi na Romênia, produzidos segundo os mais altos padrões.

Saindo de Sighişoara e indo a Tirgu Mures, dei uma carona a um jovem operário. Ele falava bastante inglês, e perdeu pouco tempo descrevendo a dureza da vida sob Ceauşescu. Quando chegamos a Tirgu Mures, tomamos um gole do rascante conhaque romeno no bar do meu hotel, e, em seguida, fomos explorar a cidade. Meu companheiro primeiro me levou ao supermercado, para que eu tivesse, eu mesmo, o prazer de fazer compras durante a Época de Ouro da Romênia. O que quer que estivesse à venda não era desejado; o que quer que eu desejasse não estava à venda. Todos os bens tinham a qualidade que se associa a prêmios conquistados em feirinhas, grosseiramente desenhados e manufaturados. Ainda que meu companheiro fosse jovem o bastante para ter vivido a vida inteira naquela atmosfera de feiura, e nunca tivesse conhecido nada diferente por meio de viagens ao exterior, ele não a aceitava. Ele erguia os objetos para que eu os examinasse, a fim de apreciar melhor como eram vagabundos. Ele não tinha dúvidas de que a beleza nas pequenas coisas aumentava a qualidade da vida: quando olhou meu mapa rodoviário (produzido na Alemanha Ocidental), que prazer ele sentiu com a beleza da impressão, com que respeito o manuseou!

O supermercado era grande e aborrecido, ocupando três largos andares de uma construção de concreto sem ornamentos. Os bens expostos, caso fossem reunidos, confortavelmente caberiam em meio andar, ou menos. Uma estante atrás da outra estava vazia, uma prateleira atrás da outra. A loja inteira parecia uma promessa vaga, inespecífica, de que um dia, no futuro não muito distante, todo aquele espaço seria necessário para uma abundância de bens com os quais até então ninguém sonhara. Ninguém levava a sério essa promessa, claro, enquanto arrastava os pés pela loja atrás de alguma coisa que não tivesse ficado à venda por três anos.

Do supermercado, fomos até uma livraria ali perto. Expostas na vitrine estavam exclusivamente as obras de Nicolae Ceauşescu e de sua esposa, a Doutora Elena Ceauşescu, *acadêmica e cientista de renome mundial*. Em destaque havia um grande volume dedicado à espectroscopia de fármacos anti-hipertensivos betabloqueadores (assunto caro aos corações do povo de Tirgu Mures), supostamente editado por *la* Ceauşescu. Por que ela tinha escolhido fingir ser química e não, digamos, microbióloga ou física matemática é algo envolto em mistério; porém o fingimento valeu-lhe a direção de toda a pesquisa científica romena.

Dentro da loja, as obras do casal presidencial ocupavam o espaço que, em nossas livrarias, era dedicado a terapias alternativas, políticas radicais, desenvolvimento pessoal e ocultismo, combinados. Comprei um livro em inglês do irmão de Ceauşescu, o general Ilie Ceauşescu (PhD), a respeito da disputa com a Hungria sobre qual população, a húngara ou a romena, tinha chegado primeiro à Transilvânia. Por coincidência, a maior parte dos historiadores húngaros tinha descoberto que os magiares chegaram primeiro, ao passo que a maior parte dos historiadores romenos tinha chegado à conclusão contrária, afirmando que os habitantes romenos atuais da Transilvânia (a maioria) podem rastrear sua origem até tempos pré-romanos. Essa última afirmativa se tornara um dogma histórico inquestionável na Romênia (onde havia museus de *dois milênios de ocupação contínua*), e tudo o que se escrevia sobre o assunto se tinha tornado apologético, água no moinho da antiga inimizade, e, supostamente, útil para dar uma legitimidade nacionalista espúria ao regime do *Conducator*.

Dei uma última olhada na vitrine e ri.

— Você ri — disse meu companheiro — mas nós não rimos.

Ele me mostrou o Palácio da Cultura de Tirgu Mures, um edifício impressionante e elaborado, construído logo antes da Primeira Guerra Mundial, quando os húngaros dominavam a Transilvânia. Escuro e gótico, dava para sentir que seu estilo não era governado só pela preferência estética, mas pelo imperativo de estabelecer uma arquitetura nacional distintiva, que de algum modo justificasse o domínio político da maioria numérica. Mesmo assim, esteticamente, ele não era um fracasso.

Jantamos num restaurante fin de siècle, com espelhos e querubins de gesso, cuja atmosfera tinha sido completamente alterada pela reviravolta na posição social de clientes e garçons, e pela presença de flores de plástico empoeiradas em vasos modelados. Ali eram os garçons que mandavam, e os clientes é que tinham de obedecer e humilhar-se para conseguir gorjetas. Afinal, num país em que a comida é racionada, o garçom tem o poder de um prefeito (e come melhor). É o garçom que determina quem vai entrar em seu estabelecimento, quanto tempo os clientes devem esperar por uma mesa e se vão comer uma fatia de pepino; é o todo-poderoso garçom que decide se há ou não há vinho disponível. Triste daquele que o ofender, ou que lhe responder.

Conseguimos uma mesa, usando o argumento de sempre: eu era um distinto estrangeiro, e seria inospitaleiro recusar-me. Assim, comemos com tanto luxo quanto se podia ter em Tirgu Mures, todas as autoridades da cidade e alguns policiais comendo precisamente a mesma refeição. Uma banda começou a tocar, muito alto e não muito bem, e os casais, roliços, após uma vida inteira consumindo amido, começaram a dançar. Era como a cena de um filme de algum aclamado diretor do Leste Europeu, e, apesar de a cena parecer suficientemente colorida, na verdade ela era em preto e branco. Precisamente às 21h30, a banda parou de tocar e todos foram embora. Meu companheiro insistiu em pagar a conta, ainda que, para mim, ela não custasse nada, e, para ele, fosse uma fortuna. Porém eu não podia recusar seu gesto de amizade. Àquela altura eu já tinha bebido vinho demais, e, levemente inebriado, cambaleei até meu hotel de concreto. As ruas estavam desertas como se houvesse toque de recolher.

No próximo restaurante em que comi, na cidade de Cluj, renomeada Cluj-Napoca, por Ceauşescu, em 1978, e conhecida, na época em que era a capital regional da Transilvânia húngara, como Kolozsvár, sentei à mesma mesa que três jovens romenos que, de início, estavam bem desconfiados de mim. Era domingo, hora do almoço, e eu tinha a impressão de que todo o beau monde da cidade estava presente. De qualquer modo, o restaurante estava cheio, muitas mulheres vestidas com elegância, e todos que fumavam faziam questão de ostentar seu maço de cigarros Kent sobre a mesa. O garçom era agradável, e parecia fazer o que podia para acomodar todos; nas circunstâncias romenas, uma conduta não apenas agradável, mas definitivamente heroica.

Os três romenos em minha mesa eram um jovem casal e um amigo ligeiramente mais velho. Começamos a falar quando a moça, que era muito bonita, tirou da bolsa um exemplar antigo de *Art and Artists*, uma revista inglesa para pintores e escultores. Eles começaram a distinguir, com óbvia intensidade, os anúncios de materiais para artistas, e eu os interrompi perguntando se falavam inglês. O gelo foi quebrado: eles me deram uma taça de vinho, e logo éramos amigos.

A moça era estudante de arte, e seu marido, engenheiro. O amigo era professor de matemática. Não era possível conversar naquele ambiente, e, assim, juntando coragem, eles me convidaram para seu apartamento.

Ele ficava num prédio *fin de siècle* outrora grandioso, cujo saguão de entrada era escuro, úmido e fedia a lixo apodrecido. As paredes estavam cinza de mofo e tinham outras manchas. Precisávamos ir rápido, por temor de sermos vistos pelos vizinhos. Na Romênia de Ceaușescu, espionar os outros e ser informante não era trabalho de poucos, era o dever de todos. Não reportar a chegada de um estrangeiro suspeito às autoridades teria sido um crime. Dirigimo-nos, portanto, para o apartamento tão rápido e tão silenciosamente quanto possível.

O apartamento em si era agradável, a pequena cozinha era confortável e surpreendentemente bem equipada. Os dois outros cômodos, o quarto e a sala, eram bastante despojados, mas de bom tamanho (o prédio obviamente tinha abrigado a burguesia) e contavam com magníficos aquecedores antigos de cerâmica, hoje convertidos para gás, cuja pressão, claro, era deveras insuficiente para aquecer os cômodos no inverno. Porém, como um todo, o apartamento era muito, muito melhor do que muitos que eu já tinha visto na Inglaterra, onde milhões vivem em condições consideravelmente lúgubres.

Em vez de filhos, meus amigos romenos tinham um cachorrinho, pequeno e fofinho, chamado Charlie, que, durante a minha visita, comeu o único tomate dos donos. Quando Charlie precisou ser levado para um passeio, não pude ir com eles, pois teria sido perigoso para meus anfitriões serem vistos em público em minha companhia. Durante minha visita, uma vizinha bateu à porta, e senti a tensão aumentar. Ela me tinha visto chegar? Estava perguntando quem eu era? Não, ela só queria um pouco de açúcar, que estava realmente em falta naqueles dias. O alívio quando a porta da frente se fechou depois que ela se retirou foi grande, e pudemos retomar nossa conversa.

Naquelas condições de medo e circunspecção, com que rapidez se formavam os laços da amizade! Como estrangeiro, eles sabiam que eu não teria associação alguma com a *Securitate*, e assim podiam falar comigo sem reservas. Eles ansiavam por cultura, o tipo de cultura de verdade, que não podia ser decretado pelo Estado para os fins do Estado, mas que era o produto de pessoas livres, tentando dar sentido a suas vidas. Era muito comovente que eles associassem esse tipo de cultura com a Europa Ocidental, e fiquei com vergonha do uso (ou da falta de uso) que muitos de nossos cidadãos faziam de sua liberdade e de sua não infrequente depreciação dessa mesma liberdade. Parece que só se aprecia aquilo que não se tem.

Surgiu uma discussão entre o engenheiro e o professor de matemática sobre a questão húngara. Este afirmava que os húngaros não tinham sido maltratados pelo regime, que tinham espaços para sua cultura, etc. (Como observou um amigo meu certa vez, no comunismo, todas as minorias dançam.) O engenheiro calmamente discordou; ele observou que a Universidade de Língua Húngara de Cluj tinha sido fechada em 1959, que as pessoas com nomes húngaros enfrentavam várias desvantagens, que havia cada vez menos ensino em magiar, e que os húngaros continuavam a deixar o país em grandes números para ir à Hungria. O professor respondeu com as injustiças históricas infligidas aos romenos pelos húngaros, que eram, claro, irrelevantes para a discussão, exceto psicologicamente. Enquanto ele falava, cada vez mais agitado à medida que o amigo respondia, com o que para mim soava racional, julguei detectar a terrível ressurreição do chauvinismo balcânico. Fiquei contente quando mudamos de assunto.

Falamos de sua humilhação pelo sistema comunista. Até o trabalho do engenheiro era humilhante. Não porque ele fosse forçado a trabalhar tão duro, mas porque ele tinha tão pouco trabalho para fazer. Se ele o fazia ou não, não tinha a menor diferença para nada nem para ninguém. Usando métodos obsoletos, superados em outros lugares, ele fazia alguns cálculos matemáticos todos os dias, mas a maior parte de seu tempo no trabalho era, se não livre, ao menos vaga. Assim, jovem e capaz como era, já era uma espécie de aposentado do Estado, afundado no lamaçal da mediocridade; ele nunca sentiria o respeito por si que resulta de fazer bem um trabalho relevante, e, se fosse pedir esse trabalho, seria altamente suspeito aos olhos das autoridades.

Pior ainda, claro, era o abismo na personalidade de todos entre sua persona pública e a particular. Para ser honesto na Romênia, era preciso ser herói; fora isso, afirmava-se em público aquilo em que não se acreditava, e acreditava-se no que não se afirmava. Todos se sabiam hipócritas, e sabiam que todos os demais eram hipócritas também. Cada qual vivia na sordidez interior.

Depois do jantar – carne grelhada, batatas fritas e rum cubano –, o engenheiro precisou pegar o trem noturno para Bucareste. Levei-o à estação, e no caminho ele me pediu para mandar-lhes cartões-postais de outros lugares do mundo, onde quer que eu estivesse, só para lembrá-los de que existia outra vida, e para fazê-los sentir-se um pouco menos isolados. Quando nos despedimos na estação, ele disse algo de que me senti indigno:

– Você nos fez sentirmo-nos livres por um dia.

Suas palavras, desde então, me passaram pela cabeça muitas vezes, com aquelas do meu companheiro em Tirgu Mures: "Você ri, mas nós não rimos".

Por trás da simplicidade dessas palavras, há uma profundidade de sofrimento que nunca deve ser esquecida, que precisa ser sempre lembrada, e espero que este livro seja uma pequena contribuição para isso.

Após quase duas semanas, eu agora me aproximava do fim do meu tempo na Romênia, e dirigi em direção ao Norte, afastando-me de Cluj e indo para a terra remota, chamada Maramureş. O mar de morros tinha bosques verdejantes e matas agradáveis de árvores decíduas. As fazendas não tinham sido tão extensivamente coletivizadas em Maramureş quanto em outros lugares da Romênia, e isso era evidente. Por toda parte no campo, viam-se grandes campos, mal demarcados dos campos vizinhos, arados sem cuidado, ou cobertos de ervas daninhas. Em alguns deles, viam-se vastos contingentes de pessoas, que outrora eram camponeses e agora, servos agrícolas do Estado, pegando batatas no campo com as mãos, como que posando para um pintor figurativo pré-revolucionário com consciência social.

Por toda parte se notava a colheita empilhada nos campos, mas o armazenamento e o transporte eram inadequados, e metade do que era produzido certamente teria apodrecido ali. (Essa é uma das razões por que as cifras para a produção podem aumentar sem parar em países como a Romênia, mesmo que nada nunca chegue às lojas.) Apareciam carroças assim que se deixava a cidade, ecologicamente boas, mas, sem dúvida, insuficientes em números para compensar a falta de mecanização. Não havia muitas cidades sistematizadas, mas algumas continham um trechinho no qual prédios uniformes de apartamentos – com o mesmo desenho no país inteiro – tinham sido construídos, num prenúncio do sonho de Ceauşescu de uma nação vivendo em celas grampeadas, com pouca luz, frias, sem água, e mesmo assim úmidas, em total dependência do Estado para tudo o que consumiam.

Maramureş era diferente. Os campos eram cuidados, tinham sebes e cercas apropriadas, e as aldeias estavam lindamente preservadas, cada casa de madeira com um portão esplendidamente talhado e decorações pintadas em cores vivas de estrelas e de flores que, de algum modo, comunicavam o profundo amor dos aldeões por seu mundo e pelo que ele continha. (Fiquei surpreso que uma perspectiva tão completamente subversiva, como a de Maramureş, tivesse permissão de sobreviver; talvez Maramureş fosse remota demais, insignificante demais para ser motivo de preocupação.) Saindo da estrada principal, algumas aldeias tinham as mais belas igrejas de madeira, com 250 anos, e campanários de mais de 50 m de altura. A mais encantadora de todas ficava na aldeia de Şurdeşti, coberta de ripas de carvalho, cujo escuro interior foi aberto para mim por um homem que morava na casa pintada ao lado. Como era difícil, no jardim da igreja, aninhado num pequeno vale entre delicadas colinas, com um riacho próximo e árvores antigas em volta, não cair na ilusão de que ali era uma arcádia, uma ilusão ainda mais poderosa por causa da sordidez da vida nos outros lugares do país. Ser deixado em paz é todo o segredo da felicidade numa ditadura.

Na aldeia de Sapinta fica o famoso *Cimitrul Vesel*, ou Cemitério Feliz, onde um entalhador camponês, Stan Ion Pătraş, começou seu trabalho antes da guerra, talhando lápides de madeira com uma cena pintada da vida do falecido, acompanhada de uma troca, não necessariamente lisonjeira, à sua memória: A avareza – "Aquele que buscava dinheiro para juntar não pôde escapar da morte, ai!" – e a violência – "Griga, que sejas perdoado, mesmo que me tenhas esfaqueado" – não eram silenciadas, mas os camponeses que tinham fugido da aldeia para o mundo lá fora e se tornado burocratas ou agrônomos também eram celebrados, retratados nos uniformes de seu sucesso, no primeiro caso, um terno e um empadão de porco, e um jaleco clínico (com vacas ao fundo), no segundo. Apesar de o cemitério ter permissão para existir, e de sua tradição ser até incentivada – Stan Ion Pătraş morrera, mas seus seguidores continuavam –, seria difícil conceber algo mais antitético à visão de mundo de Nicolae Dracul (*dracul* é o termo para demônio em romeno) do que aquele cemitério que comemorava a irredutível individualidade dos homens.

Dirigi pelo lado nordeste da Romênia, passando pela garganta de Prislop, e entrei na Moldávia, dando, no caminho, uma carona para um estudante de geologia que voltava de um curso em campo nas montanhas. Sua mãe era a segunda no comando do partido num *judentul*, o equivalente administrativo de um condado, mas isso não significava que o estudante apoiasse o regime; era exatamente o contrário. Ele falava com desprezo fulminante – em inglês fraturado – sobre a burocracia, o Partido, a ideologia, a liderança e seus privilégios. Porém ele falava com ternura da mãe, que, segundo ele, era uma pessoa maravilhosa, apesar de seu serviço (acima do que a necessidade obrigava, certamente) aos males que ele tinha acabado de denunciar. Como essa tirania fazia nascer estados de espírito peculiares, que proezas dissociativas de armazenamento em divisões separadas da mente ela exigia!

Paramos para um almoço tardio num restaurante de beira de estrada famoso por sua linguiça, não disponível para todos, mas meu companheiro sabia como seduzir a gerência para obtê-la (mencionar a mãe ajudava). Achei a linguiça distintamente banal, mas o estudante de geologia, que era largo e musculoso, consumiu-a com gosto, colocando-a para dentro, com uma garrafa inteira de vinho tinto, em cerca de dez minutos, sem efeito aparente.

Seguimos nosso caminho, e ele me perguntou se eu gostaria de conhecer um amigo dele, o ginecologista de uma pequena cidade a caminho de Iasi. Claro, falei; os ginecologistas estavam na linha de frente do ataque de Ceaușescu ao povo.

Chegamos à cidade quando já estava escuro. O ginecologista morava num apartamento comum, lotado de mobília e de ornamentos baratos. Sua esposa estava doente no quarto, mas ele, mesmo assim, nos recebeu bem, depois de tirar o telefone da sala de estar. Com alguma cerimônia, ele colocou uma garrafa cheia de Scotch (pagamento por uma cirurgia) na mesa, e começamos a beber. Eu esperava que ele fosse ficar indiscreto quanto ao trabalho, mas seu silêncio sobre o assunto chamava a atenção – especialmente considerando que eu também era médico –, tirando o fato de ele ter dito que fazia por seus pacientes o melhor que podia nessas circunstâncias. Mais do que isso, ele não diria. Se era verdade que os ginecologistas examinavam as mulheres todo mês a pedido do Estado para garantir que elas não estavam usando meios artificiais de impedir a concepção, para que houvesse 25 milhões de romenos quando Ceaușescu completasse 75 anos, e 30 milhões no ano 2000, não era algo que eles confessariam de imediato a um estrangeiro, na primeira vez que o encontravam. Quando minhas perguntas foram postas de lado, não insisti.

Terminamos a garrafa de Scotch e aí a bebida forte apareceu: álcool absoluto com algumas framboesas selvagens jogadas ali dentro para dar cor, e, para quem bebesse com o paladar da fé, um certo sabor. Àquela altura, a conversa tinha degenerado para afirmações, com língua enrolada, de amizade eterna, e eu achei mais sábio verter minha porção do álcool de framboesa nos vasos de plantas, que eu esperava que não sofressem indevidamente como consequência. O estudante de geologia logo estava realmente deveras bêbado, e, quando tentou levantar, parecia que havia uma mão grande, mas invisível, empurrando-o de volta para a cadeira.

O ginecologista ligou para o hotel local para pedir duas camas para nós, já que não tínhamos condição de seguir viagem. Aquela cidade não era exatamente turística, e ele tentou soar como quem não dissesse nada de mais ao mencionar que uma das camas era para um médico inglês.

Cerca de 1 hora depois, o hotel telefonou de volta para perguntar onde estávamos. Eles estavam cansados de esperar, e disseram que logo trancariam a porta de frente.

O estudante foi erguido com dificuldade, o ginecologista e eu servindo de andaimes. Cambaleamos escada abaixo, até a rua, e várias centenas de metros até o hotel. O ginecologista desejou boa-noite a nós e disse que nos encontraria para tomar café. Tinha ficado claro que não eram apenas os funcionários do hotel que esperaram por nós. Dois homens com cara de fuinha estavam sentados no saguão: agentes da *Securitate*. Entreguei-lhes meu passaporte da melhor maneira de idiota amigável possível, como se não tivesse a menor ideia de quem eles eram ou do motivo pelo qual se interessaram por mim. Eles olharam meu passaporte como se esperassem encontrar nele fotos pornográficas. Anotaram seu número e em seguida voltaram-se para o estudante, pedindo seus documentos de identidade. Fizeram algumas perguntas, mas ele estava tão bêbado que jogou fora a cautela e lhes disse o que pensava deles, sem deixar qualquer dúvida, e quase cuspiu neles enquanto balançava à sua frente. (Talvez a importância de sua mãe no Partido lhe desse tanta força quanto o álcool.) Naquele momento, porém, sua provocação não trouxe consequência alguma.

O recepcionista pediu nosso dinheiro. O estudante teve de pagar 18 *lei*; eu, 512 *lei*.

Uma vez em seu quarto, meu companheiro socou as paredes, não de leve, mas com toda a sua força, que era considerável, fazendo o gesso descamar e as falanges dos dedos sangrarem. Àquela altura, ele estava bêbado demais para falar, e eu não conseguia determinar se os socos representavam uma demonstração de bravura ou a percepção do que ele tinha feito ao ofender a *Securitate*.

Na manhã seguinte, ele parecia muito mais revigorado do que eu me sentia. A garrafa de vinho e a de destilado que ele tinha bebido não o deixaram com qualquer efeito negativo.

Continuamos nossa viagem. Na cidade seguinte, tentei comprar gasolina, mas a mulher no posto disse que tinha acabado. Por acaso, o estudante viu o carro da mãe estacionado do lado de fora da sede do Partido, e disse que pediria sua ajuda. Ele correu até a sede, e, após alguns minutos, apareceu com a mãe, bem vestida, à moda comunista, com um paletó verde e creme de maior durabilidade do que elegância, e um penteado de colmeia. Apertamos as mãos, e o filho explicou que ela tinha mandado, por telefone, que o posto liberasse trinta litros de combustível para mim. Voltamos ao posto; com aparência desolada e derrotada, a frentista abasteceu trinta litros, como ordenado, pelos quais paguei em *lei*, assim reduzindo o custo para mim em 80%.

Então, era assim que funcionava a dialética na Romênia. Tese: não há combustível. Antítese: ordem do Partido para abastecer. Síntese: trinta litros.

Tive remorsos por aceitar a bondade do Partido, claro, como se, ao fazê-lo, eu estivesse degradando-me. Era assim que o Partido produzia uma psicologia de cumplicidade: dando favores para fugir da multidão de frustrações que ele próprio criava. À primeira sugestão de uma inconveniência, eu tinha cedido e aceitado um desses favores. Como, então, eu poderia culpar as pessoas que tinham passado por uma vida inteira dessas inconveniências (e coisas incomparavelmente piores do que inconveniências) por não protestar, por sua aparente aquiescência no monstruoso sistema de privilégios cujos pilares eram o monopólio, a ineficiência incompetente e a corrupção?

No aeroporto de Bucareste, meu nome foi inserido num computador e pediram-me para ficar ao lado. A polícia pegou meu passaporte, e minha bagagem foi vasculhada uma segunda vez. Apesar de eu ter sido tratado com polidez, eles me olhavam com olhos furiosos.

Esperei meia hora até receber de volta meu passaporte. Longe de estar nervoso, eu estava eufórico, apesar de permanecer calmo. Ter sido considerado suspeito de algum crime contra o Estado pela *Securitate* foi o mais alto, o único elogio que ela me podia ter feito.

4. Vietnã

Ao entrar na Tailândia, você precisa declarar "instrumentos monetários" acima de 10 mil dólares; ao entrar no Vietnã, você precisa declarar suas camisetas. As pessoas "na ação de enganar" neste último caso serão, segundo formulário aduaneiro encabeçado por *Liberdade, Independência, e Felicidade*, o lema nacional, punidas como prescrito pelas leis da República Socialista do Vietnã, que sem dúvida têm severidade exemplar.

Que tipo de economia poderia ser gravemente prejudicada por camisetas não declaradas? Cheguei ao Vietnã em dezembro de 1989, treze anos depois de os comunistas entrarem em Saigon, com Ingo, um amigo que fora refugiado da Alemanha Oriental quando Ulbricht estava em Berlim e tudo estava certo com o mundo. Ele reconheceu imediatamente aquela mentalidade.

Na verdade, as coisas estavam mudando rápido no Vietnã, na opinião de um empresário australiano que conhecemos enquanto aguardávamos nossa bagagem (quanto menos movimento há num aeroporto, mais tempo demora para a bagagem vir). Ele disse que aquela besteirada sobre as camisetas era uma ressaca do *ancien régime*. Todo mês, não, toda semana, havia reformas e melhoras. Por exemplo, quando ele – o empresário australiano – tinha deixado Saigon apenas quinze dias antes, não havia esteira de bagagens no aeroporto, carência que tinha sido sanada em sua ausência. Agora você só esperava uma hora para pegar as bagagens, em vez de três horas.. Também não havia alto-falantes para falar com o público quando ele partira; agora estes estavam bem na nossa cara. Faça-se a música de fundo, disse um comissário; e fez-se a música de fundo.

Parece que o progresso, bem como a liberdade, é indivisível.

Desde um ponto de vista puramente egoísta, não achei o otimismo do australiano exatamente agradável. Não era o fato de o projeto comercial em que ele estava empenhado me parecer estranho, até bizarro (ele planejava atracar um hotel de luxo flutuante, com diárias de US$ 200, no Rio Saigon); na verdade, era que eu estava escrevendo um livro sobre países na pior, e as melhorias dificultavam meu trabalho.

Dirigimos até o centro de Saigon (ninguém chama a cidade por seu novo nome, Cidade de Ho Chi Minh). Imediatamente fiquei impressionado com a completa diferença de atmosfera entre Saigon de um lado, e, de outro, Tirana, Pyongyang e Bucareste, ainda vivas em minha lembrança. Não apenas havia pouco em termos de iconografia política a ver em Saigon, e esse pouco estava tão desbotado pelo tempo e pelas intempéries, que já tinha sido alçado ao status de relíquia, como havia vida nas ruas, lojas, pequenos cafés, quiosques, grupos de discussão e – devo dizer – mendigos. Bicicletas, motos e alguns carros abriam caminho anarquicamente pelas avenidas arborizadas (mais de um vietnamita chamou a atenção para o legado francês de árvores nas cidades do Vietnã), sinos tilintando e buzinas. Tudo era fuleiro e gasto, praticamente dava para sentir cheiro de mofo por toda parte, mas o povo estava vivo, não em estado de zumbi.

Assim que você dá sua primeira caminhada no Vietnã, você se dá conta de uma certa grosseria, não nas pessoas à sua volta, mas em você mesmo. Não sou gordo, nem particularmente alto, mas eu tinha a impressão de que meus movimentos eram desajeitados e abrutalhados em comparação com os dos vietnamitas, que pareciam realizar até as tarefas mais comuns com graça e flexibilidade. Essa impressão foi tão fortemente reforçada em nossa primeira noite em Saigon, em que fomos levados, um tanto contra a minha vontade, para uma performance de canto e dança "folclóricos". Nos países comunistas, essas performances acontecem nas cavernas de hotéis internacionais, onde os cidadãos comuns não podem adentrar, e são tão autenticamente tradicionais quanto os filmes de John Wayne são autenticamente históricos. Assim foi nessa ocasião, com rapazes vietnamitas em roupas tradicionais tocando seus instrumentos eletrônicos tradicionais, ao som dos quais camponesas cheias de maquiagem dançavam danças camponesas sob holofotes coloridos. Tirando Ingo e eu, a plateia era russa, para a qual esses entretenimentos sem dúvida eram bastante familiares.

Quando o canto e a dança acabaram, um dos russos foi ao palco fazer um discurso. Ninguém o forçou a isso; herdeiro de setenta anos de falsidades e de evasivas oficiais, ele falava *langue de bois* fluente, conseguindo desconsiderar por completo a ausência de vietnamitas na plateia, enquanto exaltava as virtudes da solidariedade e da amizade internacionais. Sua aparição entre os esbeltos artistas vietnamitas, porém, era nada menos do que grotesca. Ele tinha cabelo ruivo e crespo, e um rosto branco como argamassa, do qual o suor jorrava copiosamente, apesar do ar-condicionado; dizer que seus traços eram mal talhados equivaleria a denegrir injustamente as pedras. Acima de tudo, ele tinha aquela perpétua falta de fôlego causada pela espessura larga, que também o fazia andar bamboleando.

— Batata demais — disse-me depois um vietnamita, explicando a paquidérmica ausência de graciosidade dos assessores técnicos russos por quem ele tinha acabado de passar.

— Vodca demais também — acrescentei, rindo, ainda que eu tivesse o incômodo de perceber que, a seus olhos, eu era só um pouco menos grotesco.

Ficamos no Hotel Palace, que tinha sido renomeado em vietnamita como Hotel da Amizade, nome pelo qual ninguém o conhecia. Ele tinha sido construído na década de 1960, uma época talvez não memorável da história da arquitetura. Porém o hotel não era de todo desprovido de atmosfera, graças à história e às intrigas que deve ter testemunhado, bem como à leve decadência que sofrera. De sua cobertura no 14º andar, havia uma vista esplêndida de Saigon; fiquei surpreso por ver que a cidade não ia além da outra margem do rio marrom de lama, a não mais de 400 m de distância, da qual campos verdejantes de arroz se estendiam ao horizonte distante. Na outra direção, espiralava um caos de construções com teto de lata, um arranha-céu aqui e ali, edifícios menores de concreto com manchas escuras, palmeiras, galpões, fábricas e até uma ou outra flecha de igreja. Não havia como dizer que o cenário era bonito, mas, ao menos para mim, ele tinha lá seu charme. À noite, as luzes tênues da cidade bruxuleavam fraquinhas, testemunhando a situação econômica; mas, ao longo da curva do rio, os navios estavam fortemente iluminados por suas próprias luzes, e pela noite inteira dava para ouvir o ritmo metálico dos consertos dos navios.

Reparamos num refinamento pequeno e curioso do Hotel Palace (ou da Amizade), que durava desde a época americana: toda manhã, tarde e noite, sem falhar, os tapetes do elevador eram trocados. Estavam puídos e sujos desde a "libertação", mas as palavras "Bom Dia", "Boa Tarde", e "Boa Noite" ainda podiam ser lidas neles. Esta última em particular evocava, em minha mente, as imagens de americanos tranquilos, limpos e asseados, deixando o hotel após um dia duro de atividade política clandestina para uma noite naquela cidade de má fama.

Perto do hotel, havia um sebo de livros. O estoque consistia em livros deixados pelos americanos que foram embora, como algumas gramáticas de inglês e cassetes de idiomas. Um destes estava tocando num gravador, bem alto, para o benefício de todos. Duas vozes professorais enunciavam suas palavras com a precisão articulada e pedante dos locutores da BBC de três décadas atrás. Ali estava um mundo em que até os garçons eram das classes superiores; porém deve-se admitir que a mensagem dificilmente seria mais apropriada para um país comunista:

Cliente: — Eu gostaria de um sorvete de chocolate.
Garçom: — Lamento, senhor. Não temos mais chocolate.
Cliente: — Nesse caso, eu gostaria de um de morango.
Garçom: — Lamento muito, senhor. Também não temos de morango.
Cliente: — Então tem de quê?
Garçom: — Receio que de nada, senhor.

Quanto aos livros, eles tinham sofrido no clima úmido. As capas tinham enrolado e as páginas, amarelado, havia mofo no material, de modo que um odor acre subia e se fixava na garganta quando suas páginas eram viradas. Os livros eram naturalmente classificáveis em três ou quatro categorias, nas quais o dono ou gerente os tinha surpreendentemente (e cuidadosamente) separado. Havia romances, em papel-jornal, de sexo e aventura, com os quais os soldados sem dúvida tentaram matar o tédio de 99% de seu período em serviço, que não era terror absoluto. Havia dúzias de romances em capa dura sobre o Vietnã, escritos por homens que, se não fosse por sua experiência, jamais escreveriam nada, e que esperavam que sua ardente sinceridade compensasse sua falta de talento. Havia livros "familiares", os ornamentos das camadas rurais e suburbanas dos EUA: enciclopédias, livros com imagens das maravilhas do mundo e um volume intitulado, com ironia não intencional, *O Legado do Ocidente*. Enfim, havia teses acadêmicas de ciência política, muitas das quais *Propriedade do Exército dos Estados Unidos*, nas quais sérios assessores militares tinham queimado as pestanas. Tanto esforço tão mal recompensado! Quem poderia ler, com verdadeiro gosto, longos volumes dedicados à política externa de Burma ou aos costumes matrimoniais das tribos montanhesas do Laos? E existe alguma coisa mais bolorenta do que ciência política velha de vinte anos?

Talvez – sinto até meu sangue esfriar – a reportagem definhe mais rápido ainda. Mesmo assim, comprei dois livros escritos por americanos em 1967 e em 1968, quando uma visita a Hanói ainda tinha algo de aventura: *Behind the Lines: Hanoi* [Atrás das Linhas: Hanói], de Harrison Salisbury, e *Hanoi*, de Mary McCarthy. Ambos – especialmente o último – funcionaram como uma espécie de coro grego, pois os li em... Hanói.

O dono do sebo, ao ver que eu era um cliente de verdade e não alguém que estava só olhando por falta do que fazer, dirigiu-se a mim de lado e me ofereceu algo que, por seu jeito de cafetão de Bangkok na Rua Sukhumvit a mostrar fotos de "suas" meninas a possíveis clientes, deveria ser no mínimo devasso. Era um folheto impresso em papel rosa, intitulado *La Semaine à Saigon du 7 au 13.9.63*.

Com que estranha emoção lemos sobre um mundo que existia dentro do mesmo tempo em que vivíamos, e que, no entanto, agora está tão irrecuperável quanto a Mesopotâmia antiga! Pensamentos semifilosóficos, até místicos, vêm à mente: será que cinco minutos atrás – não, nem tanto, dez segundos, até um – não estão tão distantes quanto mil ou 1 milhão de anos?

Em 1963, ainda havia influência francesa em Saigon. "As barbearias, os salões de beleza, as confecções, com todos os confortos modernos, permitem-lhe obter as últimas modas de Paris, porque quase todos os cabeleireiros, esteticistas e modistas são certificados em Paris." Porém onde estão agora as lojas "elegantes e atraentes" com suas "vitrines rutilantes [...] cheias de produtos de toda parte", e onde está Guyonnet, o açougue para cuja carne – *délicieux, succulent, délectable, merveilleux* – "nem mesmo a Madame de Sévigné encontrava elogios suficientes"? O que aconteceu com a estação de rádio vietnamita em francês, com seu *réveil musculaire* às 7h da manhã? Onde está *La Niche*, oferecendo *soins et beauté des chiens*? Será que você ainda deveria tomar *Hépatic* para aquele órgão tão vulnerável, seu *foie*?

Há em *La Semaine à Saigon* uma peculiar justaposição de sofisticação e ingenuidade. Em meio aos anúncios de bares e de boates, com todas as suas "encantadoras *hostesses*", "adoráveis cantoras adolescentes", "graciosas garçonetes" ou "cantoras de voz de ouro", acompanhadas por Poon e sua banda, Patty Pink e seu grupo de *jazz*, ou *l'Orchestre International Sous la Direction de BOB*, há piadas de tanta inocência que hoje qualquer criança de 8 anos ficaria com vergonha de lê-las: "Dois exploradores da África estão nadando num rio. De repente, um deles grita: – Pierre, Pierre, um crocodilo acabou de comer um dos meus pés! – Qual? – pergunta o amigo. – Não sei – responde ele. – Para mim, os crocodilos parecem todos iguais [...]".

E 1963 era uma época de inocência, também, no que diz respeito ao que hoje lugubremente se conhece como meio ambiente, que à época parecia indestrutível.

> Nas florestas sem-fim do Vietnã, há fauna importante de cerca de quinhentas espécies [...].
> Os tigres são numerosos em todas as regiões, e oferecem bom alvo. As panteras também são abundantes, há quatro espécies dissimilares: a maior tem a pele com pintas pretas; a pantera comum é menor, com muitas manchas pretas; a pantera nebulosa; e a onça.
> E o grande alvo, o sonho de numerosos caçadores: o elefante não é escasso no Vietnã.

> Muitas espécies de bois selvagens se oferecem facilmente aos caçadores de caça maior: o gauro, ou bisão indiano, cuja perseguição traz uma emoção inesquecível [...].
> Também encontramos ursos nas florestas do Vietnã, há três espécies [...].
> Enfim, há os vários tipos de cervos, muito numerosos. Na mesma caça, não podemos aqui enumerar seus diversos tipos e nomes: do belo "cervo anão" ao saboroso porco-espinho; do papagaio à perdiz, essa caça menor oferecerá, a cada momento, vários alvos, ou para um delicioso assado, ou servindo como espécie rara para sua bolsa de caçador.

Por US$ 22, você podia comprar uma *Licence D*, "que permite apenas matar feras selvagens e perniciosas, como tigres e leopardos".

Mas uma nota sinistra não deixa de aparecer. Acima de um anúncio para um hotel que oferece *hospitalidade e serviço [...] incomparáveis! porém, taxas moderadas!*, aparece um pequeno aviso: "A declaração de Estado de Sítio no Vietnã inevitavelmente trará certas dificuldades à produção de nossa revista [...]. Pedimos desculpas antecipadamente a nossos leitores e anunciantes".

Basta do mundo que perdemos. E o mundo que ganhamos?

Nas ruas, as pessoas ofereciam moedas e notas a nós, *tours* com guias, mulheres, bugigangas, o dong vietnamita em troca de dólares, tudo com raro desespero. Não eram poucos os pedintes no chão com as mãos estendidas, e crianças pequenas seguiam-nos com expressões melodramáticas e gestos de fome e de pobreza, até que saíam correndo rindo, depois de agarrar a nota de duzentos dong que dávamos (cerca de cinco centavos). Logo passei a achar isso cansativo: ou elas falavam de nós para outras crianças, ou nossa "generosidade" era notada por elas. De qualquer modo, raramente não tínhamos crianças pedintes em nossa sombra. Ingo era mais paciente do que eu: ele simplesmente aceitava que era preciso manter um estoque de notas de valor baixo para pagar as crianças. Sua paciência vinha da simpatia, pois, quando ele era criança em Weimar, logo depois da guerra, ele também tinha perturbado os soldados americanos (antes que Weimar fosse transferida para a zona russa) atrás de cigarros e de chocolate, à época, a verdadeira moeda da Alemanha.

Andamos na direção do rio, passando por um dos prédios incendiados de Saigon, a empresa estatal de importação e exportação. Os andares de cima estavam chamuscados e cobertos de fuligem. Suspeitei que a causa do incêndio fosse alguma fraude prestes a ser descoberta; lembrei-me da época que passei na África em meados dos anos 1980, quando um incêndio no Banco da Tanzânia destruiu – de modo nada inconveniente – todos os registros de transações em moeda estrangeira.

Ao chegarmos ao rio, uma figura baixinha, seca e rude aproximou-se de nós. Usava casaco de estilo militar, e fiquei surpreso ao ver, em seu barrete amassado, uma divisa em bronze da águia americana com flechas presas nas garras. Seu nome era Nguyen, e ele falava inglês com sotaque americano e um erro gramatical a cada três palavras. Ele queria levar-nos para um passeio em seu *cyclo*, um riquixá de projeto francês antigo com os pedais atrás.

De início hesitamos em aceitar. Não era a imagem de europeus andando em veículos movidos pelo esforço humano (oriental) um dos ícones do anticolonialismo? Que um homem passeie enquanto outro puxa, empurra, ou pedala, especialmente no calor fervente, parecia repugnante às nossas sensibilidades ocidentais subitamente ternas. Porém Nguyen insistia; não havia como duvidar da sinceridade de seu desejo de nos levar aonde quiséssemos ir. E, olhando em volta, vimos vietnamitas andando descontraídos em *cyclos*. Recordando a defesa das riquezas do doutor Johnson – de que elas davam emprego aos pobres –, engolimos o orgulho de Nguyen e cedemos a seus rogos.

Ele não demorou nada a nos comunicar o que pensava do comunismo. O regime tinha empobrecido todos, exceto alguns líderes da cúpula do Partido. Era tirânico, corrupto e injusto. "Ninguém no Sul o queria", disse.

Nguyen tinha sido um subtenente no exército sul-vietnamita, fora ferido três vezes (quando descobriu que eu era médico, achei que fosse me mostrar as cicatrizes de suas feridas, mas ele não fez isso). Perguntei-me, mas não perguntei a ele, se naquela época ele era tão contrário à corrupção quanto agora. Depois da "libertação", ele foi mandado a um campo de reeducação por quatro anos, onde tentaram "limpar seu cérebro". Não funcionou, nem com ele, nem com ninguém; porém, exteriormente, ele se conformara para garantir a liberdade.

Liberdade relativa, pois, naquela época, ninguém no Vietnã era livre – o país inteiro era um campo de prisioneiros. Nguyen arrumou trabalho como professor, mas, três anos depois, quando o diretor descobriu que ele tinha sido mandado para o campo de reeducação, ele foi demitido e, desde então, pedalava um *cyclo*. Ele não era dono do veículo; alugava-o todos os dias de um homem que era dono de cinco, por 2 mil dong (cinquenta centavos) por dia. Quando tinha sorte, Nguyen lucrava 15 mil dong (US$ 3,75); quando não tinha, não lucrava nada.

Enquanto íamos na direção do hospital pediátrico, de cujo médico me passaram o contato, algumas pessoas gritaram para nós de maneira quase insultuosa. Nguyen disse que estavam perguntando se éramos russos, e logo aprendi a responder gritando *anh!* (inglês, em vietnamita). Isso produzia um colar de sorrisos e de polegares para cima – podíamos ser qualquer coisa, desde que não fôssemos russos. Eu já tinha encontrado essa reação antes, por exemplo na Etiópia, e fiquei muito triste com ela: não por simpatia pelo comunismo, claro, mas por simpatia pelos indivíduos russos, desprezados que são por toda parte por sua pobreza e pelos pecados de seus líderes, mas que não são piores do que nenhum outro povo, e que também têm forças e virtudes.

O hospital era em estilo colonial francês, uma série de pavilhões de estuque abertos à brisa, colocado à sombra de imensas árvores tropicais desgrenhadas e cercado de jardins. Quaisquer que tenham sido os crimes dos colonialistas, eles aprenderam a construir, respeitando o clima, e a não deixar seu conforto dependente de um fornecimento incerto de eletricidade. E seus prédios eram encantadores, *civilizados*, ainda que, sem dúvida, tenham sido construídos com barbárie.

Será que aquele encanto era só para olhos ocidentais? Eram os vietnamitas indiferentes ao fato de que tudo construído depois da partida dos franceses era feio, funcional, de mau gosto, decadente, sem o gosto agridoce da decadência: em suma, uma bagunça? Não, nunca encontramos um vietnamita – herdeiros, afinal, de uma tradição estética muito refinada – que não apreciasse as virtudes da construção colonial.

O médico que eu procurava estava participando de um congresso na França e só voltaria quando tivéssemos ido embora de Saigon. Decepcionados, ficamos andando pelo hospital. Eu queria ver os pavilhões, mas não tinha a coragem de minha curiosidade mórbida. Enquanto andávamos, um homem com jeito de quem se dava muita importância veio até nós e começou a questionar Nguyen de um jeito decididamente hostil, quase ameaçador. Estava claro que ele era alguma espécie de autoridade de segurança que tentava descobrir quem éramos, e o que fazíamos, e assim assumi a expressão de inocência desligada e imbecil que já me ajudara nesse tipo de situação. (Uma determinação de santo de não entender o significado do que está sendo perguntado vai acabar exasperando qualquer policial secreto mesquinho além de qualquer limite.) As perguntas do homem para Nguyen eram bruscas; eu sorria para ele com doçura. Enfim, curvando-me, agradeci muito, e, finalmente satisfeito por sermos uma delegação de europeus subnormais, ele nos deixou continuar.

Fora do hospital, Nguyen reclamou que só as pessoas que trabalhavam para o governo recebiam assistência médica gratuita; todos os demais precisavam pagar. E era caro ter acesso à medicina, se fosse necessário. Outra vez me perguntei como era antigamente, e se ele tinha reclamado com a mesma violência à época.

Combinei de encontrar Nguyen de novo, alguns dias depois. Ele estava sempre no mesmo lugar, à margem do rio; era arriscado para ele buscar clientes do lado de fora dos hotéis, onde os estrangeiros ficavam, porque ali havia espiões da polícia. Supus que ele soubesse do que estava falando; mas, se era assim, os espiões da polícia no Vietnã não eram os idiotas de terno que assombravam os hotéis do Leste Europeu, mas pessoas que sabiam como mesclar-se no fundo, sem chamar atenção e discretamente observar.

Nguyen estava esperando por mim como combinado. Prometeu mostrar-me áreas de Saigon que visitante nenhum poderia ver sem a companhia de um nativo. Seu companheiro condutor do *cyclo* ficou decepcionado porque Ingo não tinha vindo: ele esperava ganhar a corrida, e pareceu tão desolado que achei que ia chorar.

— Ele diz não *ter* sorte hoje — disse Nguyen. — Ele não *ter* cliente por quatro dias.

Achei que não era só uma história comovente. Dei-lhe algum dinheiro, mas isso só o animou um pouquinho. Ele tinha sua dignidade, e queria *trabalhar* pelo dinheiro. Porém não havia mais nada que eu pudesse fazer, e assim Nguyen e eu seguimos nosso caminho.

Seguimos uma estrada ao lado do rio, parando para ver as pessoas que viviam debaixo de uma ponte de concreto. Havia barracões esquálidos às margens dos riachos que corriam para o Rio Saigon, o tipo de visão que daria febre tifoide se os bacilos pudessem entrar pelos olhos com asas de luz. Nguyen disse que tudo era pior, mais pobre, mais sujo do que antes – antes querendo sempre dizer "libertação".

Mesmo assim, essas visões de Saigon não me deprimiam como a grandiosidade de concreto, frígida e estéril, de Pyongyang: "Você não vai ver em Pyongyang sinais de pobreza, como em outras cidades da Ásia", disse-me orgulhoso um simpatizante da Coreia do Norte antes de minha ida até lá. Ele não mencionou que eu também não veria sinais de vida; já em Saigon, apesar de toda a miséria, havia atividade, movimento, riso, discussão.

O governo vietnamita tinha alterado sua política desde o Sexto Congresso do Partido em 1987. Fosse por convicção ou por pressão soviética por reformas, o Politburo tinha decidido liberalizar um pouco a economia. A terra foi devolvida aos camponeses num arrendamento longo, e eles tiveram permissão para vender o que produziam a quem quisessem a qualquer preço que conseguissem, depois que uma certa cota fosse entregue ao governo. Ao mesmo tempo, o contrabando pelas fronteiras tailandesa e chinesa era ignorado, quando não incentivado pelo governo, e os bens de consumo contrabandeados eram vendidos em feiras por negociantes privados. Agora eram permitidas pequenas empresas, e as empresas familiares podiam empregar até dez pessoas. Os efeitos econômicos desse relaxamento foram imediatos e dramáticos. O arroz, que até então era racionado, e era tão escasso que as pessoas iam até a Tailândia atrás dele, agora abundava. O Vietnã tinha passado a ser quase que, do dia para a noite, um dos maiores exportadores de arroz do mundo. Os camponeses estavam preparados para trabalhar e produzir, porque agora havia alguma chance de obter a devida recompensa.

Mas os efeitos da reforma não foram apenas econômicos. Como Marx, que não subestimava a influência da organização econômica nas questões humanas, poderia ter esperado, as mudanças econômicas no Vietnã tinham trazido consigo grandes mudanças sociais, imediatamente óbvias para qualquer pessoa que tivesse viajado para terras pertinazmente socialistas. As pessoas foram reconvocadas a viver. Com todo o respeito aos esnobes intelectuais, o mercado não é apenas um mecanismo econômico sem alma; é também um fenômeno espiritual, sem o qual não pode haver liberdade pessoal, ao menos nas sociedades modernas.

O sucesso mesmo das reformas, porém, colocava um sério problema para o governo vietnamita; afinal, o sucesso das reformas era uma refutação completa de tudo o que o governo fizera e falara nos quarenta anos anteriores. Porém o governo também estava preso às doutrinas de sucessão apostólica e à infalibilidade cesaropapista. Ou ele era onisciente, ou não era nada.

Peguei um pequeno volume com os discursos recentes de Nguyen Van Linh, secretário-geral do Comitê Central do Partido Comunista do Vietnã (isto é, o papa). O título era *Vietnã: Problemas Urgentes*. Após a folha de rosto, vinha uma foto do secretário-geral; imediatamente percebi que não seria uma leitura empolgante. O primeiro parágrafo não era encorajador: "Após vários dias de trabalho diligente e ativo, com um grande senso de responsabilidade perante o Partido e o povo, hoje chega a termo o Sexto Congresso do Partido Comunista do Vietnã".

Embora o livro tivesse apenas 147 páginas, não pude deixar de recorrer à crítica de Lord Macaulay sobre uma biografia de dois volumes de Lord Burghley: "Em comparação com o trabalho de ler esses volumes, todo trabalho, o trabalho forçado dos presidiários, o trabalho das crianças nas minas, o trabalho dos escravos na plantação, não passa de um agradável recreio".

Mesmo assim, continuei lendo. Era meu dever: eu tinha de saber o que pensava a mente oficial.

Aninhado na mais rígida *langue de bois*, o secretário-geral pensa e escreve, na maior parte do tempo, no piloto automático, como cabe a um homem que virou comunista aos 14 anos, e desde então assim permaneceu. Numa palestra "num encontro informal com artistas e ativistas culturais" intitulado "Os Trabalhadores da Arte e da Cultura Devem Contribuir para o Trabalho de Renovação do Partido", o secretário-geral disse: "Não sou especialista em literatura e arte [...]. Mas, como amante da literatura e das artes, concordo plenamente com a ideia de que os combatentes do front da arte e da cultura não precisam apenas de facas afiadas para remover o mal [...]. Vocês são engenheiros da alma. Vocês devem contribuir para criar o novo tipo de homem". Não exatamente original: não havia nada ali de que Stalin, Mao, Enver Hoxha, Ceauşescu ou Kim Il Sung fossem discordar.

Mas, de tempos em tempos, o tênue brilho de uma ideia aparece, hesitante, nas páginas do secretário-geral. A sensação é de que há um homem cujo poder expressivo é atrofiado e artrítico, e cujas ideias chacoalham como uma ervilha seca numa garrafinha. Ele reconhece o impacto "grande e instantâneo" sobre a oferta de arroz efetuado pela remoção de restrições ao comércio privado, mas não consegue tirar a óbvia conclusão geral dessa experiência salutar. Ele censura severamente o que chama de "centralismo burocrático", mas defende até a morte o "centralismo democrático", descrevendo o Partido e a unanimidade nacional como "a menina dos nossos olhos". Porém, é em seu discurso de encerramento, "Pronunciado na Segunda Plenária do Comitê Central do Partido" que o secretário-geral revela sua originalidade e sua genialidade. Diz ele: "[...] a venda de instrumentos agrícolas pelo Estado e a compra de arroz dos camponeses [deve ser feita] segundo o princípio de mútua concordância e paridade de preço [...]". Em outras palavras, é preciso pagar os camponeses: lição que ele aprendeu após cinquenta anos de experiência política. Que algo tão óbvio tenha demorado cinquenta anos para aprender é, afinal, uma forma de originalidade.

"É um bom sujeito", disse Nguyen, o motorista de *cyclo*, referindo-se a Nguyen, secretário-geral.

Ele queria dizer, claro, que ele era bom em comparação com os outros no Politburo. Antes de ele chegar ao poder, era perigoso para um vietnamita falar com um estrangeiro, mesmo por um minuto, mesmo com um alemão oriental. Fazer isso era correr o risco de ser preso e interrogado.

Seus colegas motoristas de *cyclo* tinham, muitas vezes, sido apreendidos e questionados pela polícia a respeito de seus fretes para estrangeiros. O advento de Nguyen tinha levado a um relaxamento imediato na atmosfera difusa de terror. Nada disso, porém, o impediu de contar uma piada política contra o secretário-geral.

– Nguyen e seu vice estão voando de Hanói para Saigon. Nguyen fala: "Você já se deu conta de que, se eu jogasse uma nota de 5 mil dong da janela, faria alguém feliz?" O vice responde: "Agora, se eu jogasse cinco notas de mil dong da janela, faria cinco pessoas felizes". "E daí?", responde o piloto. "Se eu jogasse vocês dois pela janela, faria 65 milhões de pessoas felizes".

A caminho de onde Nguyen vivia, paramos numa lojinha de chá, onde ele ia consolar-se quando não havia fretes a fazer. Ali ele bebeu um líquido vermelho lívido, servido sobre gelo picado sujo, enquanto eu, normalmente imune a preocupações com os riscos ameboides da água não fervida, providencialmente escolhi chá, que veio morno, com um lama açucarada, num copo espetacularmente imundo.

Nguyen vivia numa viela lotada, não maior do que a envergadura dos braços. Eu não me teria aventurado por ela sem ele, incerto quanto à recepção que teria como estrangeiro. Porém eu não precisava ter me preocupado: fui recebido como um herói de regresso. As crianças correram de exíguas salas de estar, que davam para a viela, para gritar, rir e segurar minha mão. Ao contrário das crianças que ficavam em volta dos hotéis, elas não queriam nada de mim; e os adultos davam-me as boas-vindas com suas saudações.

Nguyen morava numa construção colada em outra, com paredes feitas de tábuas e um teto de zinco corrugado, um cômodo único com chão de concreto, desprovido de qualquer mobília, exceto duas prateleiras, nas quais ele guardava latas vazias de refrigerantes e maços de cigarro, estes guardados como se fossem livros. Eram as únicas decorações que ele podia comprar. Havia um grande jarro d'água e uma caixa de madeira que continha as roupas que ele não estava usando.

– Não tenho nada – disse Nguyen, pondo o dedo em suas duas camisas e em sua calça sobressalentes. – Nada.

Era verdade. Até recentemente, Nguyen morava ali com a esposa, mas ela o deixou porque eles brigavam por causa do tanto de tempo que ele trabalhava. Ele saía às 6h da manhã e voltava às 23h; ela presumia que devia haver outra mulher, e nunca se deu conta de que pedalar um *cyclo* não era um jeito fácil de ganhar a vida. As discussões levaram a brigas – físicas, não metafóricas. Nguyen bateu nela. Um dia ela foi embora levando o filho, voltando para sua aldeia, a 400 km dali. Nguyen sentia saudades do filho, mas não tinha dinheiro para pagar a passagem para vê-lo.

– Quando você tem dinheiro, uma mulher pode amar você – disse ele. – Quando você não tem, ela não pode amar você.

Ele me mostrou algumas fotos dos velhos tempos, em que era tenente e ganhava US$ 100 por mês. Ele e a esposa sorriam para a câmera, ignorando por completo as tribulações que viriam.

Quando estava quente, Nguyen não conseguia dormir na apertada construção. Nesse caso, ele dormia na rua. Quando chovia, o teto pingava, então o sono também era impossível. O tempo todo, enquanto ele me contava isso, perguntei-me sobre as instalações sanitárias, mas não perguntei a ele. Eu conseguia imaginá-las de maneira vívida o suficiente.

Do outro lado da viela, viviam sua mãe e vários irmãos e irmãs. Eles dividiam dois cômodos, um dos quais dava para a viela. Esse cômodo tinha um grande retrato da Virgem com o menino Jesus; Nguyen e sua família eram católicos. Um de seus irmãos juntou-se a nós para o chá. Ele estava aprendendo inglês, disse Nguyen, mas era tímido demais para falar. O inglês era a linguagem da liberdade, da emigração para os Estados Unidos, e todo mundo no Vietnã estudava o idioma, a julgar pelos manuais à venda por toda parte. O irmão de Nguyen mostrou-me o seu: meio em frangalhos, ele continha, como prática de leitura, uma história sobre três crianças que, durante a Revolução Russa, ouviram falar que Lênin estava passando fome e lhe deram seus pedaços de pão do almoço, os quais ele, apesar de sua necessidade, distribuiu para outras crianças. Havia também uma história passada numa maternidade americana, em que uma enfermeira, ao sair da sala de parto, perguntava a um grupo de homens prestes a virar pais: "Camaradas, qual dos senhores é o Sr. White?".

O irmão de Nguyen então mostrou-me um livro em vietnamita que eu tinha visto em muitas vitrines e em quiosques, e que ele estava lendo com muito cuidado. Era uma tradução de *O Que Não Ensinam Sobre a Escola de Negócios de Harvard*, de Mark H. McCormack, e era o livro mais popular do Vietnã do sul. (Perguntei-me se o Sr. McCormack recebia seus direitos autorais em *dong*.) Uma das coisas que provavelmente nem esse livro ensinava era como conseguir uma moto no Vietnã. O irmão de Nguyen era bastante franco e assumido em relação a isso: ele trabalhava para uma organização do governo, a qual criava tantas dificuldades que as pessoas acabavam subornando-o para fazer o que ele tinha de fazer de qualquer jeito.

– Os funcionários do governo ganham vinte litros de gasolina de graça por mês – disse Nguyen, levando-me para dar uma volta na Honda do irmão. Tive a impressão de que Nguyen não estava de todo contente com a boa sorte do irmão.

Antes de irmos embora, o irmão de Nguyen perguntou-me quantos dentes eu tinha. "O número comum", respondi, e perguntei por que ele queria saber. Porque, disse, ele tinha ouvido falar que conhecer alguém com 36 ou 40 dentes dava sorte (e, obviamente, era mais fácil um estrangeiro ser deformado). A sorte, no caso dele, como em tantos outros, significava emigrar para os Estados Unidos. Infelizmente, minha dentição não podia ajudá-lo a realizar sua ambição.

À tarde, Nguyen e eu fomos a uma partida de futebol entre um time visitante das Filipinas (representando uma cervejaria de San Miguel, cujas bandeirinhas esvoaçavam pelo estádio) e um time local. Antes do começo da partida, Nguyen leu o jornal, uma folha única dobrada em quatro e impressa como se fosse uma publicação clandestina que emanasse de uma caverna distante durante uma guerra civil, e contrabandeado com grave risco para a cidade. Era estranho, então, ler nele que Rex Harrison recebera o título de cavaleiro. Ao lado dessa notícia, havia a foto borrada e carregada de uma mulher: Mary McCarthy. Ela tinha morrido havia pouco, e, apesar de haver um obituário de quinhentas palavras ou mais, seu livro, *Hanói*, não era mencionado. Talvez até o governo do Vietnã o achasse embaraçoso agora.

Até Nguyen já tinha ouvido falar dos *hooligans* do futebol britânico.

– Pois é – falei. – Nossos *hooligans* são os melhores *hooligans* do mundo.

A partida não era muito séria. Alguns filipinos eram gordos, e seu time não jogava lá com muita paixão. Eles perderam de 3 a 0, mas não pareceram abalados por isso. Assim, pensei, devia ser o esporte: ligeiramente divertido, mas nada que seja motivo de tumulto.

Eu estava predisposto em favor dos jovens filipinos. Eu os tinha visto antes, naquela semana, no Museu da Guerra de Saigon. Ali eles treparam, rindo, nos detritos da guerra, os tanques e a artilharia não sendo para eles nada além de fundos adequados para fotos, para mostrar para as famílias em seu país. Sobre a tragédia pressuposta por aqueles artefatos, eles não pareciam saber nada, apesar da violência de seu próprio país: ignorância essa que eu esperava que nunca fosse extinta pela experiência pessoal.

Em uma semana, um golpe de Estado violento, mas fracassado, aconteceu em Manila.

A guerra está por toda parte no Vietnã, inescapável, não no que você vê, mas nos seus pensamentos. Um visitante do país que desconhecesse toda a sua história recente não concluiria que ele tinha surgido apenas poucos anos antes de quatro décadas de guerra internacional e civil. O único indício óbvio é a presença, em cada cidade, de um Museu da Guerra, com helicópteros, jatos, tanques e obuses lacerados expostos do lado de fora. E – adaptando um pouco o que Spiro T. Agnew disse sobre as favelas americanas –, uma vez que você viu um museu de guerra vietnamita, já viu todos.

Hoje é rara a propaganda triunfalista no Vietnã, ao menos em comparação com outros Estados comunistas. Perguntei-me por que, e diversas explicações possíveis me vieram à mente. Primeiro, que os vietnamitas são, por natureza, um povo modesto. Segundo, que essa propaganda inflamaria uma população cansada da guerra e exasperada pelo desgoverno econômico que se seguiu a ela. (Porém uma sensibilidade desse tipo não é um traço comum dos partidos comunistas no poder.) Terceiro, a propaganda triunfalista é exibida na proporção inversa do triunfo genuíno. A vitória militar dos vietnamitas foi real o bastante para não exigir ser absurdamente enfeitada. Qualquer que seja a razão, são poucas a vanglória e a autoglorificação no Vietnã, e isso é muito agradável.

Claro que os Museus de Guerra têm seus fins de propaganda, e as crianças, em grandes grupos, são zelosamente levadas a eles pelos professores. Como na maior parte dos museus de propaganda comunista, porém, nunca os vi sendo visitados por ninguém além de estrangeiros e crianças; enquanto instituições, eram tão dormentes ou extintos quanto as igrejas na Inglaterra.

Não que eles não tivessem interesse. Quando você olha o poder e a sofisticação das armas usadas pelos americanos (um tipo diferente de bomba para cada eventualidade militar), você se pergunta como foi que eles conseguiram não atingir seu objetivo. Havia bombas que se fragmentavam enquanto cruzavam longas distâncias, matando cada ser vivo em seu caminho; bombas que incendiavam o que não era inflamável; bombas que pesavam 4 toneladas, que sacudiam o chão como num terremoto, para destruir todas as instalações subterrâneas; e bombas que desmatavam florestas inteiras. O peso, a massa dessas coisas, parecia desproporcional à fragilidade do que estava sendo atacado, um martelo enorme para quebrar uma noz, um elefante para esmagar uma pulga. A noz, porém, não rachou, a pulga não morreu.

No museu de Saigon, há fotos terríveis. Uma delas mostra um soldado, presumido americano, segurando a cabeça de um guerrilheiro vietcongue, com um longo pedaço de pele pendendo no lugar que seria do pescoço. Segundo um guia do Vietnã que compramos na Inglaterra, o americano está rindo, ainda que a fotografia seja indistinta, e que seu riso também possa ser um esgar de repulsa ou de horror. Outra fotografia mostra um soldado americano com uma enorme faca, prestes a cortar o fígado de um prisioneiro: essa, de todo modo, é a interpretação do livro-guia, que presume que o soldado é americano, que a vítima está viva, e que a faca empunhada está prestes a cortar o fígado.

Resisti à interpretação do livro-guia. Ainda que eu soubesse que todas as nações são capazes de bestialidades, eu relutava em admitir que pessoas culturalmente tão próximas de mim pudessem agir desse jeito, ao menos por uma questão de prudência; afinal, se elas podiam, talvez eu pudesse também. E, mesmo que essas fotografias mostrassem o que pretendiam mostrar, o quanto elas representavam o comportamento americano? No fim das contas, não é preciso uma guerra para revelar instâncias de condutas bestiais entre meio milhão de homens. E com que direito, continuei, os seguidores do general Giap, que uma vez disse: "A cada minuto, centenas de milhares de pessoas morrem nesta terra. A vida ou a morte de cem, de mil, de dezenas de milhares de seres humanos, inclusive de nossos compatriotas, significa muito pouco" –, com que direito os aderentes dessa filosofia exibem fotos cujo sentido derivava exclusivamente da preciosidade de cada vida humana?

Mesmo assim, eu tremia ao olhá-las.

Em seguida fomos visitar os túneis de Cu Chi, a cerca de 60 km de Saigon. Esse sistema de câmaras subterrâneas e de passagens conectadas, com cerca de 250 km, serviu como quartel-general do Vietcongue. A área de mata em que ele foi construído foi inteiramente desmatada durante a guerra, mas agora, quinze anos depois, arvorezinhas já reapareciam. Um ex-coronel do Vietcongue deu a nós uma breve palestra sobre os túneis – sobre como eles tinham sido cavados à mão pelos camponeses, sobre sua disposição em três níveis, sobre os esforços dos americanos para destruí-los – e, em seguida, outro oficial assumiu, para nos levar aos próprios túneis.

Andamos algum tempo no mato. Então o oficial desafiou-nos a encontrar uma entrada próxima para os túneis. Olhamos em volta, tentamos alguns tufos sem sucesso, e desistimos. Com ar de triunfo, o oficial mostrou a nós um alçapão bem aos nossos pés, tão bem camuflado que, mesmo depois de ele o ter apontado, tivemos dificuldades para vê-lo. Ele nos levou até as cozinhas subterrâneas, com fornos sem fumaça, os canos de exaustão tão longos que a fumaça se dissipava ao longo deles, imperceptível até para sensores infravermelhos; levou-nos até as câmaras de reunião subterrâneas onde os comandantes planejavam ofensivas, e aos dormitórios onde os guerrilheiros dormiam, cada qual com escotilhas de escape para níveis mais fundos, mais seguros dos túneis. Ele mostrou armadilhas para intrusos, poços disfarçados com estacas *pungi*, com as quais eles eram empalados; ele descreveu como os guerrilheiros se vestiam com roupas americanas e se lavavam com sabão americano para confundir os pastores alemães mandados para procurá-los; ele descreveu os modos como os

4. Vietnã

guerrilheiros combatiam o gás e a água que os americanos bombeavam para dentro dos túneis. E, em seguida, ele nos levou para dentro dos próprios túneis, antes, obtendo a certeza de que queríamos mesmo ir e de que não tínhamos problemas no coração.

Os túneis tinham algo entre um metro e menos de um metro e meio, por isso precisei andar por eles usando um método que variava entre ficar de quatro e curvado. Apesar de só termos ido ao nível superior, o calor era sufocante; a cada poucos metros eu ficava de joelhos para descansar. Os túneis, claro, eram escuros como breu, e o facho de nossa lanterna revelava morcegos voando velozes, em silêncio, na nossa direção, tornando uma colisão aparentemente inevitável. Porém os morcegos desviavam, com miraculosa infalibilidade, e, no último instante, viravam-se, sem perder velocidade, para a direção de onde tinham vindo. Após alguns dos minutos de maior esforço da minha vida – tenho certeza de que exageraria se fosse estimar quantos – emergimos para a forte luz do Sol, que chamuscou meus olhos, apenas a poucas centenas de metros de onde tínhamos adentrado os túneis. Duzentos e cinquenta quilômetros! Meus joelhos fraquejavam, eu vertia suor como uma esponja comprimida.

Compramos refrigerantes para o coronel e seu subalterno – Coca-Cola contrabandeada de Singapura (os americanos mantêm um embargo completo, que proíbe subsidiárias de empresas americanas de comerciar com o Vietnã). Eles, como muitos outros, tinham passado anos nos túneis. Expressei meu devido assombro, e disse que jamais poderia, em nenhuma circunstância imaginável, agir como eles.

– Poderia – disse o coronel – se o seu país estivesse em perigo.

Não, não poderia. Eu conseguia me ver lutando nas ruas contra um invasor estrangeiro, tão furioso por algum tempo que eu ficava indiferente ao perigo e à minha própria morte. Eu poderia fazer parte de uma *canaille*, lançar tijolos ao fazer tumulto, poderia caçar uma vítima com uma turba linchadora; mas não conseguiria viver naqueles túneis por anos a fio, um soldado cupim, obedecendo ordens, sem questionar, para a consecução de objetivos muito distantes.

Eu estava pasmo. O pasmo, porém, não supõe aprovação nem concordância. É possível admirar as pirâmides sem subscrever as crenças religiosas dos faraós. Era evidente que o terror exercido pelo Vietcongue sobre os camponeses não podia por si explicar a construção daquela oitava maravilha do mundo, ou que qualquer coisa além da convicção inabalável pudesse explicar a resiliência dos guerrilheiros que viveram anos naqueles túneis; porém os túneis, mesmo assim, me pareciam um monumento à desrazão, ou ao menos ao delírio, à capacidade de ideias falsas (ou ao menos duvidosas) de tomar posse das mentes humanas e exigir sacrifícios selvagens. Nas coisas humanas, a insinceridade é sempre um vício, mas a sinceridade nem sempre é uma virtude.

Uma questão – talvez *a* questão – passava por minha mente como um refrão, como o trecho de uma melodia que, mesmo não estando entre as favoritas, não vai embora: valeu a pena? Depois, em Hanói, recebi uma resposta inequívoca.

Ali conhecemos Binh, um engenheiro químico. Estava perto dos quarenta, e tinha passado dez anos no exército norte-vietnamita, alguns deles como guarda de prisioneiros americanos em prisões de bambu no meio da selva. Ele falava sem amargura daqueles anos, mas também não sentia saudade. Ao falar dos americanos, um tênue brilho em seus olhos sugeria que ele os achava engraçados. Ele não os odiava nem os desprezava; era inteligente demais para isso; antes, pensava neles como pessoas que, no Vietnã, ficaram fora de seu elemento natural, e assim fracassaram.

Eles não foram bons soldados, por motivos óbvios. A maioria era de conscritos, ansiosos apenas para sobreviver a seu ano no Vietnã e voltar em segurança para casa. Quando faziam patrulha na selva, espalhavam seus tiros indiscriminadamente, a fim de acabar logo com a munição e voltar para a base. Os guerrilheiros, porém, só tinham poucas balas cada um, e nunca disparavam sem mirar com cuidado. Os americanos estavam cheios de equipamentos e de suprimentos, reduzindo sua capacidade de manobra. Os vietnamitas, tirando as armas, só carregavam um pouco de arroz. E parecia que os americanos, acostumados a um alto padrão de vida, não conseguiam ficar sem certos confortos, e até luxos. Binh vira helicópteros pairando acima dos pelotões de soldados americanos, lançando água para um banho. Os vietnamitas, povo minucioso no que diz respeito ao asseio pessoal, viravam-se com o que achavam na floresta. A vida dura que eles suportavam desde que nasciam os deixou duros e adaptáveis. Uma vida de fartura não cria bons soldados.

Perguntei por que os vietnamitas – por que ele – tinham lutado tanto e por tanto tempo?

– Nós acreditávamos – respondeu Binh.

Por anos, os vietnamitas ouviram de seus líderes que bastava derrotar seus inimigos, tanto externos quanto internos, para serem livres e prósperos. Eles acreditavam no que ouviam porque não tinham conhecimento de nenhuma outra fonte. Não sabiam nada da verdadeira história da URSS; não sabiam nada sobre a vida em países ocidentais. E as bombas pareciam confirmar o que os líderes diziam.

Bem, a crença era coisa do passado. Quinze anos depois, eles não eram livres, nem prósperos, apesar de duas outras guerras. O povo do Vietnã tinha tirado suas próprias conclusões.

Enquanto falávamos, andamos juntos pelo gigantesco Museu Revolucionário, vazio de dar eco. Paramos algum tempo diante de uma cópia ampliada de um documento em francês: a respeitosa submissão de Ho Chi Minh à conferência de paz de Versalhes de 1919. O documento pedia liberdade total de imprensa, liberdade de associação, liberdade para viajar e a mesma proteção, sob a lei francesa, para cidadãos vietnamitas e franceses. Esses pedidos, claro, foram arrogantemente recusados, ou pior, ignorados: se tivessem sido graciosamente aceitos, a história do mundo poderia ter sido diferente. Traduzi os pedidos de Ho Chi Minh para Binh – hoje em dia o francês já não é tão difundido no Vietnã –, e em seguida perguntei quantas dessas aspirações tinham sido realizadas nos últimos setenta anos. Ele riu, dessa vez com certa amargura.

Certa vez, Binh ficou três meses na Bélgica num curso de treinamento. Não foram só técnicas de química que ele aprendeu ali; ele também aprendeu como era ser livre.

– Eles nos dizem que vocês são oprimidos – falou. – Mas nós vemos que vocês são o único povo livre do mundo, o único povo que vai aonde quer e faz o que quer. Quer dizer, só os oprimidos são livres!

Ao contrário de muitos intelectuais do Ocidente, Binh não tinha dúvidas sobre a realidade de nossa liberdade. Ele teria achado bizarros, quiçá obscenos, os contorcionismos mentais dos filósofos e de outros para provar que, na realidade, os cidadãos das democracias liberais não eram mais livres do que os das ditaduras comunistas. Sobre a existência de modas intelectuais – ideias usadas e descartadas como roupas – ele provavelmente não sabia nada.

– Você acha, então – perguntei baixinho, como que prestes a pronunciar uma blasfêmia no coração de uma seita religiosa –, que Ho Chi Minh enganou vocês?

– Acho.

– E muitos vietnamitas acham isso?

– Sim.

Vindo de um homem que não era um opositor irrefletido da causa de Ho Chi Minh, mas alguém que tinha dedicado dez anos de sua vida a lutar por ela, essas conclusões não eram desprovidas de impacto. Elas tinham sido compradas, por assim dizer, a um preço altíssimo.

No domingo, após nossa chegada, houve eleições municipais no Vietnã inteiro. Algumas faixas vermelhas foram colocadas nas ruas de Saigon, uma ou duas vans foram equipadas com alto-falantes e circularam pela cidade, fingindo pedir votos, e apareceram cartazes com os retratos dos candidatos. Como eram todos escolhidos pelo Partido, e 2/3 certamente seriam "eleitos", no dia, a empolgação era menos do que febril. Os locais de votação ficavam em prédios públicos, transformados, para a ocasião, em santuários seculares, com faixas vermelhas, com grandes bustos de Ho Chi Minh em gesso, presidindo aquele simulacro farsesco de democracia. Não apenas não havia escolha de candidatos, como o eleitorado não tinha escolha quanto a exercer sua falta de escolha: votar, se é que se pode falar assim, era compulsório.

Nada poderia ter ilustrado melhor a desonestidade patológica dos comunistas. Ao mesmo tempo em que denunciavam a natureza ilusória da democracia burguesa, copiavam suas formas (incluindo a votação secreta), mas esvaziavam-nas de todo conteúdo, isso dizendo que tinham criado uma democracia mais perfeita, "mais verdadeira". E, no entanto, eles sempre souberam que a democracia e o comunismo são deveras incompatíveis. Quando Harrison Salisbury foi a Hanói em

1966, os norte-vietnamitas convenceram-no de que seu objetivo não era a reunificação forçada do país sob uma ditadura comunista. Quando Salisbury sugeriu algo assim ao primeiro-ministro da época, Pham Van Dong, ele "exibiu um dos poucos sinais de raiva que marcaram sua longa conversa", e disse que ninguém no Norte tinha essa "ideia burra e criminosa" em mente. E Le Duan, então primeiro-secretário do Partido Comunista Norte-Vietnamita, fez um discurso para cadetes do exército (mas quase certamente para que Salisbury o engolisse de bom grado) no qual disse que, quando a guerra acabasse, haveria "socialismo no Norte, e democracia no Sul".

Democracia e socialismo – opostos, não sinônimos.

As eleições em Saigon eram uma irrelevância sublime. Uma pessoa nem sequer pensava um segundo nelas, e, assim que acabaram, qualquer vestígio delas desapareceu das ruas, as faixas vermelhas e os bustos de Ho guardados até a próxima farsa eleitoral, tão satisfatória de um ponto de vista intelectual e emocional quanto Maria Antonieta brincando de pastora nos jardins de Versalhes. A vida depois das eleições não voltava ao normal pela simples razão de que não tinha sido perturbada por elas.

O bairro chinês de Saigon, fervilhante ainda que pobre, onde moravam talvez 500 mil pessoas, era indistinguível de qualquer cidade do Sudeste asiático, com uma vasta comunidade chinesa. O antigo mercado coberto, construído por um rico mercador chinês durante a época colonial, era novamente o foco da vida. Os comunistas triunfantes, com seu desdém de mandarim pelo comércio, tinham posto abaixo a estátua do mercador, que outrora adornara o centro do mercado, e reduzido o mercado mesmo a uma importância secundária, recorrendo aos simples expedientes de incentivar carências e de introduzir o racionamento; porém o reconhecimento tardio de que poderia haver, no fim das contas, algo de bom no livre comércio, tinha devolvido o mercado à "normalidade" – ao menos por ora. Essa ressalva é necessária porque o secretário-geral do Partido tinha enfatizado que, no socialismo, o objetivo do comércio *não* é o lucro; antes, seu propósito é facilitar a construção da "indústria socialista de larga escala" em algum momento do futuro. Como exemplo do que ele queria dizer, ele citava a Nova Política Econômica de Lênin, um exemplo histórico que talvez não fosse muito reconfortante para os mercadores, caso parassem para pensar a respeito.

Não que eles parecessem estar tão preocupados com o amanhã: a cada dia basta o seu lucro. Um zum-zum feliz de barganhas, de fofocas e de risos erguia-se incessantemente ao teto. No mercado era exibida uma variedade de produtos que deixava perplexas as pessoas que desconheciam a medicina e os utensílios de cozinha chineses; nosso fascínio com aquilo que para eles eram coisas cotidianas divertia muito os donos dos quiosques. Os açougueiros vendiam cada pedacinho da carcaça dos animais; será que a traqueia de um bode era uma iguaria, um remédio sem par, uma poção do amor ou apenas a carne do pobre? Havia pirâmides de temperos e tonéis de conservas viscosas; havia pequenos restaurantes onde as pessoas se concentravam com uma intensidade aparentemente feroz após consumir sua sopa de macarrão, cada sorvida juntando-se num coro que trazia a lembrança aguda de que os modos à mesa eram culturalmente relativos. E havia quiosques com itens de banho importados: falsificações, ou imitações tailandesas de marcas famosas, como Colligate, Cammay, e Luxx.

A menos de 100 m do mercado, visitamos um templo chinês, numa rua cheia da agitação de riquixás e de carroças, de bicicletas e de *cyclos*. O templo era uma ilha de calma onde toda a agitação cessava na fumaça afunilante do incenso. De tempos em tempos, quando alguém deixava uma oferta de dinheiro, o gongo era soado, e uma calmante rosnada em *basso profundo* movia-se lentamente, com dignidade, pelos corredores de colunas vermelhas do templo. Senhoras idosas em pijamas pretos vinham prestar reverência aos ancestrais e à deusa do mar, a quem o templo era consagrado: era ela a divindade cultuada pelos chineses de Saigon, pois ela tinha protegido seus ancestrais em sua viagem, quatro séculos antes, quando migraram do Sul da China para o Vietnã. Ali estava uma religião em cujas entranhas eu jamais poderia entrar: sincrética, com uma doutrina instável, metade filosofia, metade superstição, mais um modo de vida do que um dogma. Isolado de seu significado, eu só podia observar algo de seu exterior.

O guarda do templo pediu que assinássemos o livro de visitas e acrescentássemos nossos comentários. Que fonte mais rica esses livros serão um dia para os futuros historiadores interessados em psicologia social! É de ser perguntar o que dirão, por exemplo, do visitante americano que achou o templo muito bonito e desejava que os americanos também tivessem algo de que se orgulhar (como se Manhattan, São Francisco, Harvard, a Biblioteca do Congresso, a Constituição fossem nada). Será que entenderão a complexa dinâmica de culpa e ignorância por trás dessa observação? E o que vão pensar do francês que escreveu que era muito agradável visitar o templo, mas que as condições em que sua tartaruga (símbolo da longa vida) era mantida eram vergonhosas, acrescentando um desenho de uma tartaruga presa atrás de grades? Será que vão encarar isso como uma instância de hipersensibilidade terminal, complicada por absolutismo moral fulminante? Eu gostaria de ter coletado ainda outras preciosidades filosóficas do livro de visitas, mas o guarda ficou impaciente: ele queria que eu escrevesse algo, não que lesse o que outros tinham escrito.

Como escritor, optei por ser sucinto. "Muito bom", escrevi.

O mercado e o templo lembravam-nos de que nem tudo na vida era político. Todavia não era possível fugir por muito tempo da política: fomos levados por um guia para ver o palácio presidencial daquilo que invariavelmente se conhece como "o regime anterior".

Vazio, ele fica num grande parque no centro da cidade, um monumento decadente e sem encantos à modernidade dos anos 1960, quando foi construído para substituir seu antecessor francês, destruído pelo fogo. Grande sem grandeza, sua estrutura de concreto, pedra e aço é inteiramente angular, como se curvas supusessem fraqueza. A única preocupação do arquiteto – um vietnamita, disse-nos o guia, ainda que eu não tivesse entendido bem se com orgulho ou com vergonha – era obviamente que seu palácio fosse considerado moderníssimo, esquecendo, como todos os vanguardistas, que a modernidade sem beleza é, das virtudes, a mais efêmera e sem valor. A decoração do palácio estava mais ou menos intacta, ainda que um tanto bolorenta, intocada desde o dia em que os tanques norte-vietnamitas arrebentaram os portões do parque, e o último presidente do Vietnã do Sul, o general Duong Van Minh, rendeu-se. Os portões mesmos não ficavam diretamente em frente à entrada principal do palácio, mas ligeiramente para o lado, pois essa disposição (segundo a superstição chinesa) impedia a entrada de espíritos malignos. Também impedindo a entrada desses espíritos – mas não dos tanques – havia um laguinho, cujas águas paradas agora não tinham peixes. A mobília no palácio tinha, em grande parte, inspiração escandinava, e os objetos de decoração eram chineses. Essa incerteza extrema do gosto parecia simbolizar outras incertezas, mais sérias; porém é claro que eu estava visitando o palácio sabendo o que tinha acontecido.

Olhamos a sala de reuniões. A julgar pelo número de assentos, no Vietnã do Sul nunca faltavam ministros. A mesa, disse o guia, era aquela que o general Maxwell Taylor, embaixador americano, costumava socar com seu punho, frustrado com as "marionetes" dos Estados Unidos. A sala agora, silenciosa, não tinha uso; imaginei o general furioso, imbuído de um senso de destino histórico e de seu próprio lugar nele, esbravejando destemperado, ficando com o rosto vermelho, e refleti sobre a loucura da paixão. Não, dali em diante eu teria sempre a transitoriedade de todas as coisas sublunares firme e calmamente diante de meus olhos, e nunca outra vez perderia a cabeça – ao menos não até a próxima vez.

Passamos das áreas "públicas" do palácio – os salões de recepção e de banquete, as salas dos comitês ministeriais, e daí por diante – ao apartamento privado da família presidencial. Considerando sua fama de corrupção sem limites, os presidentes do Vietnã do Sul viviam, ao menos no palácio mesmo, numa escala bastante modesta. Construídas em volta de um pequeno pátio aberto, coberto com redes à prova de granadas, seus quartos e a sala de jantar não eram maiores do que os de uma família europeia próspera comum. O apartamento privado continha, é verdade, uma discoteca e um salão de jogos segundo o pior gosto da época, o que sem dúvida indica que os presidentes eram frívolos e vulgares; porém a arquitetura não era megalômana, mas profundamente vulgar. As escadas, por exemplo, não ficariam mal num escritório de província do Departamento de Saúde e Segurança Social.

Tivemos a oportunidade de comparar esse apartamento com a moradia de Ho Chi Minh em Hanói, preservada como santuário nacional. Não pode haver dúvida, ao menos em sentido negativo, sobre os motivos de Ho em sua luta de tantos anos pelo poder: ele não queria morar em salões de mármore. Ele se recusou, por exemplo, a mudar-se para o antigo palácio do governador-geral quando os franceses foram embora de uma vez por todas. Em vez disso, mandou construir um pavilhão de madeira de grande simplicidade, mas não muito grande, no terreno, de frente para um lago ornamental cujos enormes peixes dourados ele costumava alimentar. Esse pavilhão, construído em dois andares, é elegante, e a madeira, muito fina; o andar de cima tem os dois cômodos privados de Ho, um pequeno escritório com mobília de madeira simples, mas refinada, uma estante com livros de Lênin e uma fotografia do mestre, além de um quarto com telas e redes de proteção contra pernilongos. No andar de baixo fica a sala onde Ho costumava receber os outros líderes, os livros, todos políticos, em inglês, francês e russo (ele também falava chinês fluentemente), que ele estava lendo na época em que morreu ainda reverentemente empilhados na mesa ao lado do assento.

O que pensar da diferença entre o modo como Ho Chi Minh e os presidentes do Vietnã do Sul viviam? Em todos os pontos da comparação, Ho aparece imensuravelmente superior. Inteligente, culto, vivido, incorruptível, um linguista brilhante: de fato, tudo que um rei-filósofo deveria ser. Em contraste, os presidentes do Vietnã do Sul eram oportunistas fuleiros, nepotistas, covardes, avaros, sem princípios.

Mas, quando chegou a hora de votar com os pés, quem recebeu mais votos? Quem criou um país do qual centenas ou milhares fugiram em barcos, em jangadas, em qualquer coisa que flutuasse um pouco, por águas infestadas de tubarões e de piratas, na busca desesperada por algo melhor?

Apesar de todas as virtudes e talentos de Ho, de sua honestidade pessoal, bravura e dedicação, você sente algo estremecer ao inspecionar sua casinha. Há algo não muito humano nela; num país em que a vida de família é tão importante, não há o menor indício de um laço emocional com outro ser humano. Prefiro que meus santos vivam em cavernas e não tentem impor seus padrões ao mundo: a obstinação é uma virtude fria. Tchernichevski, herói de Lênin, escreveu (com aprovação) que "um homem com um amor ardente pela bondade só pode ser um monstro sombrio".

Ho nem sempre foi assim, longe disso: passou por uma fase de dândi em Paris na década de 1920. Até dançava e ia à ópera. Talvez se possa dizer, como atenuante, que ele acabou reagindo à arrogância intransigente do colonialismo francês, que humilhava, com tanta crueldade, seu povo ancestral, orgulhoso e civilizado. Porém isso é, na melhor das hipóteses, uma explicação, aliás parcial, não uma desculpa. Afinal, ele tinha observado com seus próprios olhos a tirania sem precedentes do stalinismo: se achou que aquilo era liberdade, foi um tolo; se admirou-a, era mau. As pessoas que amam a liberdade não bebem na fonte do despotismo para tornar-se elas mesmas déspotas.

Se eu tivesse visto a discoteca no "Palácio Presidencial Marionete" antes de visitar a casa de Ho Chi Minh, talvez a tivesse achado não uma excrescência de mau gosto, mas um bem-vindo sinal da fragilidade humana: a qualidade mesma que explica por que votos com os pés favorecem os frágeis.

Para fugir da política outra vez, tomamos um barco com proa de dragão no Mekong, com suas águas cor de chá preto, e visitamos uma ilha no rio. Ela tinha 10 km de comprimento, e eu teria dito que ela era um paraíso se não tivesse ouvido uma mãe ralhar estridentemente com um filho por passar o dia inteiro numa casa de chá com mesa de sinuca em vez de estudar muito na escola e arrumar um bom emprego público. A ilha era toda irrigada por canais lindamente feitos, cruzados por pontes de bambu, e, por toda parte, havia frutas exóticas (exóticas para nós, claro), palmeiras, bambuzais, sebes de hibisco e jardins floridos.

Cinco mil pessoas viviam na ilha; elas eram donas de sua terra, pescavam, e muitas de suas casas tinham duzentos anos, exibindo um refinamento de gosto que eu teria chamado de aristocrático se os moradores não fossem camponeses e pescadores. As casas eram abertas à brisa; os telhados, de telha, e as calhas, curvadas delicadamente para cima, à moda chinesa. Não havia muitas paredes exteriores, de modo que os cômodos eram quase espaços abertos. Cada casa tinha um altar para os ancestrais, e as magníficas colunas e vigas de madeira tinham caracteres chineses dourados talhados neles. Era tentador imaginar que a ilha era uma remanescência imperturbada de alguma era de ouro, um

Vietnã pré-comunista, pré-colonial, que um dia poderia reviver. Como todas as visões de um passado perfeito, a minha era uma quimera: a ilha tinha sido alvo de bombas e granadas durante a guerra, pois se suspeitava que ela abrigasse guerrilheiros. Porém tudo isso parecia muito antigo e supremamente irrelevante agora.

Em Hue, a antiga capital imperial, a 650 km de Saigon, outra vez escapamos para uma visão do passado. O que resta de Hue é, em grande parte, não muito ancestral, mas mostra uma alta cultura hoje liquidada. Seu último adepto foi o imperador Bao Dai, deposto por Ho em 1945. Bao Dai era um homem inteligente, mas – reduzido a vida inteira a um ornamento do poder de outra pessoa – não um homem sério; e nada poderia ter ilustrado melhor a refinada frivolidade de sua corte do que um jogo palaciano em que ele virou especialista. O jogo envolvia fazer quicar uma vareta na ponta no chão, e conseguir fazê-la entrar num vaso a uma certa distância. Isso não era consumir para ostentar: era a inutilidade de se ostentar, o produto final de um feudalismo fútil. Bao Dai era o último enxerto de uma linhagem de imperadores-estudiosos que em vão lutaram para preservar a herança confucionista do Vietnã. Quando deixou o Vietnã e se refugiou inicialmente em Hong Kong, ia ao cinema toda tarde; sua atriz favorita era Jeanette MacDonald.

Se o Vietnã tivesse uma história diferente, Hue agora estaria cheia de turistas. Como não teve, o hotel estava vazio – ao entrar, você tinha a impressão de que tinha entrado no lugar errado –, e o fato de que outro hotel estava sendo construído ao lado, em preparação para um ansiado influxo de estrangeiros, parecia uma obra de fé tanto quanto uma catedral medieval, mas com menos apelo estético. Atrás da porta do meu quarto, havia instruções de incêndio, informações sobre serviços de lavanderia e sobre horário de *checkout*, em inglês, francês e russo. O aviso russo tinha sido praticamente apagado. Por quem?, perguntei-me. Pelos visitantes franceses ou americanos, humilhados por essa evidência da extensão do poder e da influência soviéticos, possibilitada por suas próprias derrotas militares? Ou pela equipe vietnamita do hotel, irada com a pobreza e rudez dos novos colonizadores, que gastavam o pouco dinheiro que tinham comprando eletrônicos nos mercados vietnamitas para vender com grande lucro em seu país?

Infelizmente, a guerra e a devastação econômica podem trazer certas pequenas vantagens para viajantes que visitam monumentos. Eles não são atropelados por turistas vulgares (tão diferentes deles mesmos), que querem bebidas e refrescos a cada parada, que querem lembrancinhas daquilo que mal olharam, e que tiram fotos de Bill com os braços em volta do Buda. E assim pudemos contemplar as tumbas dos imperadores – ancestrais de Bao Dai – com uma tranquilidade que a mera paz jamais teria trazido.

As tumbas ficam numa vasta área de colinas com florestas, reservada para elas. Uma das mais belas é a de Tu Duc, o último imperador verdadeiramente independente, que se opôs aos franceses, mas, no fim, rendeu-se a eles. No momento em que sua posição parecia não ter mais esperanças, ele publicou um pungente *cri de coeur*: "Nunca uma época viu tanta tristeza, nunca um ano conheceu tanta aflição. Acima de mim, temo os éditos celestes. Abaixo, as tribulações do povo perturbam meus dias e minhas noites. No fundo do meu coração, tremo e enrubesço, sem achar palavras ou ações que ajudem meus súditos [...]".

Depois, durante uma pausa no progresso francês, ele condenou à morte milhares de católicos vietnamitas porque tinham ajudado ou preferido os franceses. Por aqueles que defendiam o colonialismo, ele era retratado como um monstro sanguinário; pelos outros, era um homem essencialmente bom, posto nessa encruzilhada pela lógica terrível de sua situação. Talvez haja aqui analogias históricas.

Mas, se a tumba de Tu Duc tem algo a dizer, ele era um homem bom, não perverso. Ele passava muitos dias ali antes de morrer, em 1858, pescando do pequeno pavilhão ao lado do lago de lótus, que confere ao cenário uma calma transcendental. Aparentemente estéril, ele brincava ali com suas concubinas, que lhe faziam chá de jasmim, usando apenas o orvalho que se formava nas folhas de lótus, fazendo uma infusão durante a noite em suas flores. Quanto à tumba mesma, passando por um pátio deserto com jasmins-mangas e elefantes de pedra, ela não contém o corpo do imperador, que está enterrado em algum lugar desconhecido nas colinas em torno, para impedir o roubo e a profanação dos adornos imperiais.

Se podemos comparar as vidas, por que não as tumbas de Tu Duc e de Ho Chi Minh? Claro que aqui temos algo um tanto injusto: Tu Duc aprovou sua própria tumba, ao passo que Ho Chi Minh proibiu expressamente qualquer memória de si mesmo. Em seu testamento, em que esperava juntar-se a "Karl Marx, Lênin e outros veteranos da revolução" (onde?, somos tentados a perguntar), ele pediu que: "meus restos sejam incinerados [...]. Não apenas [a cremação] é boa para os vivos do ponto de vista da higiene, como também poupa terra. Quando tivermos eletricidade abundante, a 'cremação elétrica' será melhor ainda".

Quem pode dizer agora que o comunismo, ao contrário da religião, não oferece consolo para o fato da morte? Quem é filisteu a ponto de achar que a perspectiva de uma cremação elétrica, tão higiênica, se os blecautes permitirem, não vai compensar por uma eternidade de não ser?

De todo modo, tio Ho não conseguiu o que queria. Em vez disso, a *Mavsolexport*, ex-gigante soviética da construção, manutenção, e exportação de mausoléus, especializada em plataformas de granito, embalsamamento de heróis nacionais e treinamento em passo de pato, foi convocada. A empresa construiu uma obra-prima do gênero, transformando um pedacinho de Hanói na Praça Vermelha. Dentro da tumba, estão os restos pálidos como cera de Ho. Infelizmente, não pudemos vê-los, porque a tumba estava fechada para sua manutenção anual, que dura dois meses. Todavia, mesmo quando não está sob reparos, a tumba do grande líder igualitário não pode ser penetrada tão facilmente por qualquer vietnamita; é mais difícil entrar nela, aliás, do que na tumba do feudal Tu Duc, pois são necessárias quatro permissões diferentes, cada qual de uma agência distinta.

Uma das pequenas ironias da história, talvez. Mas minha simpatia por Ho é um tanto limitada; afinal, nunca acreditei muito no repúdio dos ditadores aos cultos de personalidade de que eram objeto.

Todos concordam que a mais bela das tumbas dos imperadores em Hue é a de Minh Mang, em cujo reinado, o primeiro americano pôs os pés no Vietnã, em 1820. A tumba ficava na outra margem do Rio Perfumado, que cruzamos num barco alugado num mercado ribeirinho pequeno e terrivelmente pobre, onde, com uma pitada de otimismo, tentaram vender-nos pedaços de porco recém-morto.

A tumba era extraordinária. Estava exatamente naquele ponto da decadência que induz à reflexão sobre a transitoriedade da existência terrena, sem obscurecer em nada o desenho original. As primeiras construções da tumba às quais fomos não tinham nada de mais, eram meros alpendres com gesso caindo aos pedaços, que abrigavam uma família, sua lenha apoiada contra a parede. Perguntamo-nos se a beleza da tumba não tinha talvez sido exagerada, mas logo fomos convencidos de que não havia palavras com as quais exagerá-la. No centro do lago de um lótus quadrado, ladeado por quatro caminhos de pedra, havia um pavilhão, decorado de madeira no mais perfeito bom gosto. Em torno do pavilhão, havia jardins formais, e todo o complexo da tumba ficava à sombra de colinas cobertas de pinheiros, de modo que o refinado e artificial se combinavam perfeitamente com o selvagem e natural.

Subimos ao andar superior do pavilhão. Havia silêncio, exceto pelos pássaros e pelo eco do uivo ocasional do que imaginei ser um macaco; dos nossos semelhantes humanos, não havia sinal. Imediatamente, uma tranquilidade quase mística nos envolveu: o silêncio era o único modo de expressá-la.

Cedo demais precisamos ir embora, mas aqueles momentos de paz sempre conseguirei recordar.

Infelizmente, o destino dos intelectuais é não ter nenhuma experiência, por mais avassaladora que seja, que fique sem a mácula da teoria. Logo comecei a considerar minha própria sensibilidade, pensando em como minha experiência da tumba de Minh Mang poderia ter sido se outras pessoas — como eu as imaginava, tomando sorvete, jogando lixo no chão e pronunciando vacuidades em voz alta — estivessem presentes. No meu coração mais íntimo, então, eu acreditava numa aristocracia de sentimento, e não era um democrata? Não, em última análise, eu não dava grande importância a minhas próprias emoções sofisticadas. Eu estava apenas contente por ter a ocasião de vivê-las.

Fomos embora de carro das tumbas de Hue. Levamos conosco uma camponesa e seu filho, criança que nunca tinha andado de carro antes. Eles se sentaram no banco da frente, embasbacados com a novidade, o conforto, a velocidade. Suas emoções eram profundas demais para a linguagem.

Todo mundo fala da personalidade francesa de Hanói. As avenidas arborizadas, a arquitetura colonial, a ópera – todas sobreviveram intactas à guerra. Durante sua visita a Hanói em 1967, Harrison Salisbury ouviu que o governo esperava que a cidade fosse inteiramente destruída por bombardeios: perspectiva que eles encaravam com o que ele chamou de "compostura", pois viam Hanói como uma cidade feia e velha, que simbolizava a ocupação francesa. Depois da guerra, eles iam construir uma nova capital própria, um exemplo, talvez, do que o reverendo doutor William Sloane Coffin, outro visitante americano do Vietnã do Norte, chamou de "paixão reatiçada por... danos causados por bombardeios".

Hanói *não* é uma cidade feia; exatamente o contrário, como concordava cada cidadão a quem fiz essa pergunta, e eu estava longe de estar sozinho ao supor que uma capital construída pelo governo atual para substituí-la provavelmente não seria melhor.

Ficamos no Hotel Thong Nhat (Reunificação), outrora chamado Metrópole. A primeira pessoa que vi no saguão era evidentemente uma jornalista, ainda que eu não tivesse certeza de como eu soube disso antes que ela imperiosamente exigisse uma linha telefônica para reportar a Londres as explosões que ouvira na noite anterior em Phnom Penh. A resposta um tanto pegajosa da equipe do hotel atiçou ainda mais o fogo da importância que ela atribuía a si própria.

O Thong Nhat é grande, velho e acabado. Ratos bem alimentados, de vez em quando, circulam pelo vasto salão de jantar com a impunidade de bichos de estimação; você hesita antes de ligar uma lâmpada ou um ventilador de teto por causa da possibilidade de levar um choque do interruptor; e um funcionário belga dos *Médicos sem Fronteiras* me disse que duas lâmpadas em seu quarto tinham explodido. Quanto à equipe, ela tinha aquela relutância particular em atender, aquela maneira obstrutiva, sem expressão, que você passa a apreciar nos países comunistas. Foi a primeira e a última vez que a encontramos no Vietnã.

Disseram-nos que uma empresa francesa logo reformaria o hotel, para deixá-lo à altura dos "padrões internacionais". Lamentei muito isso. Sou um *connoisseur* do desgaste, e gostei particularmente das banheiras enormes, grandes o bastante para nadar, com sua cobertura de esmalte incrustada de depósitos vindos da água não desmineralizada que arranhava a pele, e dos enormes aquecedores húngaros que produziam estrondos sísmicos, assobios e esguichos ocasionais de água fria, emitindo, de maneira imprevisível, jatos de líquido fervente cor de ferrugem a cada 48 ou 72 horas. Em comparação, como devia ser tedioso o bom encanamento!

E os colchões, os mesmos desde os tempos de colônia, com sua profunda concavidade, de modo que ou você rola inevitavelmente para o centro da cama, ou se agarra à beira, como num naufrágio? O que se poderá dizer sobre colchões que permitem uma boa noite de sono?

Da primeira vez que saímos do hotel, um vietnamita de aproximadamente sessenta anos, vestido com um terno puído e uma gravata larga fora de moda, fez uma mesura quando passamos diante dele à porta do hotel.

— Tudo — disse ele em excelente inglês — deve ser primeiro para os visitantes estrangeiros.

Ele era polido, mas suas palavras me fizeram estremecer: tinham o timbre desagradável da *langue de bois*. "Por favor" teria bastado; achei que suas maneiras tinham a mesma relação com a afabilidade que a pornografia tem com o amor. Talvez aquilo que as pessoas do Sul nos disseram com um arrepio sobre os do Norte fosse verdade, no fim das contas: lá em cima, eles são *comunistas*.

Na rua, aquilo que o povo do Sul dizia de seus compatriotas do Norte, de início, parecia verdadeiro. As pessoas que passavam por nós, tanto a pé quanto de bicicleta, estavam em silêncio e não sorriam. Muitos homens usavam capacetes verde-oliva, como numa sátira mortalmente séria de questões coloniais. Ou talvez eles tivessem levado a sério os avisos de Albert Schweitzer sobre os efeitos mortais no cérebro de um único raio de luz tropical caindo, mesmo que por uma fração de segundo, diretamente no couro cabeludo (ainda que Schweitzer se estivesse referindo apenas aos cérebros dos brancos). Havia mais homens de uniforme militar do que em outros lugares do Vietnã, e mesmo as roupas civis, especialmente masculinas, tendiam para as cores militares cáqui e verde-camuflagem. Passamos por uma loja de departamentos estatal, que podia ser imediatamente assim identificada pelas mercadorias fuleiras empilhadas num caos empoeirado, pela imobilidade dos ajudantes da loja, pelos pés arrastados dos clientes e pelo método bizantino de pagamento.

Observei atentamente a tez das pessoas em Hanói. Isso porque Mary McCarthy tinha escrito em 1968 sobre sua visita a uma escola: "Os meninos tinham boa aparência, alguns eram até bonitos, com cabelo lustroso, olhos brilhantes, a pele clara macia – não havia espinhas no Vietnã do Norte". Infelizmente, as espinhas tinham voltado ao Vietnã do Norte, possivelmente com as reformas econômicas: não em proporções epidêmicas, mas, mesmo assim, ali estavam elas, bem como os dentes vermelhos de mascar bétele, também ausentes durante a visita da Srta. McCarthy.

Essas observações dela não lhe foram, depois, fonte de grande orgulho. Na verdade, no textinho promocional de seu romance *Cannibals and Missionaries* [Canibais e Missionários], ela é descrita como autora de dezessete livros, e *Hanói* não está listado entre eles – uma ligeira revisão histórica feita por ela própria. Porém seu livro, mesmo assim, era representativo de um gênero inteiro, ainda que pequeno: os milagres de Ho segundo Susan Sontag, clérigos diversos, acadêmicos e jornalistas.

Encontramos, nós mesmos, um pequeno milagre em Hanói, ainda que não fosse um desses que vai provocar a admiração de intelectuais ou de homens de Deus, mas bem o contrário. Após quarenta anos de virtuosa austeridade, quando os comunistas tomaram o poder efetivo dos japoneses, e os franceses não conseguiram restabelecer sua autoridade, os habitantes de Hanói estavam descobrindo o prazer! Apesar de nossas impressões iniciais, os efeitos das reformas econômicas tinham chegado até ali. Grande parte da cidade estava entregue a uma feira a céu aberto, que brotara assim que foi dada a permissão, e, à noite, os quiosques nas ruas eram iluminados com fortes lâmpadas, criando um efeito desconcertante e belo numa cidade normalmente não notada pela intensidade de sua iluminação. As multidões passeavam nas ruas, admirando aquilo que, poucos meses atrás, era denunciado, rejeitado, desprezado, vilipendiado (mas não por elas). Restaurantes haviam aberto, e também cafés nas calçadas; havia barraquinhas de sorvete e, o mais surpreendente, salões de dança com música popular e luzes coloridas. Os namorados caminhavam de braços dados, seus pensamentos claramente longe da construção do socialismo, o que até Mary McCarthy admite ser "às vezes uma obra sem entusiasmo". Num dos parques, um grupo de jovens vietnamitas agradavelmente embriagados convidou-me para beber, e insistiu em me dar um cigarro, apesar de eu não fumar. Hanói provou que existe vida após a morte.

Como Mary McCarthy teria odiado isso, como seus lábios teriam ficado retorcidos! Não era a felicidade que eles buscavam em Hanói, mas a redenção do pecado. Nenhum monge medieval jamais superou a Srta. McCarthy na exuberância de suas reflexões penitenciais, ou na sutileza teológica de seus rogos particulares. Ao reler *Hanói* em meu quarto, no Thong Nhat, no qual não havia mais "folhas de papel higiênico dispostas numa caixa em formato de leque" como na época da Srta. McCarthy, vi-me num estranho limbo emocional entre a raiva e o riso, o mais perto que já cheguei daquilo que os psiquiatras chamam de estado afetivo misto.

Seguida absolutamente por toda parte por "camaradas do Comitê de Paz", e, até ao banheiro, por uma "moça intérprete" que usava um capacete de latão para proteger-se de súbitos ataques aéreos, e que, após terminar de usar o banheiro, "delicadamente levou[-a] de volta", Mary McCarthy concluía apenas que todos no Vietnã do Norte eram muito preocupados com seu bem-estar. Que uma forma de vigilância e de controle não muito sutil estivesse sendo exercida não lhe ocorreu por um único instante. Se ela fosse seguida ao banheiro no Chile de Pinochet, talvez escrevesse algo diferente.

Nada a perturbava no Vietnã do Norte, porém, blindada como estava para as insistências do bom senso. Ao observar o tédio e a repetição constante dos noticiários, ela lamentava que o autor ocidental seguisse "uma convenção de frescor", pois a sociedade capitalista teria transformado "a originalidade [...] numa espécie de benefício marginal". Quanto à "permissão para criticar", "era só mais um luxo capitalista, um dejeto do sistema [...] o acesso à informação que não leva à ação pode na verdade ser pernicioso [...] para um corpo político".

E, ao visitar pilotos americanos derrubados no Vietnã, ela comentava: "Se esses homens foram robotizados [...]. Era por causa de um processo que tinha começado no ensino básico e concluído no Exército". (Perguntei-me o que o homem que conheci na principal agência dos correios de Saigon, que tinha acabado de ser libertado após treze anos num campo de reeducação, teria achado dessa opinião dela.) De qualquer modo, a lavagem cerebral não era na verdade má, porque, ao contrário do *mundo livre*, onde, "a julgar por seus artefatos, ninguém tem a liberdade de decidir ser diferente do que é", no *mundo não livre*, "presume-se o oposto", e eles, os norte-vietnamitas, "aceitam a mudança axiomaticamente, como possibilidade revolucionária da conduta humana – o que os liberais ocidentais não aceitam" – sendo essa a explicação de por que esses liberais "toleram a diferença" enquanto os norte-vietnamitas não a toleram.

Mas o trecho crucial de *Hanói* é aquele em que a Srta. McCarthy conta sua conversa com o primeiro-ministro Pham Van Dong. A pergunta que a preocupava dizia respeito ao tipo de sociedade que o Vietnã se tornaria após o fim da guerra. Ela receava que "o inimigo, o capitalismo, repelido pelo ar e afastado em terra no irmão Sul, entrasse sorrateiramente pelos fundos [...]".

Pham Van Dong era mesmo a pessoa que ela procurava. Ele dizia que a escassez material no Vietnã era "um golpe de sorte". Porém o que o fez realmente ser benquisto pela americana visitante, que crescera numa rica família de Chicago e nunca exatamente renunciara à riqueza mundana, era que "ele falava de nossa cultura TV-carro como se ela fosse algo de mau gosto, grosseiro e pesado [...]. Com desprezo total [...] ele rejeitava a ideia de uma sociedade de consumo socialista". Para ele (e também para todos os vietnamitas que a Srta. McCarthy encontrou), a vida americana parecia "não apenas grotesca, mas retrógrada, primitiva, lamentavelmente não desenvolvida, provavelmente por causa de sua qualidade de dependência infantil".

A rejeição da sociedade de consumo por parte do primeiro-ministro – em nome de quem ou com que direito ele o rejeitava ela não cogitou perguntar – deu origem à seguinte reflexão:

No Vietnã percebi – algo que sem dúvida eu deveria ter notado antes – que o medo da descentralização e da autonomia local demonstrado pelos líderes comunistas não é necessariamente uma preocupação abjeta com sua própria continuidade no poder; é também o medo da natureza humana como a encontrada em seus conterrâneos, presumindo-se que o homem moderno é "por natureza" um acumulador capitalista, já maculado com esse primeiro pecado no ventre da mãe e incessantemente assolado pelas tentações do mercado: se você deixar que os trabalhadores tomem conta das fábricas, eles logo vão produzir Cadillacs, porque "é isso que o consumidor quer".

Eis aí os *fons et origo* do apelo do socialismo para os intelectuais: o esnobismo. Abandonadas a si mesmas, as pessoas sempre demonstram mau gosto (crime pelo qual Lukács, o luminar marxista húngaro que também foi assassino, achava que elas deveriam ser punidas). Elas não devem, portanto, ser abandonadas a si mesmas. Reis-filósofos – gente como Pham Van Dong e Mary McCarthy – devem ensinar às pessoas o que elas "realmente" querem e rejeitar o que elas meramente acham que querem, porque foram corrompidas, deformadas e alienadas pela propaganda e por outras técnicas capitalistas. O ideal dos socialistas, portanto, não é uma sociedade de justiça perfeita; é uma sociedade em que as pessoas não colocam patos de gesso nas paredes.

Contudo o mau gosto estava voltando a Hanói, e as pessoas estavam adorando.

Depois que saí do Vietnã, encontrei algumas das pessoas dos barcos em campos e em prisões em Hong Kong e em Bangkok. Elas, claro, opunham-se firmemente a voltar para sua terra natal. Em Hong Kong, elas viviam em campos lotados, cercados de muros altos e de arame farpado, uma família inteira morando num espaço do tamanho de um engradado grande. Na Tailândia, as condições certamente eram piores. Porém muita gente preferiria ficar naquelas condições por anos a de novo enfrentar a vida no Vietnã.

Como os apologistas explicariam esse êxodo desesperado de um país cujo governo eles tinham aplaudido tão recentemente? A primeira onda de pessoas em barcos talvez pudesse ser plausivelmente descrita como a fuga de "colaboradores" com o regime anterior. De fato, em Bangkok, tive uma longa conversa com um homem que trabalhara nas embaixadas filipina e americana, que tinha tentado fugir cinco vezes antes de conseguir, a quem tinha sido negado todo tipo de trabalho desde a "libertação", e que tinha sido confinado a seu distrito natal da cidade, sendo obrigado a comparecer ao comitê local três vezes por semana. Ele certamente era um homem do tipo antigo.

Mas os 50 mil refugiados (ou migrantes econômicos) em Hong Kong eram quase todos do Norte, onde só tinham conhecido o comunismo. Eles partiam do Porto de Haiphong, debaixo dos narizes das autoridades a quem tinham subornado com as poupanças de uma vida. Eu mesmo vi os barcos quando visitei Haiphong (onde navios panamenhos e de outros países estavam sendo carregados com ferro-velho, inclusive cilindros de bombas, da guerra – é um vento maligno, que não sopra nada de bom para nenhum mercador de ferro-velho). O custo de uma passagem para Hong Kong a cada refugiado era duas onças de ouro, ainda que às vezes as autoridades subornadas prendessem os refugiados depois de pegar seu ouro e os colocassem na prisão, de onde só saíam mediante suborno. E aí tinham de começar de novo, guardando ouro para pagar a passagem de saída... O governo britânico estava tentando subornar o Vietnã para que aceitasse de volta os refugiados de Hong Kong – pagando o equivalente a uma onça ou duas de ouro por refugiado. A miséria e o desespero tinham assim sido transformados em *commodities* comercializadas com lucro, como Marx sem dúvida teria dito.

A Srta. McCarthy quase perdeu a fé no Vietnã. "Várias vezes cogitei escrever uma carta de verdade a Pham Van Dong (todo ano recebo um cartão de Natal dele) perguntando: por que o senhor não pode impedir isso, como é possível que homens como o senhor permitam o que está acontecendo?"

Nunca ocorreu a ela, claro, que seu juízo original dele estava grotescamente equivocado ("atração magnética [...] fogoso, mas também melancólico [...] emotivo, impressionável [...] ao mesmo tempo altamente intelectualizado"). Ou que as ideias que ela expunha tinham, inevitavelmente, consequências negativas. Não, em algum lugar, deveria haver uma forma melhor e mais pura de socialismo, "com rosto humano", no qual a vida "demandaria um ajuste e tanto, mas seria tão empolgante que eu esperaria que estivéssemos dispostos a sacrificar os confortos da vida a que estamos extremamente acostumados".

Nesse ínterim, os vietnamitas precisariam contentar-se com as reformas que lhes eram concedidas. Como Nguyen Van Linh disse (seu estilo revigorantemente livre da necessidade artificial de originalidade):

> Depois desta plenária, o Secretariado do Partido e o Comitê Permanente do Conselho de Ministros devem organizar rapidamente a implementação da resolução da plenária. No espírito de guiamento concentrado, como numa campanha militar, devemos seguir de perto a evolução e detectar a tempo qualquer desvio e equívoco, tomar as medidas complementares necessárias e supervisionar sua implementação a cada passo [...].

5. Cuba

Havana é como Pompeia, e Castro é seu Vesúvio. Suas palavras derramavam-se sobre a cidade, preservando-a de todo tipo de mudança, exceto a decadência. Essa cidade magnífica, a pérola de séculos de exploração, é uma ruína habitada; os habitantes são como uma tribo errante, que encontrou a metrópole deserta de uma civilização superior, mas morta, e decidiu viver nela.

Felizmente, muito pouco foi construído desde aquele dia de janeiro de 1959 em que os barbudos entraram triunfantes na cidade, após a fuga do ditador Batista. O pouco que foi construído não é atraente. A mais sagrada das relíquias do país é hoje o barco em que 82 rebeldes, 70 dos quais logo morreriam, voltaram do exílio no México para iniciar a revolução. Granma, o barco, está guardado numa caixa de vidro brutalmente angular, um relicário modernista gigantesco da escola comunista de mausoléus. O pequeno parque que o rodeia está repleto de relíquias menores: a van de entregas vermelha, da qual os rebeldes atacaram Batista no Palácio Nacional de Havana em 13 de março de 1957, um tanque caseiro pintado com as cores do Movimento 26 de Julho (vermelho e preto, as mesmas cores anarquistas do movimento sandinista), um sedã americano cinza do começo dos anos 1950, um avião monomotor da marinha: todos preservados do vandalismo, ou de coisa pior, por soldados que exibem uma estranha mistura de descontração latina e preparação militar, apoiando-se casualmente em árvores e fumando em serviço enquanto ficam de olho, as armas à mão, naqueles que se aproximam com granadas nos bolsos.

Na frente do parque, fica um pedestal baixo de pedra com uma chama a gás inextinguível e a inscrição: "Glória eterna a..."

A quem exatamente? Após muito pouco tempo em Havana, você suspeita que a inscrição deveria dizer "Glória eterna a Mim", o Mim em questão sendo um dos maiores Mins do século XX, o Mim sem o qual nada se movia em Cuba. Três dias depois da minha chegada, com pouco para fazer à noite, liguei a televisão – Tele Rebelde, que, como se poderia esperar de seu nome, só transmite a mais pura ortodoxia –, e ali estava ele, Mim, Fidel Castro Ruz, falando a um congresso de trabalhadores científicos. Ele não tinha esperado ser chamado para falar, disse, com toda a timidez de uma diva que se vê repetindo um bis pela 974ª vez em sua carreira. E, claro, ele hesitava em falar a uma assembleia tão augusta de trabalhadores científicos sobre a teoria e a prática da ciência...

Uma hora e quarenta minutos depois, desliguei-o no meio de uma platitude, sem conseguir tolerar um segundo a mais. Ele estava dizendo que, uma vez que uma técnica científica nova e superior tenha sido desenvolvida, ela deveria ser colocada em prática imediatamente, que *nem um único instante, nem um segundo* deveriam ser desperdiçados, para que o máximo potencial da técnica se realizasse na construção do socialismo. O Líder Máximo vestia seu conjunto de Sierra Maestra, talvez um pouco mais sob medida, mais bem passado, mas ainda reconhecível como o traje de sua juventude. O cabelo e a barba, porém, já tinham ficado quase brancos, e agora ele era tanto um profeta do Antigo Testamento quanto um estudante revolucionário. As tábuas que ele trouxe do monte foram talhadas conjuntamente por Marx, Lênin e Helen Steiner Rice. Faça isso, faça aquilo, não faça isso, não faça aquilo... De início, a curiosidade manteve meus olhos colados na tela. Ali estava um homem inegavelmente grande falando, se a grandeza de um homem pode ser medida pelas vicissitudes que enfrentou e pelos efeitos que causou no mundo. Castro falava do *montón de cosas* que a Revolução tinha feito, especialmente na área da saúde. Uma vacina contra a meningite tinha sido desenvolvida, e a Aids estava sob controle, ao contrário de um país não muito distante. Tudo isso fez a Revolução...

Bem, certamente era verdade que as pessoas em Cuba tinham a aparência saudável, especialmente as crianças, que eram bem alimentadas e bem vestidas. Segundo as estatísticas, os cubanos tinham uma expectativa de vida similar à dos europeus ocidentais. Porém havia algo perturbador no modo como o *Comandante en jefe* chamava a atenção para os serviços de saúde cubanos, mesmo que tudo o que ele dissesse sobre eles fosse verdade. Não era só nesse discurso, mas em todas as outras ocasiões possíveis que ele voltava ao assunto, de modo que você ficava cansado de ouvi-lo, mesmo que por pouco tempo. Nem só de antibióticos vive o homem.

Dava para sentir que a preocupação com o bem-estar físico dos cubanos não era o único motivo da ênfase peculiar de Castro na medicina (afinal, seu desprezo pelo valor da vida humana individual era suficientemente bem documentado). Antes, ele estava martelando uma lição importante: a Revolução deu a vocês serviços de saúde e, se a Revolução for derrubada, não haverá serviços de saúde, como não havia antes dela. E nessa lição há um subtexto, como diriam os críticos literários, ou uma intenção oculta, como diriam os teóricos da conspiração. Castro está dizendo a seu povo que, como a Sra. Gargery criou Pip, ele os criou ele próprio, e seria, portanto, um ato da mais grosseira ingratidão da parte deles rebelar-se minimamente que fosse. Porém, se eles confiarem suas vidas a ele, ele cuidará deles, e eles serão salvos até dos dentes da morte...

As opiniões sobre Cuba e seus serviços sociais ficaram tão ideologizadas – graças, em medida não pequena, ao estilo político de Castro – que não apenas é difícil desemaranhar a verdade da ficção ou de um pensamento positivo, mas até decidir o que constitui um fato relevante. Aqueles que admiram Castro ressaltam apenas a alfabetização universal e a expectativa de vida dos cubanos, única na América Latina, ou quase, e as tremendas injustiças que havia no tempo de Batista; aqueles que detestam Castro enfatizam apenas a prosperidade econômica de Cuba antes da Revolução, a completa ausência de liberdade política e artística depois dela, e as vastas subvenções econômicas da URSS necessárias para produzir as melhorias que aconteceram. O ponto médio entre dois extremos *nem sempre* mostra a verdade, pois a verdade é uma tirana que não respeita delicadezas; porém, nesse caso, o ponto médio me parece próximo da verdade da questão.

5. Cuba

Havia muito analfabetismo na Cuba de Batista, embora 77% da população fosse alfabetizada, uma porcentagem alta para a América Latina da época (e ainda não atingida por muitos países). Isso implica que havia pelo menos *algumas* escolas funcionando em Cuba naqueles dias de trevas. Porém há indícios incontestáveis de que existia subnutrição infantil antes da Revolução. Contudo a expectativa de vida, que, desde então, melhorou por treze anos, só ficava atrás, na América Latina, da expectativa de vida na Argentina. E é necessário ver essas cifras não estaticamente, mas dinamicamente. É difícil encontrar um país na América Latina cujos indicadores de bem-estar social não tenham melhorado substancialmente desde 1959.

Por isso, é justo dizer que houve melhorias sociais no governo de Castro; mas é impossível afirmar que elas ocorreram exclusivamente *por causa* dele, ou que elas não poderiam ter ocorrido sem ele. E parece-me que a única justificativa real, ainda que só parcial, para seus métodos ditatoriais seria se esses métodos, e apenas eles, fossem capazes de produzir as melhores reivindicadas para eles. A Costa Rica prova que não é o caso.

Depois de uma hora do Líder Máximo, comecei a perguntar-me como era possível que ninguém na plateia protestasse contra aquela prolixidade desumana. As pessoas na plateia eram cultas e inteligentes, não precisavam ouvir que dois mais dois era igual a quatro, não sabiam necessariamente menos do que ele só porque nunca tinham sido guerrilheiros em Sierra Maestra. Porém ele continuava a mexer na barba, a puxar a orelha, a passar a mão na testa e a violar as regras da oratória, ao mesmo tempo em que se desembaraçava, como num parto, de clichês. Trinta anos de plateias sicofantas tornaram-no incapaz de concisão, de dizer qualquer coisa em duas palavras quando uma centena expressaria o mesmo pensamento. Seu fascínio com sua própria personalidade era tanto que, para ele, um mero capricho era lei. Comecei a perguntar-me também como era possível que, naqueles trinta anos, ele também não tivesse ficado entediado por girar em torno das mesmas ideias, dos mesmos ódios, das mesmas esperanças, em discursos aparentemente intermináveis. Se a desilusão algum dia batesse, pensei, seria de repente, e ele passaria por uma experiência de conversão (um homem como aquele não poderia viver sem certeza), levando todos consigo. Ele tinha recentemente falado bastante sobre religião, e mencionou com simpatia os professores jesuítas de sua juventude. Distraí-me imaginando o sábio de Sierra Maestra voltando velho para os jesuítas. Sua nova humildade, claro, seria um orgulho invertido; ele não estaria honrando a Deus, mas Deus é que estaria honrando a ele.

Ao menos eu podia desligar a televisão. Um importante visitante estrangeiro que conheci em Havana, membro de uma delegação que não muito antes tinha almoçado com Fidel, não teve a mesma felicidade. Fidel falou por sete horas durante o almoço, quase sem parar. Ele estava com seus generais e ministros, incluindo seu irmão Raúl, à sua volta, mas eles só falavam enquanto Fidel estava efetivamente mastigando, o que não era frequente, porque ele era ascético e comia pouco.

Isso, claro, prova que um verdadeiro revolucionário não fala de boca cheia.

Segundo todos os relatos, porém, Castro era um homem preocupado, e às vezes isso transparecia num gesto ou num suspiro. As mudanças no Leste Europeu não convinham nada a seu gosto, não pressagiavam nada de bom para seu poder absoluto, e ele ainda não tinha bolado um jeito de apresentar essas mudanças para seus compatriotas. Uma tramoia, talvez, dos *inimigos do povo*? Mas os *inimigos do povo* deveriam ser relativamente poucos, na melhor das hipóteses, contados aos milhares, não aos milhões, e certamente não a maioria avassaladora da população da Romênia. O problema era que os cubanos eram bem informados demais para acreditar numa mentira tão escancarada.

O exemplo da Romênia, claro, era particularmente preocupante, porque, como Cuba, se tratava de um negócio de família. Um jornalista tchecoslovaco recentemente tinha obtido a distinção de ser o primeiro jornalista do Pacto de Varsóvia a ser expulso de Cuba, precisamente por ter feito uma analogia entre o *Líder Máximo* e o *Conducator*. A comparação não era muito boa: nunca detectei em Cuba o ódio ardente e obcecado por Castro que detectei na Romênia por Ceaussescu, nem entre aqueles que, no entanto, não tinham nada de bom para dizer a respeito dele. Ele não era um mero *apparatchik* casado com uma Lady Macbeth; ele tinha feito, ele próprio, uma revolução, manteve suas credenciais de nacionalista e ainda conseguia apelar ao sentimento visceralmente anti-ianque de muitos cubanos. Mesmo assim, a comparação com Ceausescu era desconfortável o bastante para valer a expulsão do homem que a propusera.

Isso nem era tudo com que Castro tinha de se preocupar. Com a mudança na URSS, os navios com suprimentos não estavam chegando com a regularidade habitual, e a comida guardada, nunca exatamente abundante, estava escasseando. Antes que eu deixasse Cuba, os preços dos ovos e do pão, ambos racionados, subiram 50%. (Fazia 1/4 de século que os cubamos ouviam que o racionamento de comida era uma medida temporária.) Em Santiago, um homem convidou-me para almoçar em sua casa no dia seguinte, e acabou cancelando por não conseguir rações extras para eu comer. Acabamos indo a um restaurante para cubanos em Cayo Granma, logo nos limites da cidade, onde serviam a refeição que comi em todos os restaurantes fora de Havana: *cristianos y moros*, arroz e feijão, com uma cobertura idêntica, centralmente planejada, de cozido de carne – nada de vegetais ou de salada. Toda vez que me era servida essa refeição menos do que deliciosa, eu me considerava extremamente feliz; primeiro, por ter permissão para simplesmente entrar no restaurante, e, segundo, por estarem efetivamente me servindo algo para comer (o que de jeito nenhum era sinônimo de estar sentado à mesa – meu companheiro cubano daquele momento sempre deixava claro para o garçom ou a garçonete que seria menos encrenca servir-nos do que não nos servir, sendo a baderna a primeira regra de comportamento desses restaurantes, onde aqueles que não se tornam desagradáveis tendem a ficar com fome, e um novo princípio revolucionário opera, a sobrevivência do mais rude).

A safra cítrica de Cuba estava apodrecendo nos pomares por falta de transporte e de clientes estrangeiros. A maior fonte de moeda forte do país era crude, vendido a uma taxa concessionária pela URSS, refinado em Cuba e revendido no mercado mundial; e a URSS tinha cortado o fornecimento de crude pela metade no ano anterior. O acordo açucareiro com a URSS também tinha acabado em 1991. Ainda que não fosse fácil de estimar, geralmente se considerava que o preço que os soviéticos pagavam pelo açúcar cubano ficava bem acima do preço mundial, às vezes cinco ou seis vezes acima (ainda que eles pagassem principalmente em bens que não seriam vendáveis em nenhum outro lugar). Quando veio a hora de negociar um novo acordo, a URSS – que ainda precisava de açúcar – pôde impor um novo preço muito menor. Outra vez, as perspectivas econômicas para Cuba não eram boas.

Castro reagia à crise da maneira habitual. Ele é um homem que, cedo na vida, superou tantas dificuldades avassaladoras que não crê que exista algum problema no mundo que ele não possa resolver, nenhuma situação que ele não possa dominar. Quando os corpos dos soldados cubanos mortos em Angola durante o cumprimento de seu "dever internacionalista" foram trazidos de volta para Cuba, Castro usou a ocasião para atacar a deserção do Leste Europeu das fileiras dos justos:

> Eles não estão exatamente falando da luta anti-imperialista ou dos princípios do internacionalismo na maioria desses países. As palavras nem sequer são mencionadas na imprensa. Os conceitos foram praticamente removidos do dicionário político. Por outro lado, os valores do capitalismo estão recuperando uma força peculiar nessas sociedades [...]. A destruição sistemática dos valores socialistas, minados pelo imperialismo, combinada com os erros cometidos, acelerou o processo de desestabilização dos países socialistas do Leste Europeu [...]. O imperialismo e as potências capitalistas não conseguem esconder sua euforia com os acontecimentos. Eles estão convencidos, não sem razão, de que o campo socialista agora quase deixou de existir. Em alguns dos países do Leste Europeu, eles agora têm equipes completas de assessores do presidente dos Estados Unidos, planejando o desenvolvimento capitalista [...].

Isso foi antes da destruição do regime de Ceausescu. Desde então, ele permaneceu em silêncio sobre o assunto. Presumimos que ele tenha considerado "os erros cometidos" uma explicação suficiente para os milhões de pessoas que tomaram as ruas de Bucareste e de outras cidades e, desarmadas, enfrentaram metralhadoras.

No mesmo discurso, ele fazia advertências indiretas à URSS (se não tomasse cuidado, ele poderia retirar dela seu selo de aprovação):

> Guerras devastadoras, que custaram milhões de vidas e a destruição da imensa maioria dos meios acumulados de produção, foram feitas contra o primeiro Estado socialista. Como uma fênix, ele precisou, mais de uma vez, renascer das cinzas e prestar serviços à humanidade, como a derrota do fascismo e o apoio decisivo a movimentos de libertação de países ainda colonizados. Hoje eles gostam de esquecer isso.
>
> É repugnante que muitos na URSS dediquem-se a negar ou a destruir os feitos históricos e os méritos extraordinários desse povo heroico. Não é esse o modo de retificar e de superar os erros inquestionáveis cometidos numa revolução nascida nas entranhas do autoritarismo tzarista, num país imenso, pobre e atrasado [...].
>
> Assim, não hesitamos em impedir a circulação de certas publicações soviéticas carregadas de veneno contra a própria URSS e contra o socialismo. Por trás delas se percebe a mão do imperialismo, da reação e da contrarrevolução. Algumas dessas publicações já começaram a exigir o fim das relações comerciais justas e equitativas que foram criadas entre a URSS e Cuba [...].

Assim, a publicação na URSS das descobertas de valas comuns com 50, 100, 200 mil cadáveres, todos de pessoas mortas com um tiro atrás da orelha, não significavam nada para o *Comandante en jefe*, o defensor dos pobres e humildes do mundo, além de uma ligeira inconveniência ideológica. O assassinato de 20 milhões de pessoas é para ele nada mais do que um "erro inquestionável", um erro para o qual ele concedeu sua absolvição.

Qual a solução para a crise? Seu discurso dá uma pista:

> Já se disse que o socialismo também deve aperfeiçoar-se. Ninguém pode opor-se a esse princípio, que é inerente a todo trabalho humano, constantemente aplicado a ele. Mas será... por meio do abandono dos princípios mais elementares do marxismo-leninismo que se pode aperfeiçoar o socialismo? Por que deveriam as supostas reformas ir numa direção capitalista? Se essas ideias tivessem um caráter revolucionário, como afirmam alguns, por que receberam o apoio unânime e fervoroso dos líderes do imperialismo?

> Nunca na história, uma ideia verdadeiramente revolucionária recebeu o apoio entusiasmado do mais poderoso, agressivo e voraz império que a humanidade conheceu [...].

Na prática, tudo o que foi dito anteriormente pode ser reduzido a uma só frase, ao menos por aqueles acostumados a examinar seus discursos em busca do verdadeiro significado, como um vidente olhando as folhas de chá. E essa frase não vai trazer conforto aos corações de muitos cubanos: hora de apertar os cintos.

Apertar os cintos! Os cintos já me pareciam apertados o suficiente. Andando pelas ruas da Havana Velha, passei por um aviso que indicava quão poucos furos faltavam. Ele informava aos habitantes do quarteirão em que estava afixado que deveriam inscrever-se para obter cerveja, que, como tudo o mais, era desesperadamente escassa. Só estava disponível para casamentos e para os aniversários de 15 anos das filhas, uma garrafa por convidado; o candidato deveria apresentar seu certificado de residência, seu certificado de casamento ou de nascimento e vários outros documentos à devida autoridade. Até uma visita ao ministério era necessária.

Claro que transformar a compra de cerveja num complexo procedimento burocrático tinha suas vantagens políticas. Isso infantiliza as pessoas, fazendo-as ter um dever de gratidão para com uma autoridade que elas não ousam ofender por medo de perder pequenos privilégios. Humilhar as pessoas desse jeito deixa-as dóceis, apáticas – ao menos por algum tempo, até que percam as estribeiras coletivamente. Uma economia de carências é mais adequada aos propósitos do totalitarismo do que uma economia de abundância. Fazer fila perpetuamente pelas necessidades básicas é a melhor garantia contra a subversão.

O que mais se vê ao andar por Havana? Nada pode igualar-se à melancólica beleza do Malecón, a magnífica estrada que corre junto ao mar. De um lado, as ondas de azul profundo batem contra o baixo quebra-mar, formando uma fina espuma branca; de outro, prédios grandiosos desabam lentamente, virando pó. Olhei atentamente aqueles vestígios da antiga prosperidade: seus saguões de mármore, hoje, estão divididos por compensado em moradias, tantos metros quadrados por unidade familiar. As entradas dos prédios são escuras e estão abandonadas; grandes fissuras apareceram nas paredes, a tinta ficou preta, o gesso escamou, o mármore rachou, a madeira apodreceu. Os prédios pertencem a todos: isto é, a ninguém.

Admite-se oficialmente que metade da população de Havana (isto é, 1/10 da população de Cuba) vive em moradias abaixo dos padrões mínimos. E esses padrões não são altos.

Numa ponta do Malecón, que foi feito para o prazer, mas que hoje está deserto, excetuando-se alguns ociosos que entram e saem das sombras com a letargia de dinossauros, ainda há algumas propagandas que ficaram de dias pré-revolucionários, propagandas de filmes – Vivien Leigh e David Niven – e de refrigerantes. Um único anúncio pintado de Coca-Cola adorna as paredes da esquina da Calle Cárcel. Perguntei-me se os cartazes tinham ficado por negligência ou de propósito. Pela cidade, você encontra os nomes das empresas que outrora funcionavam em Cuba: Westinghouse, National City Bank, Philips, Western Union. Mesmo onde as letras de metal foram removidas de seus antigos escritórios, os nomes permaneceram visivelmente impressos no concreto ou na pedra abaixo, como uma cicatriz inerradicável. A suspeita que fica é que, um dia, essas empresas, ou suas sucessoras, reclamarão sua propriedade.

As ruas de Havana eram totalmente despojadas de atividade econômica. Às vezes uma fila se formava, e havia sorvete à venda – de qualquer cor que você quisesse, desde que fosse branco. Os únicos vendedores ambulantes anunciavam jornais, principalmente o *Granma*, o órgão oficial do Comitê Central do Partido, que, apesar de seu título um tanto excêntrico, estabelece novos padrões de tédio jornalístico. (As manchetes em meus dois primeiros dias em Cuba eram: "O Futuro, a Economia, e a Saúde do País Dependem da Ciência", e, no dia seguinte, "Neste Momento a Ciência Pode Tornar-Se um Fator Decisivo para o País".) Também à venda havia o jornal sindical *Trabajadores*, órgão oficial das Forças Armadas Revolucionárias, *Bastión* e *Juventud Rebelde*, título de mendacidade estonteante, pois compete com os outros jornais apenas na repugnância de sua bajulação e de sua conformidade com a linha que o governo adota no momento.

As poucas lojas que havia dispunham de pouco estoque; o nome delas era apenas o dos produtos que vendiam, caso houvesse algum: "Sapatos", "Peixe", "Papelaria". Lojas de roupas tinham manequins dos anos 1950 em suas empoeiradas vitrines, usando as roupas mais sem graça que se pode imaginar. Outra vez, achei muito deprimente essa extinção do impulso estético.

Para compensar a falta de bens, havia uma abundância de slogans de exortação. Murais em cada quarteirão recordavam as pessoas de uma organização chamada El Sistema Único de la Exploración de la República de Cuba (Suerc). Apesar de seu nome, esta organização se dedica não à pesquisa geográfica, mas à defesa civil, à contraespionagem, e à repressão interna. Você procura o Suerc caso se depare com um terremoto, com uma erupção vulcânica, ou com um vizinho carregando um pacote suspeito. As autoridades do Suerc estão prontas para receber denúncias a qualquer hora do dia ou da noite. Deve-se admitir, porém, que os cartazes sobre o Suerc estão desbotados e não transmitem convicção, um tanto como aqueles ao lado, exaltando Che Guevara e suas ideias.

Fidel, é claro, é frequentemente citado nos muros: "Não existe nenhum tipo de força, interna ou externa, e nenhuma dificuldade, objetiva ou subjetiva, que seja capaz de impedir nossa marcha vitoriosa e definitiva para o futuro". Suponho que se possa dizer o mesmo de nós todos, até que um médico invente algum jeito de deter a flecha do tempo.

Mas Fidel, Líder Máximo que seja, não é, nem de longe, citado tantas vezes quanto o *Heroe Nacional*, título concedido a José Martí, poeta, jornalista, homem de intrigas, fundador do Partido Revolucionario Cubano, e, melhor de tudo desde o ponto de vista de sua reputação, mártir da causa da independência de Cuba da Espanha. Ele escreveu tão prolificamente até sua morte, em 1895, que políticos cubanos de todas as estirpes minam suas obras para provar que são um mais *martiano* do que o outro. Há um busto de Martí diante de cada escola cubana, ao lado da bandeira; incontáveis ruas e praças receberam seu nome; há um instituto dedicado ao estudo de sua vida e obra, ou melhor, a provar que o governo atual preserva a sucessão apostólica nascida dele; lojas sem estoque de outras mercadorias possuem bustos em miniatura seus a não mais poder; suas palavras estão por toda parte; você logo não o aguenta mais, ou melhor, não aguenta o uso que se faz dele.

Na verdade, logo você é vitimado pela ambição de jogar pedras em cada ícone que vê do Herói Nacional – procedimento perigoso, pois em Cuba seria considerado próximo à blasfêmia. Vindo, como eu vim, de uma sociedade que zomba da idolatria política, o culto de Martí parecia-me ora absurdo, ora sinistro. O escritor argentino, Alberdi, escreveu: "A Guerra de Independência deu-nos uma mania ridícula e desgraçada de heroísmo". Isso é ainda mais verdade sobre Cuba do que sobre a Argentina. Passei a detestar profundamente aquelas citações por toda parte: "Criar é ser vitorioso", na agência dos correios, onde os funcionários atrás do balcão se moviam ressentidos, como se mergulhados em cola; "Os homens são de dois tipos, os que amam e constroem, e os que odeiam e destroem", nas paredes arruinadas de prédios dilapidados; "A arte é a própria vida, a arte desconhece a morte", na entrada de uma galeria de arte tão pouco visitada que tinha a atmosfera de um necrotério.

Pobre Martí, ser usado assim! Ele realmente era poeta, realmente foi herói (foi condenado a trabalhos forçados aos 16 anos), e, contudo, o visitante de Cuba logo começa a se sentir obrigado a empanturrar-se, do mesmo modo que o ganso do *foie gras* deve sentir-se. O culto seria engraçado se seu objetivo não fosse, tão obviamente, impedir o pensamento racional e manter as mentes escravas de uns poucos slogans e emoções viscerais. Quando voltei a Havana após meu tour pela ilha, fiquei no Hotel Inglaterra, um grande hotel magnificamente restaurado, em cujo salão de jantar, com lindos azulejos, o grande poeta Rubén Darío outrora jantava. Na praça diante do hotel, entre as palmeiras, ficava uma estátua do Herói Nacional. No 137º aniversário de seu nascimento em 1853, observei crianças de 5 e de 6 anos colocando coroas de flores na estátua; algumas tinham sido treinadas para fazer discursos ornamentados e grandiloquentes aos pés do herói, enquanto outras ficavam em posição de sentido ao lado dele, cheias de orgulho por terem sido selecionadas para isso. Não consegui observar ou ouvir por muito tempo. Parecia-me que nutrir um ardente nacionalismo, que sempre envolve tanto a adulação de si quanto o ódio dos outros, em mentes tão jovens, em nome de um governo nada desinteressado, era simplesmente criminoso. As crianças estavam bem alimentadas e bem-vestidas, como todas as crianças em Cuba; seus rostos estavam cheios de felicidade inocente, e suas mentes, cheias de ódio conveniente.

Enquanto isso, diante da estátua, erguia-se uma plataforma para uma *fiesta* no dia seguinte. E, na colunata ao lado do hotel, os alunos estavam pintando um vasto painel, de cerca de 6m por 15, para adornar o prédio. Ele citava o próprio Herói Nacional: "Minha funda é a mesma de Davi". Em Cuba, não há dúvidas quanto a quem é o Golias local. No mesmo dia, o *Bastión*, jornal das Forças Armadas, imprimiu em negrito as palavras de Martí: "Duas verdades úteis para Nossa América: o caráter grosseiro, desigual e decadente dos Estados Unidos, e, ali, a existência contínua de toda a violência, discórdia, imoralidade e desordem de que o povo hispano-americano é acusado".

Na verdade, a atitude de Martí em relação ao Colosso do Norte era consideravelmente mais matizada do que o texto citado sugere. Ele era inteligente demais para supor que o país mais vigoroso e poderoso do mundo (como já era à época) pudesse ser apenas uma bacia de iniquidade. Porém é assim que ele é hoje apresentado, *ad nauseam*, ao povo cubano.

A propaganda recorre absolutamente à tradição latino-americana de contrastar o sucesso material e a vacuidade espiritual da *América Deles* (a anglo-saxônica) com o fracasso material e a grandiosidade espiritual da *Nossa América* (a hispânica). Esse contraste é, claro, uma resposta comum e confortadora da impotência ao poder, do atraso à modernidade. Os russos responderam assim à Europa Ocidental; os muçulmanos, à cristandade; e a Europa Ocidental, aos Estados Unidos. Porém, quando uma resposta como essa se torna parte de uma filosofia oficial e inquestionável, ela causa muito mal, pois impede a devida investigação quanto às fontes do poder e da falta de poder, e, em vez disso, promove uma atitude tanto de ressentimento quanto de autocongratulação, que é emocionalmente gratificante, mas pior do que inútil para estimular melhorias na prática.

Quando fui embora de Cuba, eu estava cansado de ouvir falar sobre o crime, o desemprego e o vício em drogas nos Estados Unidos; nunca fui tão pró-americano. Minha sensação foi reforçada quando visitei a Galería

Centro Provincial de Artes Plásticas, para ver uma exposição de retratos de Martí feita por pintores contemporâneos para celebrar seu 137º aniversário. Os artistas tinham mais talento visual do que os de qualquer outro país comunista que visitei, mas isso só deixava o conteúdo intelectual mais lamentável. Um retrato era intitulado *Profecía en América*, e era um mapa com uma imagem de Martí, crescendo a partir da ilha de Cuba. A Sul do Rio Grande, era tudo verde, uma selva feliz, pontuada por pequeninas aldeias de azulejos e cal, cheias de aldeões dançantes; a Norte do Rio Grande, a terra flamejava com as chamas laranja do *inferno*, sobre as quais voava uma negra ave maldosa de rapina com a bandeira americana nas costas. Eu ficaria menos perturbado por esse *nonsense* se o pintor fosse desprovido de talento, porém o talento a serviço de mentiras centralmente ordenadas é uma coisa terrível.

Pior ainda do que essa desonestidade era um pequeno desenho à caneta do Herói junto de palavras supostamente escritas em seu caderno escolar de exercícios por uma menina de 10 anos que, como as de outras partes do mundo, que têm visões da Virgem Maria, aparentemente ouviu Martí dizer:

> [...] ele estava muito feliz e satisfeito com o que estava acontecendo em seu país no processo de retificação e na campanha para fazer mais com menos, com a resposta que nosso povo deu à crise mundial do socialismo, e mandou saudações a todos os revolucionários cubanos, especialmente a nosso comandante-chefe, enfim, ele disse socialismo ou morte e que devemos ficar firmes. Foi isso que ele disse.

Na noite da *fiesta*, uma pequena multidão juntou-se na praça e uma banda de rock subiu à plataforma. O brilhante saguão do Hotel Inglaterra ficou mais cheio de policiais à paisana do que o normal (sempre havia *alguns* por perto), para impedir que cubanos não autorizados entrassem naquele paraíso. Com o walkie-talkie na mão, eles exigiam ver documentos de identificação antes de deixar qualquer pessoa passar. O jornal anunciara, no dia anterior, que, a fim de celebrar o desaparecimento revolucionário de toda distinção entre polícia e povo em Cuba, muitos policiais misturar-se-iam alegremente com o povo na *fiesta*.

De minha varanda com vista para a praça, assisti à chegada de uma procissão iluminada por tochas. De início achei que era enorme, metade da população de Havana, mas acabou sendo bem pequena, no máximo alguns milhares de pessoas. Na hora em que elas chegaram, papéis iluminados foram soltos dos prédios em volta da praça, cada papelzinho retangular com um slogan impresso: "Sou anti-imperialista, Sou 100% cubano, Sou Davi". Da varanda ao lado da minha, uma equipe da Tele Rebelde filmava a cena.

Desci até a multidão. A procissão de tochas tinha sido recebida com um burburinho de expectativa, mas que já tinha morrido quando cheguei à praça, onde reinava uma estranha indiferença. A música estava alta, era inescapável, mas as pessoas estavam de costas para ela. Algumas estavam sentadas aos pés das palmeiras, conversando baixinho entre si; outras miravam as trevas além dos holofotes. Outras ainda se afastaram da praça, indo pelo Prado, onde alguns dos residentes estavam em suas varandas, dançando a sua própria música. Ao longo de todo o Prado, havia bancos de pedra; e ali, noite tropical após noite tropical, as pessoas locais ficavam sentadas, esperando pacientemente o tempo passar. A noite da *fiesta* não era diferente para elas.

Começaram os discursos políticos. O que lhes faltava de originalidade era compensado pela ênfase. Era claro que havia entusiastas incumbidos de aplaudir perto da plataforma, cujos *Vivas!* eram captados pelos microfones e aumentados para virar um simulacro de entusiasmo popular. Nos subúrbios da multidão, porém, o tédio era mais do que óbvio. Ninguém aplaudia, ninguém ecoava os slogans, e suspeito que ninguém sequer *ouvisse* os discursos.

O *Daily Telegraph* tinha-me pedido para escrever um dos artigos de uma série sobre sebos de livros. Recebi 25 libras para comprar três livros, os quais eu resenharia em 250 palavras. Achei que seria interessante encontrar uma livraria dessas em Havana.

Na esquina das Calles Obispo e Bernaza, encontrei a Librería Cervantes. Seu estoque não era grande, e a parte dele que não consistia em livros-textos um tanto datados sobre questões técnicas estava dividida em duas grandes categorias: livros em inglês, que tinham sobrado da biblioteca do Clube Feminino de Havana, pré e, sem dúvida, antirrevolucionários, e livros sujos de capa brochura em espanhol da era Castro. Entre estes havia alguns volumes que um dia, talvez, se tornem itens de colecionador, ainda que a maioria ainda estivesse disponível em exemplares novos, sem custo extra, na livraria Nueva Poesía, do outro lado da rua: *As Memórias de Leonid Brejnev, Discursos de Konstantín Chernenko, Discursos de Todor Jivkov*. Havia também uma antologia, *Jornalistas Búlgaros no Caminho do Leninismo*, e um estudo especial sobre o desenvolvimento de um exemplo do Novo Homem, *El Joven Erich*, Erich sendo Honecker, naturalmente. O mais comovente era um livro infantil, *Felix Significa Feliz*, Felix sendo ninguém menos do que Dzerjinsky, o primeiro chefe da polícia secreta soviética. Os poloneses perguntam por que ele é o maior polonês que já viveu, e a resposta é que ele matou mais russos do que qualquer outro. Uma boa história de dormir para crianças.

Os volumes do Clube Feminino encheram-me de uma tristeza diferente. Primeiro, eles tinham sofrido a deterioração física que os livros costumam sofrer nos trópicos, a menos que recebam cuidados especiais: mofo na encadernação, mordiscadas de criaturas de filos diversos, de artrópodes a répteis e a mamíferos, o depósito de insetos esmagados e mumificados e de excremento de lagartixas, deixando manchas marrons escuras nas páginas. Segundo, ou eles eram insuportavelmente sérios – *Arqueologia Comparativa da Mesopotâmia Antiga* – ou rebaixavam-se ao nível de revista de fofocas – *Líder de Esquadrão Peter Townsend: A História Real*. De maneira um tanto incongruente, descobri entre eles um manual soviético de boxe, o qual, como os dois livros anteriores, preferi não resenhar. Após pensar muito, escolhi três livros, que no total custam US$ 3,60, ou US$ 0,60, caso a conversão fosse feita pela taxa oficial ou pela do mercado negro.

Dos livros em espanhol, escolhi *Baía de Guantánamo*, de Rigoberto Cruz Díaz. Era uma série de entrevistas feitas pelo autor, com pessoas de Caimanera, uma aldeia próxima da base naval americana, na qual elas recordavam suas experiências de vida antes da Revolução. Naturalmente, elas não tinham nada de bom a dizer sobre os americanos (ou, se tinham, foi cortado na edição), a quem às vezes descreviam como animais e de cujo idioma zombavam, como se não fosse mais do que o rugido ou o latido dos animais. Na verdade, o ódio era tão excessivo, com tantos epítetos racistas, que duvido que um volume como aquele poderia ter sido publicado em democracias liberais que proclamam as virtudes da liberdade de expressão. Muitas das entrevistadas eram ex-prostitutas, salvas do vício pela Revolução. Eu teria achado a indignação com a prostituição muito mais convincente se não tivesse sido abordado tantas vezes, na Havana Velha, por rapazes que conheciam uma jovem *morena* que estava disposta... desde que eu comprasse para os rapazes um par de sapatos na loja em moeda estrangeira. Isso, pensei, era uma transação ainda menos digna do que normalmente é a prostituição, na medida em que implicava um insulto à moeda nacional.

Dos livros do Clube Feminino, selecionei *O Grande Erro*, de John Knox, e *A Batalha da Rua Basinghall*, de E. Phillips Oppenheim. O grande erro era Herbert Hoover, denunciado pelo autor em 1930 – tarde demais. E. Philips Oppenheim é um nome conhecido de todos os frequentadores de sebos baratos. Já foi o mais popular romancista inglês, o Jeffrey Archer de sua época. Publicado em 1935, *A Batalha da Rua Basinghall* trata do embate entre lorde Marsom, financista judeu inteligente e implacável, que é presidente da Woolito Limited (Woolito era uma lã [*wool*] sintética patenteada de cor deslumbrante), e lorde Sandbrook, um belo aristocrata inglês que monta bem e passa o tempo frequentando os acontecimentos sociais da temporada. O embate entre o sórdido profissionalismo comercial e o lânguido amadorismo aristocrático é desigual: o amadorismo sempre vence.

Detectei uma estranha convergência entre os valores expressos nesse sustento ficcional e os de Fidel Castro e Che Guevara. Como lorde Sandbrook, eles nunca tinham ganhado a vida de nenhum jeito convencional; eles desdenhavam disso. Como lorde Sandbrook, sua visão da vida era moralizante e estética. Se as pessoas tinham de trabalhar, não deveria ser para o ganho pessoal, para o lucro imundo, mas só pela beleza ou pela justiça. O comércio era sórdido, intocável, corrompido. Lorde Sandbrook de fato era um Homem do Tipo Novo, cujos pensamentos nunca se rebaixavam à busca de vantagens pessoais. E, como lorde Sandbrook, Castro e Che eram aristocratas; desde o primeiro momento de sua autoconsciência, eles souberam que não eram como os outros homens, que não se fundiriam anonimamente a multidão nenhuma, que seus destinos eram grandiosos. Eram as classes médias que eles odiavam, desprezavam e temiam.

Che, o perfeito cavaleiro bondoso do socialismo, exemplifica mais claramente do que quase qualquer outro revolucionário do século XX a liga instável de abnegação e arrogância, que é a marca registrada da estirpe. Filho de um despreocupado empresário argentino com ideias radicais e de uma mãe que cedo esposou o marxismo, sua infância não foi nada convencional. Ele foi incentivado a viajar e a encontrar seu próprio caminho no mundo. Sua forte asma logo infundiu ferro em sua alma: tornando-se esportista contra todas as expectativas, aprendeu o valor da força de vontade. Teve sucesso acadêmico apesar das irregularidades de sua criação.

Após diplomar-se médico, vagou pela América Latina, vendo e experimentando, por si, as dificuldades da maioria das pessoas. Conheceu Castro pessoalmente, em 1955, e separou-se dele dez anos depois, época em que se tornou uma figura mundial. Abandonou suas altas posições no governo revolucionário para retomar a vida de guerrilheiro, e morreu – terrivelmente – nas selvas bolivianas, em 1967, tentando levar à Bolívia o que tinha ajudado a levar para Cuba.

Ninguém jamais sugeriu que Guevara seguiu seu idiossincrático curso na vida em busca de ganho pessoal – da maneira como se costuma entender o ganho pessoal. Ele não morreu rico, não teve uma vida de opulência após chegar ao poder (ainda que a comida simples que ele preferia – bife, salada de alface e tomate, conhaque espanhol – tenha sido transformada em luxo pelo sistema econômico que ele criou). Ele também se vestia com simplicidade e trabalhava muito duro; era, segundo tudo o que se conta, muito tímido nas relações pessoais. Suas opiniões, as quais formara muito cedo na vida, e a partir das quais agia, eram de uma arrogância realmente assustadora.

Em sua arrogância, ele era um verdadeiro seguidor de Marx e Lênin. Ele julgava que, até a revolução de Lênin na Rússia, os homens nunca tinham agido de maneira plenamente consciente, ainda estavam na pré--história, e, portanto, não poderiam ser considerados plenamente humanos. "Com a revolução de outubro de 1917 [...] o homem adquiriu uma nova consciência. Os homens da Revolução Francesa, que disseram à humanidade tantas coisas belas [...] eram, no entanto, meros instrumentos da história."

Até que Fidel e Che aparecessem, com seu entendimento superior, e aliás total, os cubanos eram apenas instrumentos cegos e inconscientes da história, meras penas no vento da circunstância econômica. Suas ideias, suas aspirações, seus gostos e desgostos eram o reflexo automático da sociedade (podre) em que viviam.

Por conseguinte, de acordo com Guevara, o *novo homem* precisava ser construído – sim, *construído*, termo que ele usava várias vezes ao falar disto. "Uma economia socialista sem uma moralidade comunista não me interessa", disse Guevara certa vez, revelando nessa breve frase a profundidade de sua ânsia de poder. "Um dos objetivos fundamentais do marxismo é eliminar o interesse material, o fator de 'interesse individual' e de lucro das motivações psicológicas do homem." Ele poderia ter acrescentado: "O mundo precisa ficar igual a mim".

Porém, ele não estava sendo heterodoxo desde uma perspectiva marxista. Em *A Ideologia Alemã*, Marx e Engels escreveram:

> Tanto para a produção em massa dessa consciência comunista quanto para o sucesso da própria causa, é necessária a alteração em massa do homem [...] não só porque a classe dominante não pode ser derrubada de outro jeito, mas também porque a classe que a derruba só numa revolução pode ter sucesso em livrar-se do lixo das eras e tornar-se capaz de refundar a sociedade.

Você, leitor, seus filhos, seus pais, seus amigos, praticamente todos que você conhece ou já conheceu, eu, autor deste livro, estamos cheios do lixo das eras, lixo do qual precisamos ser libertados – à força, claro – antes que atinjamos a verdadeira humanidade. Nem Mozart, nem Michelangelo, nem Shakespeare, nem Dickens, nem Galileu, nem Pasteur atingiram essa grandeza: apenas Che e Fidel, Stalin e Vichinski, Ulbricht e Ceauşescu. Que respeito pelos direitos humanos se pode esperar de alguém que acreditava numa coisa dessas?

Guevara, porém, era capaz de acreditar em *nonsense* ainda mais descarado, do tipo com o qual só pessoas inteligentes concordam, já que é preciso um vasto e elaborado edifício intelectual para fazê-lo. Para ele, a descrição que Marx dava do mundo após a Revolução era tão verdadeira quanto o Papai Noel para uma criança crédula:

> Numa fase mais elevada da sociedade comunista – escreveu Marx –, quando a subordinação escravizante do indivíduo à divisão de trabalho e, com ela, a antítese entre trabalho mental e físico tiverem desaparecido; quando o trabalho se tornar não apenas um meio de manter-se vivo, mas uma necessidade vital ele próprio; quando as forças produtivas tiverem também crescido junto ao desenvolvimento pleno do indivíduo e todas as fontes de riqueza cooperativa fluírem com maior abundância [...].

Repito: você fica uma hora na fila para comprar sorvete em Havana de noite.

Guevara odiava o mercado, com ódio apaixonado. Em parte, isso poderia ser atribuído à pobreza e à miséria que ele viu em seus desvios pela América do Sul, as quais, como não surpreende, ele atribuía ao sistema econômico vigente. Porém as verdadeiras fontes de seu ódio eram muito diversas: uma desconfiança infinita dos seres humanos tais como são (coberta por enérgicas declarações de fé em seu futuro glorioso) e um insensato ímpeto de controlar as vidas dos outros. Ele detestava a possibilidade – não, a certeza – de que, tendo escolha, as pessoas não escolheriam o que ele considerava "socialmente racional", de que elas prefeririam porcos de marzipã a uma dieta balanceada, cerveja e futebol a vitaminas e matemática. A democracia, para ele, não tinha nada a ver com escolha; ele não via nada de democrático no mercado. E, suposto pensador e teórico profundo, como seus admiradores querem que acreditemos, nunca lhe ocorreu que seu ideal de uma economia plenamente computadorizada, centralizada, com apenas um punhado de burocratas para geri-la era um plano para a mais abjeta e irreformável das ditaduras – ou, se isso lhe ocorreu, ele não se importou, pois seria ele o ditador em questão.

Tanto Guevara quanto Castro foram adolescentes a quem foi negada a oportunidade de amadurecer por seu sucesso inicial contra uma ditadura corrupta e brutal, sucesso esse que fixou suas personalidades de uma vez por todas. Cercados depois por admiradores e sicofantas, nunca precisaram aprender que o mundo era maior do que seus egos.

Mas o mercado, como o turbilhão do tempo, traz suas vinganças. Não estou pensando nos mercados que vi nas cidades provincianas de Cuba – mais tristes, menos vivos do que os que vi em qualquer outro lugar do mundo, exceto em condições de fome, vendendo apenas repolhos com folhas enegrecidas, ou algumas cenouras pequeninas, ou cebolinhas, pelos quais as pessoas tinham de empurrar-se e brigar como se estivessem fugindo da peste que chegava. Não, antes penso nas lojas em moeda estrangeira, cujo papel na vida cubana nega seus exteriores calmos e ocultos. Muitos foram os cubanos que me pediram para comprar algo para eles nessas lojas, normalmente confiando-me alguns poucos dólares amarfanhados, que eles pouparam na esperança de encontrar um estrangeiro disposto a fazer compras ilegais para eles. Eles próprios não têm permissão para entrar naqueles templos de delícias, para que não sejam corrompidos pelo que ali veem, nem, aliás, têm permissão para possuir dólares: possuir dólares em Cuba é como possuir cocaína em Miami, normal, mas proibido.

"Não compre nada com etiqueta cubana", dizem eles com uma urgência digna de verdadeiros revolucionários. "Tenha certeza de que está comprando coisas estrangeiras. Gaste tudo, cada dólar, cada centavo."

As lojas em moeda estrangeira ficam nos hotéis onde os estrangeiros se hospedam e em outros locais. Elas se anunciam como locais onde "é fácil comprar"; fora delas, comprar em Cuba é uma atividade repleta de dificuldades e de complicações burocráticas. Os cubanos não ousam aproximar-se dessas lojas na companhia de estrangeiros: elas são sempre vigiadas de perto pela polícia secreta. Você se separa dos cubanos a certa distância de suas portas; nem os táxis (à exceção daqueles especiais, que cobram em dólar, para turistas) ousam aproximar-se dos hotéis.

Foco que são de tanta ânsia, essas lojas são desorganizadas e têm estoque pequeno. Os funcionários são indiferentes, e as mercadorias muitas vezes foram estragadas na loja. As roupas são importadas do Panamá, e sua qualidade é tão baixa que nenhum turista europeu ou canadense as compraria. É óbvio que o objetivo delas é ser uma distração no mercado interno, a fim de satisfazer uma demanda que, de outro modo, não poderia ser atendida para coletar os dólares que vão parar em mãos privadas.

E, como esse comércio é ilegal, ele também tem a vantagem de dar à polícia um instrumento de chantagem, como na Romênia; afinal, em Cuba, todos, ao menos nas cidades, já se aproveitaram do comércio, usando pelo menos um item de roupas importadas.

As relações de Cuba com o Panamá eram um tanto nebulosas. A invasão americana de 1989 para depor o general Noriega trouxera uma irrupção de cartazes, já desbotando ou descascando nas paredes: "Fora do Panamá, Garras Ianques!, Panamá, Estamos com Você". O fluxo de bens de consumo baratos tinha sido interrompido, ao menos por ora. E Castro estava na posição desconfortável de defender um homem que era conhecido como agente da CIA e traficante de drogas, com base no princípio de que o inimigo do meu inimigo é meu amigo.

Talvez não fosse só isso. Havia muitos rumores de que Castro estava profundamente implicado no tráfico de drogas de Noriega. Em 1989, o general Ochoa, o comandante-chefe das forças cubanas em Angola e, até então, herói nacional, foi fuzilado após um julgamento militar sumário por ter permitido que Cuba fosse usada como escala para a cocaína que ia para a Flórida. Castro afirmava sua inocência, claro, mas o episódio foi um choque, e poucos pareciam acreditar na versão oficial. No mínimo, acreditavam que Castro sabia mais das atividades de Ochoa do que admitia. "Afinal", disse-me um rapaz, "ele sabe de tudo o mais que acontece em Cuba. Como ele não sabia de Ochoa?".

Ouvi outro rumor de um homem que afirmava ter sido membro do exército revolucionário em Escambray e ter encontrado Castro uma vez. No começo, ele acreditava nas promessas de Castro – Castro falava então com o que parecia ardente sinceridade –, mas há muito ele percebera que a característica mais importante do Líder Máximo era uma incapacidade patológica de dizer a verdade (ele estava tão convencido disso que eu tive grande dificuldade para convencê-lo de que algo do que Castro dizia sobre o resto da América Latina – que havia pobreza e fome nela, por exemplo – era de fato a verdade). Ochoa, disse, era um comandante popular, e, portanto, os Castro, Raúl e Fidel, temiam-no. E a economia de Cuba estava tão bagunçada que um golpe militar parecia a única resposta. Portanto para desacreditar Ochoa e lhes dar uma desculpa para livrar-se dele, eles mandaram-no começar operações de tráfico. Era uma armadilha: julgaram-no e fuzilaram-no.

Não havia bons indícios em favor de sua interpretação dos acontecimentos, ainda que, considerando o longo histórico de Castro de intrigas políticas violentas, ela não me parecesse intrinsecamente impossível; meu informante falava enquanto passamos de carro pela enorme prisão Boniato, cujas sinistras instalações víamos desde as colinas nos arredores de Santiago de Cuba (Castro foi prisioneiro ali por dois meses e meio, quando foi capturado depois do assalto ao Quartel Moncada, mas a experiência não o deixou nem um pouco menos inclinado a aprisionar outras pessoas). Meu companheiro dizia ter sido prisioneiro em Boniato, onde havia cerca de 5 mil prisioneiros, principalmente políticos, em condições difíceis de descrever. Perguntei se ele tinha lido o livro de Armando Valladares (eu não poderia imaginar como ele teria conseguido uma cópia em Cuba). Não tinha, mas disse que cada detalhe dele era verdadeiro. Pareceu-me uma atitude de grande indiferença para com a verdade, mas o ódio não costuma parir a cautela nem a exatidão. Várias vezes ele ergueu a perna da calça para mostrar-me que não tinha meias. Não tinha meias! Até no governo Batista havia meias.

Em Cienfuegos, cidade portuária onde o estuque de seus prédios grandiloquentes caía como a cobertura de um bolo de Natal envelhecido, conheci, num sábado de manhã, três jovens carpinteiros negros. Eles estavam sentados na calçada com os pés na sarjeta; não tinham nada para fazer, e, quando falei que estava a caminho de Playa Giron, cenário da derrota da expedição contrarrevolucionária de Cuba em 1961, eles pediram para vir comigo.

É uma delícia dirigir em Cuba, porque, como em todos os países comunistas, não há trânsito. As ruas nas cidades têm menos carros do que o campo na Europa. Fora das cidades, as estradas são vazias, excetuando os muito ocasionais sedãs americanos alquebrados dos anos 1950, em vermelho vivo ou azul-céu, com enormes rabos de peixe e quilômetros de cromo, ou caminhões soviéticos cujas engrenagens parecem estar sempre batendo umas nas outras. Não há limite efetivo de velocidade: o ar quente entra veloz pela janela aberta e a *salsa* do rádio insta o pé a pisar no acelerador. Que alegria – alegria forte!

Perguntei aos três carpinteiros por que eles queriam ir a Playa Giron. Não queriam, particularmente; não havia nada para eles fazerem lá, disseram, não havia jeito fácil de voltar para Cienfuegos e a viagem não deixava de apresentar riscos junto à polícia. Porém eles estavam cansados da calçada e da sarjeta onde passavam a maior parte do tempo livre; uma viagem para lugar nenhum era preferível. Uma metáfora da vida em geral?, perguntei-me. Certamente eu estava contente por haver tantas coisas erradas no mundo sobre as quais eu podia escrever, do contrário, eu teria de enfrentar a falta essencial de sentido da existência.

Liguei a Rádio Martí, a estação transmitida da Flórida e paga pelo governo americano. Às vezes diziam que a adoção do nome de Martí realmente tinha enfurecido o governo cubano. Não acredito. O governo cubano — isto é, Castro — fica enfurecido com qualquer contradição, especialmente de uma fonte que não pode ser silenciada. Porém, do lado sul da ilha, vindo do equivalente eletromagnético de uma neblina, a Rádio Martí estava inaudível. Perguntei a meus companheiros se eles costumavam ouvi-la.

— Às vezes — disseram, sem grande entusiasmo.

E eles queriam visitar os Estados Unidos algum dia?

Para minha surpresa, disseram que não; lá a criminalidade era alta demais, o racismo era forte, havia muita violência. A França era seu farol, seu ápice civilizacional.

A resposta deles me impressionou. Ainda que não tivessem muito estudo — talvez *porque* não tivessem muito estudo —, guardavam independência intelectual, e tinham formado seu próprio juízo das coisas. Sabendo que a maior parte do que ouviam era mentira, eles não tinham chegado à conclusão óbvia de que o exato oposto deveria ser verdade. Somente um deles já tinha ido a Havana, nenhum tinha sequer chegado a Santiago. Suas opiniões eram o resultado de poucas informações e de reflexão sensata, mas não eram rasas por causa disso. Não eram socialistas, mas sabiam que a reintrodução do capitalismo em Cuba teria seus problemas, e que eles sofreriam por causa disso. Não acho que eu poderia ter tido uma conversa similar com três carpinteiros na Inglaterra ou nos Estados Unidos.

Eles estavam descontentes, mas não de um jeito violento. Não gostavam dos Castro – especialmente de Raúl Castro – mas seu ódio ficava bem longe daquele provocado por Ceaușescu na Romênia. Como todos mais, eles presumiam que *los dirigentes* – os líderes, os burocratas, os generais – estavam vivendo das riquezas do país, comendo não arroz com feijão, mas maionese de lagosta. E eles conheciam muito bem alguns dos aspectos menos atraentes da ditadura do proletariado, como Castro gosta de chamar seu governo. Por exemplo, sempre que eles davam festas, a polícia chegava à meia-noite para acabar com ela, usando cassetetes e até cachorros. Eles eram submetidos a verificações arbitrárias da polícia; e, quanto às eleições, elas simplesmente não existiam em Cuba. Eles falavam da ausência de eleições com um rancor que achei surpreendente, considerando a frequência com que as eleições foram fraudulentas na história cubana: porém, mesmo as eleições fraudulentas do gênero antigo eram um reconhecimento do que deveria acontecer, uma medida para a soberania popular – e, além disso, uma diversão do cotidiano, fator que não deve ser subestimado quando o tédio é tão esmagador quanto em Cuba.

Chegamos a Playa Giron, perto da Baía dos Porcos. A praia era plana, o mato, denso com arbustos que viviam do sol salino. O assentamento mesmo consistia de cabines bonitinhas e de um grande hotel. Bem antes de chegarmos ao hotel, onde eu pretendia almoçar, meus três companheiros pediram que eu os deixasse sair. Eles não podiam entrar, mesmo que eu estivesse preparado para pagar com dólares por suas refeições. Os policiais na porta do hotel impediriam qualquer infração das regras. Meus companheiros disseram que esperariam por mim a algumas centenas de metros dali, nas sombras. Antes de sair do carro, eles olharam em volta para ter certeza de que ninguém estava olhando.

Para minha surpresa, o hotel estava cheio de cubanos, que pagavam em *pesos* que, de outro modo, não valeriam nada. Numa plataforma perto da piscina havia quatro negras com pernas compridas, de maiô, executando o que obviamente parecia uma dança folclórica, ao ritmo da percussão. Suas expressões transmitiam um tédio mais profundo, transcendental, do que o de um menino de escola declinando palavras latinas. Elas executavam a dança com negligência, como se ela fosse parte de um plano quinquenal.

Ninguém prestava atenção nelas, não havia aplauso entre as danças. Na sala de jantar, havia um buffet, espalhado com iguarias, como peixe enlatado, alface e tomates. Aqui estava o luxo! Eu não gostei disso, no entanto, por causa dos meus três companheiros que me esperavam do lado de fora, segregados da vanguarda do proletariado do interior.

Antes de deixar Playa Giron, quis visitar o museu comemorativo local. Do lado de fora, havia um Sea Fury, avião naval de produção britânica que explodiu o Río Escondido, principal navio de suprimentos dos invasores, e assim desempenhou um papel importante em sua derrota. Meus companheiros não queriam vir ao museu, ou porque estavam entediados com a história toda, que já tinham ouvido inúmeras vezes, ou porque não era seguro ser visto em minha companhia. De qualquer modo, eu era o único visitante do museu naquela tarde.

Os museus cubanos são como os discursos de Fidel Castro: incluem mais do que o necessário, são retóricos, autojustificativos. A concisão evidentemente não é um dom cubano, nem quando se trata de escolher fotografias. Mesmo assim, os pequenos objetos possuídos por aqueles que lutavam (do lado revolucionário) davam um eloquente testemunho de bravura e de crença. A causa dos contrarrevolucionários não era nobre; alguns dos participantes eram assassinos extremamente repugnantes, psicopatas, da época de Batista, que, no novo governo, receberiam a tarefa de lidar com a oposição. Aqueles que afirmam estar lutando pela liberdade, com frequência, estão lutando pelo poder, o que é algo bem diferente.

Foi durante a invasão da Baía dos Porcos que Castro anunciou, pela primeira vez, que a revolução era socialista. "Esta é a Revolução Socialista e Democrática", disse, "dos humildes, com os humildes, para os humildes [...]".

Meus três carpinteiros ficaram esperando-me, mas não deram sinal de que me reconheciam. Antes de entrar no carro, verificaram outra vez que ninguém estava olhando. Estávamos a caminho de Playa Larga, de onde teria sido ainda mais difícil para eles voltarem e onde não havia nada para eles fazerem. O tédio, porém, tem seus imperativos, e eles foram.

O litoral era imaculado, não muito diferente da época da chegada de Colombo, tirando a estrada. Sem dúvida existem bons argumentos contra o desenvolvimento econômico e o turismo em massa. Toda ideia de inocência primaveral, porém, foi dissipada assim que chegamos a Playa Larga. Um policial de motocicleta parou-nos e falou duramente com os três carpinteiros. Aonde eles iam? Por que estavam comigo? Eles murmuraram algo a respeito de uma carona, e o policial olhou para mim, o turista ingênuo, perguntando-se se deveria insistir. Decidindo que não, ele dirigiu um último olhar hostil aos três traidores e foi embora em sua moto. Assim que ele sumiu de vista, os três jovens carpinteiros correram para o mato e não os vi de novo.

Playa Larga é pouco mais do que um hotel numa comprida praia tranquila e tropical. O turismo é a grande esperança da economia cubana, pois Cuba tem clima agradável, um bonito litoral, monumentos históricos de grande interesse e um povo cordial. Na verdade, além do turismo, há muito poucas esperanças econômicas; sua agricultura é dominada pelo açúcar, produto que só pode ser exportado para países que não podem pagar por ele, como sempre foi, e sua indústria é ineficiente e provavelmente assim permanecerá. Em suma, Cuba enfrenta aqueles problemas intrínsecos que só podem ser superados por um pragmatismo ágil, não pelo dogmatismo adolescente. O dogmatismo, porém, afirma resolver todos os problemas de antemão, e é, portanto, mais atraente para jovens intelectuais egocêntricos do que desenvolvimento vagaroso e por partes.

O turismo, claro, destruiria a própria beleza que pretende explorar. Há um litoral, a oeste de Santiago, onde a Sierra Maestra desce até o mar, de beleza tão estonteante – praias compridas, desertas, de areia negra, margens cheias de palmeiras e um mar azulão – que só o comunismo poderia tê-lo preservado dos hotéis em forma de lápide que arruínam litorais no mundo inteiro. Porém ser preservado da ruína não é uma realização positiva de regimes como os de Castro, o resultado da solicitude para com as glórias da natureza. Pelo contrário, não existe no mundo poluição como a poluição comunista; há fábricas no mundo comunista que parecem produzir apenas isso e nada mais. A iconografia mesma do comunismo exalta a poluição: paisagens esplêndidas nunca aparecem em seus cartazes sem uma fábrica cuspindo fumaça no fundo, a fumaça como um símbolo do progresso.

Existe turismo em Cuba, porém, e não é nada atraente. Passei uma noite num resort a poucas milhas de Cienfuegos, onde havia grupos de veranistas do Canadá. Eles tinham vindo a Cuba pelo mar, pelo sol, pela areia. Não tinham interesse no país, e não lhes preocupava estar cuidadosamente segregados da realidade cubana, que havia policiais na porta do hotel para garantir que ela não entrasse. Pelo contrário, eles estavam ocupados demais, fugindo de sua realidade para estar preocupados com a de qualquer outra pessoa. E quem poderia culpá-los? Não eu, que tinha quase esquecido os rigores da rotina, cujo trabalho consistia em fazer o que quer que capturasse meu interesse.

Mesmo assim eu achava perturbador o turismo cubano, como já tinha achado o turismo haitiano. Não era só que muitos dos turistas pareciam baleias encalhadas, ou que senhoras que teriam sido consideradas roliças até por Rubens espremessem sua carne enrugada e envelhecida em exíguos vestidos verde-limão e apertados shorts amarelos (afinal, elas não tinham o direito de fazer isso se quisessem?). Era antes porque eu sentia em seu riso uma histeria, como se estivessem rindo não porque alguma coisa era engraçada, mas para convencer-se, a si e aos demais, de que estavam divertindo-se. E, quando elas se juntavam no bar e no restaurante, seus guias cubanos, exsudando bonomia como os gigolôs exsudam charme, andavam por entre elas explicando o que havia no programa para amanhã, e que diversões havia pelo resto da noite, como se deixá-las sozinhas por um instante fosse um convite ao desastre. Elas tinham de ficar entretidas, como crianças, não apenas por seu próprio bem, mas para impedir que desenvolvessem qualquer curiosidade ociosa a respeito de Cuba.

Mas é improvável que o turismo vá se desenvolver em Cuba enquanto os garçons tratarem os clientes como inimigos de classe e a comida for tão ruim. Como na maior parte dos países comunistas, os garçons são reis, podem dar ou reter, permitir ou negar; seus empregos estão entre os mais desejáveis do país, pois trabalham onde às vezes há cebolas e tomates. Esses aristocratas da folha de alface, porém, acham difícil entrar imaginativamente no mundo de seus clientes estrangeiros, onde os garçons não são semideuses ou tiranos das mesas, mas homens e mulheres comuns prestando um serviço sem qualquer status extraordinário. E um dia, caso o turismo se desenvolva em Cuba, os recepcionistas, ajudantes de lojas, carregadores, garçons e os demais terão de perder o extraordinário hábito que têm, comum a seus irmãos e irmãs no Leste Europeu, de ignorar alguém, mesmo que a pessoa esteja bem na sua frente, e não haja ninguém mais à vista, e eles não tenham mais nada o que fazer. Essa desatenção não é apenas a descortesia que pode ser encontrada em quase qualquer sociedade; antes, a grosseria é ontológica, anunciando o ódio do mundo tal como é. Na vida privada, talvez eles sejam pessoas encantadoras, amantes apaixonados, pais dedicados, recitadores de poesia lírica; porém o rosto que apresentam ao mundo é de granito resfriado por ventos gélidos.

Em Playa Larga houve um blecaute bem na hora em que eu ia pedir uma bebida (não havia cerveja, só rum, era pegar ou largar). O *barman* fechou o bar com uma pressa indecente. Ele estimou, imagino, que não haveria mais eletricidade naquela noite; e ainda que eu esteja certo de que esse blecaute não tinha sido o primeiro que o hotel jamais sofrera, não havia nem velas, nem lamparinas para substituir a eletricidade. Até nas aldeias do Zaire eu via velas.

Visitei vários outros lugares santos da Revolução (não encontrei uma igreja aberta em Cuba, mas me disseram que os cubanos eram os menos católicos dos latino-americanos, mesmo antes da Revolução). O lugarejo de La Plata era o cenário da primeira ação militar de sucesso do Movimento 26 de julho – cujo nome vinha da data do quixotesco ataque de Castro ao quartel de Santiago. La Plata fica nos limites de Sierra Maestra. A caminho dali, reparei num cartaz de que, obviamente há muito, estava inacabado. O slogan dizia: "Sólo trabajando y..." E o quê? Só trabalhando e lutando contra os imperialistas podemos terminar este cartaz, talvez?

Um dia, em 1957, os homens de Castro abateram-se sobre a pequena guarnição de dezesseis soldados de La Plata e mataram vários deles (o relato de Che Guevara é um pouco vago nesse ponto). Sem importância desde um ponto de vista puramente militar, a Batalha de La Plata – na América Latina, os embates entre dezesseis homens de um lado e doze de outro frequentemente são enobrecidos como "batalhas" – anunciou ao mundo que os rebeldes ainda estavam vivos após Batista ter declarado que estavam mortos, e aumentou sua moral. Eles também dobraram seu estoque de munição, e dois dos soldados capturados juntaram-se a seu pequeno exército. Depois, após tomar o poder, Castro voltou ali para assinar um decreto de reforma agrária, demonstrando assim seu jeito para a publicidade.

Em La Plata há um pequeno museu. Eu já tinha visto a maior parte das fotografias ali contidas várias vezes (na verdade, *ad nauseam*), mas, com as montanhas da Sierra Maestra erguendo-se ao fundo, as fotos de Castro com seus seguidores ganharam novo sentido. Não se pode negar grandeza a um homem que, abandonando a chance de uma vida de luxo com uma carreira convencional de sucesso, partiu para as montanhas, em desconforto absoluto, para nem falar do perigo, com pouco a movê-lo além de sua fé no próprio futuro.

Indo além de La Plata, chegamos a um assentamento que se estendia ao longo de uma estrada irregular e empoeirada (eu estava com um cubano que tinha subornado o patrão para marcar sua presença no trabalho enquanto ele passava o dia comigo). Estávamos perdidos, e perguntamos como voltar a La Plata a um velho camponês que estava sentado ao lado de sua cabana, em volta da qual um porquinho preto fossava o chão e as galinhas ciscavam em busca de sustento. Tirando o fato de que agora havia eletricidade em sua cabana, duvidei de que muito tivesse mudado para ele nas duas ou três últimas décadas. Sua esposa, curvada pela idade e pelo trabalho duro, trouxe-nos cadeiras baixas, de madeira desbastada, para sentar-se, com a cortesia simples típica dos camponeses. Eles pediram desculpas por não ter nada para nos oferecer.

Descobri que o velho tinha sido um dos primeiros a ajudar os rebeldes. (Porém será que qualquer pessoa no distrito não acharia prudente dizer algo assim?) Ele se lembrava de Castro na época, um homem simples que falava com clareza. O camponês estava murcho, quase seco, mas nunca tinha sido alto, e me perguntei se a altura de Castro – mais de 1,90 m – não o tinha impressionado quase tanto quanto suas palavras. De qualquer modo, alguns dos camponeses deram a ele e a seu séquito comida e informações sobre o movimento dos *rurales*, a brutal força armada no bolso dos proprietários de terra. Era perigoso fazer isso, e corajoso também, porque a vitória não tinha nada de certeira; e, quando os *rurales* suspeitaram de que o velho estava do lado dos rebeldes, ele precisou fugir para as montanhas.

Ele falava do passado sem amargura nem entusiasmo. O que foi, foi. Ele não dizia se tinha sido para o bem ou para o mal: talvez aqueles acostumados à impotência acabem por não pensar mais em termos morais. De qualquer modo, ele tinha vivido a vida inteira na qual expressar uma opinião era perigoso, talvez mortal, e você não perde a cautela de uma vida só porque um estranho aparece e gostaria de fazer algumas perguntas. Porém, quando meu companheiro se ofereceu para comprar seu porco, ele recusou com muita firmeza. Afinal, que valor tinha para ele o dinheiro, o que ele compraria? A resposta, claro, era nada: ele vivia numa sociedade sem circulação de moeda. Havia uma seca, não havia sementes para plantar, nem fertilizante, falou. O porco era tudo o que ele tinha. As coisas estavam mal. Outra vez, ele não culpava ninguém: o desastre, como o clima, era inevitável.

Meu companheiro perguntou sobre Castro. Ele já havia retornado para visitar seus ex-ajudantes em Sierra? Não, o velho respondeu; obviamente ele estava muito ocupado como presidente. Mas ele já viu Raúl em um comboio de veículos. Raúl não parou. O velho camponês relatou isso com um rosto cheio de expressão, como se tudo tivesse sido como ele esperava.

Os camponeses, disse-me um habitante de Havana, eram a reserva de apoio de Castro. A vida de um camponês em Cuba era preferível à vida de um camponês em outras partes da América Latina. E certamente você não vê, no campo, a miséria que vê em outros lugares; as crianças são todas saudáveis e bem alimentadas, e vão à escola, não às encostas de morros a quilômetros de casa para juntar lenha ou catar café, debaixo de cujo peso voltam arqueadas.

Não fiquei tempo o bastante em Cuba para formar sequer a menor estimativa da popularidade de Castro entre os camponeses. Dei caronas a vários, mas eles eram *calados*. Só um falava muito, e estava bêbado. Peguei-o nas colinas acima de Trinidad, uma antiga cidade colonial muito charmosa. As colinas eram cobertas de mato e, de repente, inesperadamente, havia uma clareira com um grande prédio moderno marrom, sem nada que indicasse o que era, nenhum aviso ou placa para o público. Na floresta em volta, vi pessoas andando ou correndo, todas com as mesmas roupas esportivas cor de vinho. O prédio, aparentemente, era um sanatório, talvez uma instituição excelente: a atmosfera, contudo, era sinistra, uma cena de um romance de um Kafka tropical.

O camponês ébrio insistia para que eu tomasse um pouco de seu rum. Colocou o braço em meu ombro enquanto eu fazia uma curva fechada e jurou amizade eterna. Já recebi muitas juras como essa antes, no mundo inteiro, e tento não demonstrar que as acho cansativas, ou o quanto eu detesto os vapores rançosos do álcool soprados diretamente em meu rosto, principalmente em curvas fechadas.

— Você está gostando de Cuba? – perguntou ele.

— É muito bonita – respondi.

— Não temos mais liberdade do que você? – perguntou.

— Não, pelo contrário.

Ele ficou perplexo. Minhas palavras entraram lentamente em seu cérebro confundido pelo álcool. Talvez os únicos estrangeiros que ele já tinha conhecido fossem internacionalistas, aquele bando cada vez menor de que seguidores da Europa e dos Estados Unidos, que eram só elogios e lisonjas.

— O que você quer dizer? – perguntou. – Somos livres, completamente livres... Diferente de antes.

— Eu posso vir a Cuba – falei. – Você pode ir ao meu país?

Minha pergunta incomodou-o. Duvido que discussões abstratas estivessem entre seus hábitos.

— Posso – falou, escolhendo a mentira como método para sair de uma situação desconfortável. – Este ano você vem a Cuba, ano que vem eu vou a Londres.

Decidi não insistir. Houve um silêncio, que ele rompeu.

— Como é a polícia no seu país? – perguntou.

— Como é no seu? – repliquei.

— Não temos problema – respondeu. – Não temos problema nenhum com a polícia.

Engolindo minhas reservas nada desprezíveis sobre nossa própria força, falei que, em nosso país, a polícia não portava armas.

— O quê? – perguntou meu passageiro.

— Nossa polícia não porta armas – repeti.

Meu passageiro soltou algo que pareceu um grito de dor.

— Não estou entendendo! Não estou entendendo!

Eu não tinha como dar mais explicações. O que havia para explicar, o que ele não tinha conseguido entender? A diferença entre o que eu tinha dito e o que ele tinha ouvido sobre o resto do mundo? Será que sua imagem de si mesmo como homem livre era tão frágil, tão estaladiça, que a menor contradição ameaçava estilhaçá-la? Se não era assim, por que sua expressão de dor?

Já se disse que homem nenhum é tão desprovido de liberdade quanto o escravo que se julga livre. Ali estava um homem, jovem demais para se lembrar da época do Batista, que não tinha liberdade para comprar ou vender, para viajar, para falar, para ler, para pensar, mas que se considerava livre. Qual era seu conceito de liberdade?, perguntei-me.

Era triste que sua inverdade sobre a polícia de Cuba, intencional ou não, tivesse evocado em mim menos do que a verdade sobre a polícia em meu próprio país. Porém, caso eu lhe tivesse fornecido um retrato mais verdadeiro, mais complexo, o que ele teria lembrado, senão as coisas que confirmavam o que ele já achava que sabia? Eis aqui a lógica das guerras de propaganda, ou das meias verdades a serviço da *verdade* superior.

É notável o que essa lógica consegue. Ela pode obscurecer as verdades mais óbvias. Na livraria Nueva Poesía, em Havana, comprei um pequeno volume intitulado *Delitos contra la Seguridad del Estado*. Tinha sido escrito por Abel Enrique Hart Santamaría, filho de Armando Hart, ministro da Cultura, homem de trajetória ideológica um tanto oportunista (tendo chegado a acreditar que o Partido Comunista não deveria poder funcionar legalmente após a Revolução), e de Haydée Santamaría, uma das primeiras seguidoras de Castro, que tomou parte no assalto ao Quartel Moncada, e cujo irmão, Abel Santamaría, depois foi torturado até a morte no cativeiro, bem como o namorado dela à época, Boris Santa Coloma.

Assim, Abel Enrique (chamado de Enrique ou por causa do avô paterno, que foi o primeiro juiz a presidir a Suprema Corte da Cuba pós--revolucionária, ou do tio paterno, que morreu enquanto produzia uma bomba durante a Revolução, ou de ambos) é decididamente um aristocrata — do tipo novo e revolucionário. Ele dedica o magro volume a (entre outros) "todos os revolucionários do mundo que sofreram o tormento da prisão política, que para Martí era mais real e doloroso do que o Inferno de Dante". Um homem de sensibilidade, então, com profundas simpatias pela dura situação daqueles encarcerados por suas crenças...

Infelizmente, não. Sua criação, sem dúvida peculiar, dotou-o da alma de um lacaio, e de uma mente menos adequada a explicar fenômenos do que a soterrá-los sob explicações. A principal conclusão de seu livro, baseado em seu trabalho de formatura na faculdade de Direito da Universidade de Havana, é a seguinte: "A causa fundamental do crime político é a existência da exploração do homem pelo homem. Essa causa desaparece com o crescimento do Estado socialista, e com o desaparecimento do crime político, há o surgimento do crime contrarrevolucionário [...]. Em outras palavras, se não há crime político, não pode haver prisioneiros políticos. Sem dúvida é isso que Castro quer dizer quando afirma que não há prisioneiros políticos em Cuba.

Nessa concepção peculiar, os prisioneiros políticos são aqueles que são presos enquanto tentam produzir arranjos sociais e políticos superiores, mais "progressistas". Qualquer pessoa que se entregue a atividades de oposição no socialismo está claramente tentando produzir uma volta a uma condição retrógrada. O "crime contrarrevolucionário", escreve Abel Enrique, "nasce da resistência lógica das classes derrubadas que tentam recuperar seus antigos privilégios". Eles devem ser presos.

Dirigi para Santa Clara, a cidade a Leste de Havana, onde aconteceu uma das últimas batalhas da guerra revolucionária. Batista mandou a fina flor do que restava de seu exército num trem blindado para a Sierra Maestra, num último golpe desesperado. O trem foi emboscado e descarrilado por Che Guevara, que liderou sua coluna de 420 homens da província Oriente. Durante a marcha eles só comeram quinze vezes, ou uma vez a cada 45 km. Trezentos homens – alguns dos oficiais eram pouco mais do que meninos – derrotaram 3 mil. Era o fim da guerra.

Alguns dos vagões blindados hoje formam um monumento, repintado e limpo, mas empenados sobre os trilhos para denotar seu descarrilamento. Fui na companhia de um professor que também me levou à sua escola, um prédio moderno sem estilo que, apesar de concluído no ano anterior, tinha aquela atmosfera de decadência tropical. Sua escola era frequentada por muitos alunos de Angola e de Moçambique, que vinham da Ilha da Juventude (outrora conhecida como Isla de Pinos). Ele me apresentou a um cubano, que estava em Cuba desde os 10 anos, e cujo principal interesse era negociar os bens das lojas em moeda estrangeira. Ele estava aprendendo a ser mecânico na escola, que era mais profissionalizante do que acadêmica: contou-me que o pai era dono de vários barcos de pesca em Maputo. Disso e de sua prolongada residência em Cuba, concluí que seu pai era um homem de considerável importância na Frelimo.

Em Santa Clara, há um grande monumento a Che, muito iluminado à noite, o que o faz brilhar numa cidade de pouca iluminação. A estátua de Guevara é de metal negro rugoso, e dá a impressão de que ele era ligeiramente malformado. Ele parece estar curvado como um corcunda, e seus ombros são largos demais para sua altura. Na frente da estátua, há uma plataforma de pedra esbranquiçada e um grande terreno para desfiles feito do mesmo material, todos iluminados por holofotes. Que houvesse mais luz naquele lugar sinistramente deserto do que no resto de toda a cidade junta não me surpreendia.

O mais importante dos santuários revolucionários que visitei foi o Quartel Moncada de Santiago de Cuba. Foi ali que, em 1953, Castro e cerca de 130 seguidores, alguns dos quais supostamente achando que iam praticar tiro ao alvo, atacaram o segundo maior quartel do país. O assalto aconteceu às 5h30 na manhã depois da noite de Carnaval, quando se esperava que muitos soldados e oficiais estivessem de ressaca, e, portanto, incapazes de resistir. O objetivo do assalto não era realmente claro; talvez fosse provocar um levante em Santiago, talvez fosse só propaganda do ato (a bandeira do movimento tinha as cores dos anarquistas, vermelho e preto).

Há um debate sobre a natureza das ideias de Castro em 1953 – se ele já era comunista ou não –, mas uma coisa é clara: ele já queria o poder a qualquer custo, e queria obtê-lo pela violência. Seu espírito inquieto, que se manifestou cedo na vida, sempre achava algum pretexto para a violência. Apesar de seu programa político publicado ser radical, não era de um radicalismo sem precedentes; depois, ele afirmou que não representava suas verdadeiras crenças, mas que foi modificado para atrair tantas pessoas quanto possível para seu movimento. Em outras palavras, ele disse que, mesmo em 1953, enganou seus seguidores para curvá-los à sua vontade. O ambiente moral em que viveu sua vida adulta inteira é tal que ele, na verdade, sente orgulho de sua dissimulação; ele é incapaz de ver que existe algo de mau gosto nela, e, sem dúvida, descartaria esses escrúpulos como fraquezas desprezíveis.

Dezesseis soldados foram mortos no assalto a Moncada, inclusive o oficial do dia. Eles, claro, não têm a memória preservada em lugar nenhum – para a lata de lixo da história com eles. Porém o assalto foi mal planejado e mal executado, e fracassou. Muitos daqueles capturados foram mortos e torturados imediatamente depois, primeiro por vingança (o que não surpreendia nas circunstâncias), mas depois por uma questão de ordem. A brutalidade da resposta ao assalto colocou o povo cubano contra Batista, e obscureceu a natureza duvidosa da empreitada de Castro. Os participantes que foram capturados depois – incluindo o próprio Castro – foram tratados com mais leniência. Condenado a quinze anos de prisão, Castro, na verdade, serviu menos de dois: punição nada excessiva por ter provocado as mortes de dezesseis homens. Que eles estivessem a serviço de uma ditadura me parece fazer pouca diferença: Castro demonstrara gosto por esse tipo de violência enquanto Cuba ainda era uma democracia (mesmo que imperfeita). Uma das lições que ele tirou da experiência foi nunca demonstrar misericórdia aos opositores. A misericórdia pode voltar para aqueles que a demonstram.

Moncada é um prédio comprido e baixo, pintado de amarelo. A maior parte dele foi convertida numa escola, uma obra de propaganda inteligente, mesmo que cínica, dando a entender que a Revolução transformou espadas em arados. Há mais escolas, é verdade; mas também há mais armas, e certamente menos manteiga, do que jamais antes.

Os buracos na fachada de estuque foram cuidadosamente preservados (são iluminados à noite), e eu não deveria surpreender-me por encontrar camponeses aproximando-se deles para tocá-los com reverência e rezar pela recuperação de seu porco morto. Há um museu no quartel cuja entrada é a parte mais esburacada do muro, e há uma placa reclamando a glória eterna aos mártires de Moncada (há muito a glória eterna foi incorporada à panóplia dos conceitos marxistas-leninistas). Os conteúdos do museu eram mortalmente familiares, a encarnação da meia verdade e da distorção a serviço das mentiras. Não lemos, por exemplo, sobre a longa cooperação entre Batista e os comunistas, ou sobre a rejeição destes ao assalto a Moncada: "Repudiamos os métodos putschistas, peculiares às facções burguesas, da ação em Santiago de Cuba [...] uma tentativa aventureira de capturar [...] quartéis militares. O heroísmo demonstrado pelos participantes dessa ação é falso e estéril [...]".

Pelo contrário, a visão da história apresentada no museu é aquela apresentada num livro chamado *Como Vemos Moncada*, uma compilação de pinturas de crianças de 4 a 12 anos, com texto também delas, publicado pela editora Povo Novo em 1975. O primeiro capítulo chama-se "Martí, Autor Intelectual". A primeira imagem é de uma menina de 9 anos, chamada Isaura Costas, e de uma simples casinha amarela com três janelas azuis e porta vermelha: a casa em que Martí nasceu. Diz a legenda: "Martí nasceu na Rua Paula, em 28 de janeiro. Seus pais eram gente modesta. Ele gostava muito de crianças e escreveu um livro para nós chamado *La Edad de Oro*; para nós ele é o apóstolo e também o autor intelectual de Moncada".

Em seguida vem um retrato de Martí, desenhado com um rosto roxo e uma camisa rosa por Drago Stoyanovich, de 12 anos. Diz a legenda: "Quando falamos poeta, jornalista e intelectual revolucionário, pensamos em José Martí, que, por seu meritório exemplo, ajudou os cubanos a luthar [sic] pela liberdade". Três páginas depois, o pequeno Jorge Cazola, de 10 anos, pintou o quartel de azul, e, no fundo vermelho, estão as bandeiras de Cuba e do Movimento 26 de Julho, além de um retrato de Martí, também em azul. Diz a legenda: "Dizemos que Martí foi o autor intelectual de Moncada porque, baseado em suas ideias revolucionárias, ele estava determinado a libertar Cuba do imperialismo ianque – a trazer a liberdade que Cuba tem hoje".

Segue um relato em imagens da escapada, depois o triunfo da revolução, e, enfim, a transformação de Moncada em escola. O último desenho, de Idelka Pedroso, de 6 anos, mostra o quartel (também em azul) com as bandeiras de Cuba e do Movimento 26 de Julho, e uma aluna, mais alta do que o próprio prédio, de pé a seu lado. Diz a legenda:

A antiga guarnição Moncada é hoje uma escola, e, como as outras guarnições, foi transformada em escola pela Revolução, porque não queremos o menor sinal de analfabetismo em Cuba, e porque queremos que todas as crianças tenham escolas, e para pôr fim ao passado, quando as escolas eram só para os filhos dos ricos. A Revolução nos deixou pôr fim a essa injustiça.

Pôr fim ao passado: começar de novo, o sonho dos revolucionários adolescentes por toda parte. Quando leio sobre essas aspirações, penso no quadro de Goya em que Saturno devora os filhos.

Em Cuba, como você escapa do mundo de slogans pedindo *Socialismo ou Morte, Marxismo-Leninismo ou Morte*? Encontrei um conforto na Academia de Ciências, na Calle Amargura. Ela contém um museu dedicado a Carlos J. Finlay, o cubano que, em 1881, demonstrou que a febre amarela era transmitida por um mosquito. Seu pai era escocês, sua mãe, uma branca de Trinidad; ele estudou em Paris, Madri e Filadélfia, e era fluente em quatro idiomas. Sua casa ainda está no Prado, uma placa comemorativa presa a seus muros arruinados. Por dentro, os cômodos foram particionados com compensado ou cortiça: a Revolução considera os cômodos grandes demais para continuarem sendo usados do modo como foram construídos.

O interior da Academia de Ciências é esplêndido: escuro, calmo, ainda que um tanto grandiloquente, cheio de bustos e de pinturas de momentos históricos da ciência, de estantes com volumes encadernados em couro, salões de mármore e um salão de conferências que contém o atril do qual Finlay anunciou sua grande descoberta ao mundo. A Academia parecia muito civilizada, sem ter sido invadida pela brutalidade intelectual do mundo lá fora. A encantadora senhora que me guiou não mencionou política e ideologia uma só vez. Mesmo assim, ficou claro que não escolhi uma boa hora para minha visita, que teve de ser lamentavelmente encurtada: era aniversário de Martí, e a academia logo fecharia para que a equipe pudesse participar de uma reunião em sua homenagem.

O que Finlay, o maior cientista de Cuba, teria pensado disso tudo? Talvez tivesse rido. De maneira um pouco embaraçosa para a historiografia oficial, propagada pelo Estado, Finlay nunca apoiou os nacionalistas contra os espanhóis, ainda que tivesse vivido todas as três guerras de independência. Seu *métier* era a ciência, a medicina, não a política; e é difícil não achar que ele foi melhor por isso.

Mesmo assim, foi encontrado um uso nacionalista para Finlay, muito além do compreensível orgulho por sua descoberta (que belo salto imaginativo conceber que um inseto pudesse, por sua mordida, espalhar o agente invisível da doença, e quanta dedicação inteligente para provar isso!). Encontrei um livro intitulado *Alas Amarillas*, de Sergio Amaro Mendez, dedicado à descoberta e à sua insistente negação pelos americanos, que até hoje acreditam que seu cientista Walter Reed, com cujo nome foi batizado o grande hospital do exército de Washington, descobriu a transmissão da febre amarela pelo mosquito. (Por exemplo, a obra em dois volumes *Princípios e Prática das Doenças Infecciosas*, de Mandell, Douglas e Bennett, publicado em 1979, afirma que "A Comissão da Febre Amarela, dirigida pelo doutor Walter Reed, provou que o mosquito era o vetor da febre amarela".) Essa recusa em reconhecer o verdadeiro valor de Finlay é considerada apenas mais um exemplo da arrogante depreciação de tudo que é latino-americano pelos *anglosajones*, e, por mais que eu deteste o nacionalismo estridente, não importando de quem seja, admito que, ao ler sobre o tratamento desonesto que Reed dispensou a Finlay, meu sangue começou a ferver em favor dos cubanos.

Reed tratou Finlay em Cuba de um jeito muito parecido com o que Best tratou Paulescu na Romênia. Tanto Reed quanto Best estavam quase chegando numa grande descoberta, mas não conseguiram fazê-la eles próprios; ambos, portanto, denegriram, tresleram, ou subestimaram o trabalho de seus predecessores, consciente ou inconscientemente, a fim de reivindicar a prioridade para a própria obra; ambos provavelmente acreditavam que nenhuma descoberta verdadeiramente importante poderia vir de países insignificantes e cientificamente atrasados como Romênia e Cuba.

Já é humilhante pertencer a uma nação dominada politicamente por seus vizinhos; porém, quando sua cultura, sua arte, e suas realizações científicas também são desprezadas, o insulto é total. Imagine, então, o ódio de ver a maior descoberta científica da sua nação inescrupulosamente apropriada por estrangeiros que já estão repletos de todo tipo de glória! Sim, nessas circunstâncias, o nacionalismo é compreensível; ainda assim é um mal, e os homens o manipulam com fins malignos.

Ainda há alguns filo-fidelistas estrangeiros vivendo em Cuba, apesar de seu número quase certamente estar diminuindo. Visitei um deles, uma inglesa cujo nome me fora passado na Inglaterra, que vivia em El Vedado, parte de Havana em que a antiga burguesia construía suas mansões com grande jactância, o equivalente arquitetônico de um discurso de Fidel, grandiosas colunas coríntias ou jônicas (às vezes as duas), adornando até a mais modesta construção. Eles, contudo, sabiam construir para o clima: tetos altos, chãos de pedra, varandas, janelas altas com persianas para admitir a brisa ou excluir a luz forte. Plantavam árvores para ter sombra e conseguiram absolutamente criar um dos subúrbios menos desalentadores que já vi em qualquer lugar do mundo.

Claro que hoje as colunas coríntias estão desabando, e talvez um dia venham abaixo por completo, derrubando junto suas *porte cochères*. Não vai fazer diferença, óbvio: quem precisa de uma *porte cochère* na nova Cuba? E devo admitir, mais uma vez, que a decadência tem seu charme, e Vedado não seria a mesma para mim sem sua atmosfera de uma era irrevogavelmente passada.

A inglesa vivia numa casa grandiosa que, todavia, tinha sofrido o destino das casas grandiosas sem manutenção por trinta anos. Os utensílios do banheiro, por exemplo, já não funcionavam, e a água era distribuída por um balde vermelho de plástico. A casa, escura e fria, chegara a um estado de imundície terminal. Pessoalmente, eu não gostaria de morar ali.

Quando dois ingleses se encontram, eles prestam muita atenção na maneira como o outro fala. Eles fazem isso querendo ou não, conscientemente ou não; eles fariam isso mesmo que fossem dois sobreviventes num bote salva-vidas no meio do oceano. A presença ou a ausência da oclusiva glotal[1] basta para estabelecer a amizade ou o antagonismo. Uns adotam a

---

[1] A "oclusiva glotal" ou "plosiva glotal surda" é um fonema que não existe em português. Porém é fácil ouvir e reconhecer a marca de fala discutida pelo autor. No inglês padrão, aquele ensinado nos cursos, o pronome *he* ("ele") seria

oclusiva glotal por razões políticas: querem dizer que se identificam com as classes menos favorecidas do mundo. Apesar de eu mesmo ser de origem humilde, minha fala não contém essas oclusivas, o que me torna suspeito aos olhos, ou melhor, aos ouvidos de muitos dos meus conterrâneos.

A inglesa era filha de diplomatas, e, portanto, não era uma filha do proletariado. Tinha vindo a Cuba visitá-los quinze anos atrás e ficado. Trabalhava como tradutora e vivia no que tinha sido os quartos dos empregados, surpreendentemente confortáveis e bem construídos. A desconfiança básica entre nós impedia-me de fazer todas as perguntas interessantes que naturalmente me ocorriam. Porém era bastante claro que ela era simpatizante, e ela descreveu com muitos elogios o novo tipo de médico familiar que não apenas curava como também visitava seus pacientes idosos uma vez por semana para garantir que não estava fazendo nada nocivo. Isso me enchia de tristeza tanto quanto a enchia de entusiasmo: a perspectiva de chegar aos 75 anos para ficar ouvindo ordens de médicos jovens bastava para me fazer querer morrer cedo. Foi Dostoiévski quem observou que, mesmo que a autoridade fosse constituída para o nosso próprio bem, deveríamos querer desobedecê-la, só para afirmar nossas personalidades. Ele tinha razão.

Ela também falava do entusiasmo duradouro das multidões por Fidel. Será que ela não notava a dissolução, em Cuba, da distinção entre o que era voluntário e o que era compulsório, uma das grandes marcas de uma ditadura totalitária? Ou será que eu estava só presumindo que meu desgosto por esses regimes deveria ser compartilhado pela maioria dos cubanos?

Em meu hotel, conheci dois correspondentes britânicos. Estavam sentados numa mesa para dois e me juntei a eles, levando minha cadeira até a mesa. Um deles, que conhecia bem Cuba, disse que a transferência de clientes de uma mesa para outra geralmente não era permitida nos

---

pronunciado em português mais ou menos como rí. A oclusiva glotal entra no lugar do som de r, soando como uma espécie de fim de soluço. O *he* seria ouvido por nós brasileiros um tanto como 'í (a rigor, porém, nem a vogal corresponde exatamente a "í"). Em qualquer filme inglês que queira marcar o sotaque popular, será fácil reconhecer o som. (N.T.)

restaurantes cubanos, e censurou o anátema dos garçons a qualquer um que a tentasse. Dessa vez, porém, ela aconteceu em paz.

O que conhecia bem Cuba tinha acabado de escrever um artigo sobre os Jogos Pan-Americanos, que aconteceriam em Cuba no ano seguinte. A competição de boliche tinha sido cancelada por causa do embargo americano a vendas para Cuba. Em seu artigo, ele chamara o esporte de boliche com nove pinos, e seu editor perguntou se não seria variedade com dez pinos. Assim, ele tinha passado a manhã tentando descobrir se a competição cancelada era de boliche com nove ou com dez pinos. A vida de correspondente parece glamorosa, mas tem sua chatice.

Falamos de Cuba, e de quanto tempo Castro duraria. Eles disseram que os camponeses cubanos estavam em situação melhor do que, por exemplo, os camponeses mexicanos. Em Cuba, a existência de uma criança subnutrida seria novidade. Sim, observei, mas em dez anos seria possível dizer a mesma coisa, e, se Castro sobrevivesse, talvez se pudesse dizer a mesma coisa dali a vinte anos. As realizações da Revolução eram, na melhor das hipóteses, estáticas, e suas desvantagens cresciam a cada momento. O problema de Cuba era que ela tinha sido levada a um beco sem saída, sem marcha a ré.

Muitos previam, diziam eles, que Cuba teria dificuldade para reintegrar os 50 mil soldados que voltariam das guerras africanas, onde defenderam os regimes marxistas de Angola e da Etiópia. Previam desemprego e convulsões sociais em larga escala. Porém, isso apenas demonstrava um desentendimento fundamental da maneira como funcionavam sociedades como a cubana. Como não havia mercado de trabalho, simplesmente não havia um imperativo de que um emprego correspondesse a algum trabalho que efetivamente precisava ser feito. Assim, em vez de desemprego, Cuba tinha salários baixos; em vez de inflação, carência de bens e mercado negro; em vez de déficit habitacional, decadência universal. Se isso era preferível, diziam os correspondentes, era uma questão de opinião.

Observei duas coisas. Primeiro, que o sistema envolvia a supervisão estatal dos detalhes da vida cotidiana, bem como a interferência estatal nesses detalhes, além da mais absoluta censura, como os dois correspondentes não tolerariam por um momento de suas próprias vidas; segundo, que, quando os refugiados de outros países do continente votavam com seus pés ou com seus barcos, nunca votavam por Cuba. Isso os correspondentes não negavam.

Falamos do racismo em Cuba. Os marxistas dizem que o racismo é uma doença do capitalismo, uma forma de falsa consciência que ele gera entre suas classes desfavorecidas para impedir que elas vejam quais são seus verdadeiros interesses. Ainda existia racismo em Cuba? Sim, mas de maneira muda. Certamente os Estados Unidos e outros países não tinham o direito de censurar Cuba nesse quesito. Mas era significativo que a maior parte dos negros achasse que tinha sido mandada em números desproporcionais para as guerras africanas. (Talvez houvesse, claro, alguma boa razão militar para fazer isso.) Porém era verdadeira essa crença deles?, perguntei. Um disse que era impossível saber, mas o mero fato de que essa crença existia entre os cubanos negros provava que eles ainda se sentiam em desvantagem em Cuba. O outro respondeu que ele não diria que havia discriminação contra os negros, exatamente. Não era que mais negros tinham sido escolhidos para o serviço militar; antes, mais brancos tinha sido isentados dele.

Era esse tipo de contorcionismo mental que Cuba extraía de homens livres de boa vontade que se esforçavam para ser justos; o que ela não extraía das pessoas que ali viviam? (Aliás, quando falamos de racismo, não mencionamos a destruição do bairro chinês de Havana, porque os chineses não são mais considerados uma raça vitimada.) Saí de Cuba com uma repulsa quase física pela política, e decidi nunca mais escrever sobre nenhum assunto político. Decidi que, em vez disso, escreveria sobre a Natureza da Arte, isso se escrevesse. Porém, era uma resolução que desde o começo eu sabia que seria difícil de manter.

No avião de volta ao Canadá, li uma edição de sábado de *Juventud Rebelde*. Em suas páginas do meio, estavam as primeiras partes dos relatos de dois jornalistas cubanos de uma viagem pelo México até a fronteira com os Estados Unidos, obviamente projetado num crescendo de horror à medida que o Monstro (como Martí certa vez chamou os Estados Unidos) se aproximava. Os artigos eram bem escritos, e achei que era uma ideia inteligente deixar os leitores verem a mesma jornada pelos olhos de duas pessoas diferentes (ainda que minha mente desconfiada também tenha pensado em outras razões por que os jornalistas viajaram em dupla – para espionar um ao outro).

Ali estavam dois rapazes de talento, que tinham passado a vida inteira em Cuba, e para quem o sistema cubano era tão natural quanto o livre mercado era para um nativo de, digamos, Chicago, subitamente mergulhados num mundo em que as regras eram diferentes, onde tudo o que tinham aprendido sobre como sobreviver na vida cotidiana era irrelevante. De certo modo, então, eles estavam fazendo a minha viagem ao contrário, e me vi perguntando se as minhas reações ao que tinha visto não eram tão predeterminadas quanto as deles. Afinal, no México, eles viam e sentiam tudo aquilo que Castro teria desejado que eles vissem e sentissem:

> Não, não, obrigado – digo a uma criança com o corpo esquálido, que me oferece uma revista. Ela me olha com seus olhos de índio e continua imperturbado seu trabalho.
>
> *Dessa vez*, pensei, ninguém vai me engabelar. Nos dias antes de eu receber meu treinamento como viajante em realidades tão diferentes das nossas, caí em mais de uma cilada. Imagens me vinham à memória: no metrô, um vendedor de balas de menta quase conseguiu encher meus bolsos com elas só porque eu tinha prestado atenção em sua conversa de vendedor; nos Jardins de Xochimilco, fui pego no tiro cruzado de duas mulheres, cada qual oferecendo pratos cozinhados, numa ladainha perpétua. Sem perceber, vi-me sentado numa mesa com um cardápio com preços especiais [...]. Outra vez, na estação Hidalgo, quase fiquei com os braços cheios de bonecas nativas porque não sabia como ignorar o vendedor e queria ser afável. Agora, apenas um momento antes de entrar no ônibus, passei por algo que jurei que seria meu último revés: uma mulher com um rosto sem idade ofereceu-me um travesseirinho que eu achei que estava incluído no preço da passagem. Mas não era de graça [...].

Eis aqui a ideia aristocrática de Castro do comércio como roubo, como algo intrinsecamente ignóbil e vil. Os cubanos supostamente deveriam ficar chocados com a vulgaridade do que era descrito. O mais provável era que perguntassem aos mais velhos o que eram balas de menta.

Depois, ao pegar um trem para Hermosillo com um intelectual mexicano, o autor do artigo volta a um tema latino-americano antigo e familiar:

> [Nossa] conversa [...] só tem um assunto, as finanças [...]. Sentindo uma vergonha equivocada [...] menciono o pobre estado de minha carteira. Depois fiquei sabendo, em conversas começadas nas redações dos jornais e terminadas em bares [...] que essa falta de dinheiro era um problema comum a todos os jornalistas do continente. Muito poucos eram os jornalistas da área que tinham renda suficiente para pagar por uma investigação num país estrangeiro. Só os gringos e os europeus – segundo um respeitado colega – tinham dinheiro o bastante para viajar por nossos países para escrever sobre realidades que não entendiam. Conosco, o talento é sinônimo de pouco dinheiro.

As palavras *realidades que não entendiam* ecoavam em meu cérebro. Será que eu tinha entendido tudo errado, que não tinha entendido Cuba? Será que o slogan "Defesa para a produção, produção para a defesa" não significava o que parecia significar? Será que o aviso na oficina de Havana de que a falta de respeito para com o superior no trabalho era contrarrevolucionária significava algo diferente do que eu imaginava? Será que as lojas vazias, os prédios decadentes, a falta de entretenimento, as filas, o medo, a uniformidade da opinião declarada, a falta de eleições, o domínio de 10 milhões de homens por um, a vigilância universal não significavam o que eu entendia que significavam? Será que cuidados médicos e uma dose quase suficiente de arroz e feijão bastavam para tornar a liberdade supérflua? Será que eu estava errado ao concluir do fato de que nenhum refugiado jamais procurava asilo em Cuba que, quaisquer que fossem suas realizações, o socialismo cubano não era o que todos queriam se tivessem escolha? Tentei duvidar do meu próprio juízo, mas, no final, não consegui.

Posfácio

Logo depois de voltar da Coreia do Norte, conheci um professor de medicina, homem de grande cultura e erudição, numa festa. Descrevi para ele a propaganda incessante, ubíqua e inescapável com que me deparei ali.

— Ah — respondeu ele, com um sorriso tênue, mas de entendedor, nos lábios (ele nunca tinha ido à Coreia do Norte) — mas você já pensou no poder que Rupert Murdoch tem neste país?

Essa não era uma resposta atípica dos intelectuais de esquerda às minhas descrições nada lisonjeiras da vida nos países comunistas que visitei. Se você fosse responder a uma descrição dos horrores do nazismo observando que, no seu próprio país, havia violência doméstica ou crueldade com animais, você seria (devidamente) considerado um idiota moral; porém, quando você responde aos horrores do comunismo fazendo comparações estúpidas com as imperfeições da democracia representativa, você ainda pode se considerar, de algum jeito não especificado, do lado dos anjos. E isso muito depois de a URSS ter admitido que aquilo que por quase setenta anos foi chamado de propaganda antissoviética era efetivamente verdade.

É curioso que os intelectuais ocidentais que tenham exigido, e em geral gozado, liberdade total para si mesmos, tenham, por tanto tempo, sentido um apego sentimental a uma forma de tirania mais profunda e minuciosa do que qualquer outra na história. Por décadas eles cegaram a si mesmos para o óbvio, e se entregaram àquela convoluta apologética cuja elaboração demandava tanto inteligência quanto desonestidade. As consequências sociais e psicológicas de um sistema de racionamento de comida controlado pelo mesmo poder que controla a polícia secreta e todas as fontes de emprego e de informação, de algum modo, não conseguiram fixar-se em sua imaginação. Eles queriam uma utopia, mas queriam-na em outro lugar.

Nunca foi uma utopia, claro. O torpor extraordinário dos países comunistas, detectável já nos aeroportos, é simplesmente o torpor da prosa comunista transferido para a própria vida. Os planos dos ditadores comunistas para reformar a humanidade inteira, para erradicar todos os vestígios do passado, para construir um novo mundo sem conexão com o antigo não são os caprichos de déspotas enlouquecidos pelo exercício do poder arbitrário, mas o resultado natural de uma crença excessivamente crédula numa filosofia que é simplista, arrogante, insultuosa e errada. Quando chegam ao poder homens que acreditam que a liberdade é o reconhecimento da necessidade, surpreende que venha a tirania?

O credo está morto ou moribundo, ao menos na Europa. A Europa, porém, não é o mundo, e a credulidade renasce continuamente. Há movimentos marxistas de guerrilha em muitas partes do mundo em que os intelectuais tiram vantagem do desespero (o qual tentam aumentar e exagerar de todo jeito) dos pobres. Por toda parte, eles estão lutando para criar o *novo homem* e a *nova sociedade*, como se nunca tivessem sido tentados antes, como se as consequências fossem desconhecidas. Após completar minhas viagens por Albânia, Coreia do Norte, Romênia, Vietnã e Cuba, visitei o Peru. Àquela altura a Romênia tinha tido sua revolução, a Albânia estava sacudida e rachaduras tinham aparecido até na fachada de granito da Coreia do Norte. No Peru, porém, Abimael Guzmán, professor de filosofia da Universidade de Ayacucho, liderava o movimento Sendero Luminoso, que ele julgava ser o único movimento verdadeiramente marxista do mundo, a vanguarda da revolução universal vindoura. Em nome do proletariado, ao qual Guzmán nunca pertenceu, crianças de 9 e de 10 anos estavam aprendendo a cortar gargantas com facas e a esmagar crânios com pedras um novo dispositivo, inspirado no carro-bomba, tinha sido usado com certo efeito: o *niño-bomba*, a criança-bomba. As crianças eram carregadas de dinamite e explodidas em seu alvo. O Sendero Luminoso justificava os meios pelo fim inevitável: "Quinze bilhões de anos de matéria em movimento levam necessária e inexoravelmente [...] a uma sociedade de *completa harmonia*".

Índice Remissivo

40 Anos da Albânia Socialista, 29, 34, 55

A
Abemama (Ilhas Gilbert), 52
Aeroflot, 100
Aeroporto Heathrow, 101
Afeganistão, afegane, 89, 90
África, africanos, 66, 93, 120, 133, 160, 162
Agência Nacional de Turismo do Afeganistão (Pyongyang), 89
Agnew, Spiro T., 171
Albânia, 11, 15-18, 20, 22-23, 27-32, 34, 36, 40-41, 43, 45-47, 49-56, 64, 72, 110, 120, 136, 244
 Partido Trabalhista, 19 20
 Praça Skanderberg, 19
Alberdi, 208
Albert (em Tirana), 20, 189
Alemanha, alemães, 19, 31, 36, 52, 60, 83, 91, 94, 114, 127-28, 133, 137, 143-44, 155, 162, 173
 e Albânia, 36
 e Romênia, 128, 133, 135, 143

Amaro Mendez, Sergio, 235
Alas Amarillas, 235
Angola, 84, 203, 218, 231, 238
Anistia Internacional, 67, 84
Arafat, Yasser, 59
Argentina, 200, 208
Arqueologia Comparativa da Mesopotâmia Antiga, 212
Art and Artists, 147
Austríacos, 19, 54

B
Baía dos Porcos, 221-22
Bains, Hardial, 35
Balkan Trilogy, The (Manning), 25
Bangkok, 159, 193
 e Embaixada americana, 194
 e Embaixada filipina, 194
Banting, 130
Bao Dai, imperador, 184-85
Bastión, 206, 209
Batista, 197, 199-200, 219, 222, 225, 229-30, 232-33
Bazkashi, 90

BBC, 88, 158
Bélgica, 28, 30, 46, 176
Belishova, Liri, 51
Berat, 46, 53
   Museu Onufri, 53
Berkeley, Busby, 83
Berlim Ocidental, 100
Best, 130, 235
Bielorrússia, 22
Binh, 175-76
Bland, 40
Boris (em Pyongyang), 73-74, 89-90, 229
Brașov, 119, 137, 139-42
   Strada Republicii, 142
Brejnev, Leonid, 12, 90, 212
British Medical Journal, 131
Bruegel
   Massacre dos Inocentes, O, 122
Bucareste, 105, 107-10, 115-16, 118, 121-22, 126, 128-31, 137-39, 149, 156, 203
   Aeroporto, 154
   Arc de Triomphe, 109
   Avenida do Triunfo do Socialismo, 111
   Bulevardul Ana Ipătescu, 109
   Calea Victoriei, 133
   Centru civic, 111
   Hotel Plaza Athénée, 110
   Museu de Belas Artes, 122
   Museu Histórico Nacional, 132
   Palácio do Povo, 113
   Palácio Real, 122
   Piața Victoriei, 109
   Place de l'Étoile, 109
   Prédio do Scinteia, 105
   Sede do Partido, 24, 133, 138, 153
   Sindicato dos Escritores, 92, 137
   Șouseaua Kiseleff, 109
   Universidade de, 131
Bulgákov
   Coração de Cachorro, 126
Burghley, Lord, 166
Burkina Faso, 35
Butrint, 43

C

Caimanera, 212
Campanha de Defesa de Broadwater Farm, 58
Canadenses, 130
Canal de Corfu, 40, 52
Canal do Mar Branco, 68
Canto de Alegria (norte-coreana), 95
Carcóvia, 46
Carol, rei da Romênia, 103
Castro, Fidel, 197-203, 212-14, 216, 218-23, 225-27, 229-32, 238, 240
Castro, Raúl, 201, 218, 221, 227
Cayo Granma, 202
Cazola, Jorge, 233
Ceaușescu, Elena, 8, 133, 135, 145
Ceaușescu, Ilie, 145
Ceaușescu, Nicolae, 68, 105, 107, 109, 111-13, 116, 119-21, 123-24, 126, 128, 130, 133-36, 139, 142-47, 150, 152, 167, 215
Cervejaria San Miguel (Filipinas), 170
Charlie (cachorrinho), 147
Chile, 191
China, chineses, 16, 44, 47, 49, 55, 60, 66, 85, 179, 181, 183, 239
   e Albânia, 16, 43,
   e Coreia do Norte, 66, 89
   e Vietnã, 164, 179-80, 184

Cienfuegos, 219-20, 224
Cientistas de Toronto, 131
Cluj (Cluj-Napoca, outrora Kolozs-vár), 146, 148-49
Coffin, reverendo Dr. William Sloane, 188
Colombiano, 90
Comitê Português para o Estudo do Kimilsunismo, 62
Como Vemos Moncada, 233
Comtourist (Romênia), 103-04
Conferência de Paz de Versalhes, 176
Corbusier, Le, 137
Coreia do Norte, 57-58, 64, 66, 68-69, 71-72, 75, 79, 84, 88-89, 91-93, 95, 100, 117, 120, 165, 243-44
Coreia do Sul, 85
Corfu, 40, 52
Costa Rica, 200
Costas, Isaura, 200
Cruz Díaz, Rigoberto
  Baía de Guantánamo, 212
Cuba, 11, 197-204, 206-10, 214, 217-21, 223-25, 227-41, 244
Cu Chi, túneis de, 173

D
Daily Telegraph, 211
Danúbio projeto do Canal Danúbio-Mar Negro, 106, 128, 143
Darío, Rubén, 208
Dickens, 48, 64-65, 78, 215
Discursos de Konstantín Chernenko, 212
Discursos de Todor Jivkov, 212
Disneylândia, 134
Dostoiévski, Fiódor, 237
Drácula, 112, 143

Duong Van Minh, 180
Dzerjinsky, 131, 212

E
Elbasan, 44, 45
El Salvador, 84
Engels, 110-11
  Ideologia Alemã, A (com Marx), 215
  Teses sobre Feuerbach, 125
Escambray, 218
Escandinavos, 84-85, 90-91
Espanhol, 15, 55, 80, 87, 89, 212, 214
Estados Unidos, 57, 70, 72, 106, 121, 141, 159, 169-70, 181, 203, 209, 220, 228, 239
  e Albânia, 31
  e Cuba, 212, 218-19, 221, 235-38
  e Coreia, 70
  e Vietnã, 171-72, 174-75, 182, 185, 191
Estônia, 143
Etiópia, 82, 163, 238
Etipia
  Sindicato dos Escritores, 93

F
Felix Significa Feliz, 212
Festival Mundial da Juventude e dos Estudantes, 62, 66, 68
Feydeau, 142
Fier, 28
Filadélfia, 234
Filipinas, 133, 170
Finlay, 234, 235
FMLN, 84
França, 127, 132, 164, 220
  e Vietnã, 160, 163, 185, 188-89

Franco, 32
Frelimo, 231

G
Galsworthy, 48
Ganenses, 93, 96
Garganta de Prislop, 151
Gega, Liri, 51
Gestapo, 142
Ghegs, 42-43
Gheorghiu-Dej, 139
Giap, general, 173
Gjirokastra, 50, 52
    Clube dos Veteranos, 51
    Local de nascimento de Hoxha, 51
Goebbels, 83
Gogol, 117
Gorbachev, 74
Grã-Bretanha, britânicos, 17, 27, 32, 39, 47, 52, 91, 97, 137-38, 142, 237
    e Albânia, 53
    e Cuba, 236-37
    e Coreia do Norte, 85
    e Romênia, 138
    e Vietnã, 194
Granma (barco), 197
Granma (jornal), 206
Grécia, 40
Guatemala, 45, 84, 87
Guevara, Che, 207, 213-16, 225, 230-231
Guzmán, Abimael, 244

H
Haiphong, 194
Haitiano, 34, 224
Hanói, 159, 168, 170, 175, 177, 181, 186, 188, 190-93

Hotel Thong Nhat, 188
    Museu Revolucionário, 176
Harrison, Rex, 170
Hart, Armando, 229
Hart Santamaría, Abel Enrique, 229
    Delitos contra la Seguridad del Estado, 229
Haussman, 109
Havana, 197-98, 201-02, 205-06, 208, 211, 213, 216, 220, 227, 229-30, 236, 239, 241
    Calle Bernaza, 211
    Calle Cárcel, 206
    Calle Obispo, 211
    Clube Feminino de, 211
    Galería Centro Provincial de Artes Plásticas, 209
    Hotel Inglaterra, 208, 210
    Librería Cervantes, 211
    Livraria Nueva Poesía, 212, 229
    Malecón, 205-06
    Palácio Nacional, 197
    Prado, 211, 234
    Universidade de, 230
Havel, Václav, 81
Hermosillo, 241
Hitler, Adolf, 80, 143
Ho Chi Minh, 156, 176-77, 181-83, 186
Hong Kong, 184, 193-94
Hoover, Herbert, 213
Hotel
    Museu Albânia Hoje, 55
Hoxha, Enver, 12, 15-16, 20, 22, 26, 29-35, 43, 46-49, 51-55, 66, 70, 167
    Obras Completas, 33-34, 47, 54
    Obras Seletas (em espanhol), 15
Hoxha, Nexhmije, 53

Hue, 184, 186-87
Hungria, 145, 148
Hurtado, J., 55

I
Iasi, 107, 126, 129-30, 152
Ilhas Gilbert, 52
Independent, The (jornal), 56
Ingo (em Saigon), 155, 157, 161, 164
Instituto Real de Química (Londres), 133
Iranianos, 84
Iraquianos, 58, 82, 84
Irish Republican Army (IRA), 101
Iskra, 105
Itália, 55, 133
  e Albânia, 52, 54
Iugoslávia, 40, 45, 51, 54-55, 141, 143

J
Japão, 59, 70, 74, 85
  Japoneses e Vietnã, 190
Jesuítas, 201
Jogos Pan-Americanos, 238
Johnson, Dr., 162
Jornalistas Búlgaros no Caminho do Leninismo, 212
Joven Erich, El, 212
Jovens Pioneiros (Coreia do Norte), 79
Judeus, na Romênia, 128-30
Juventud Rebelde, 206, 239

K
Khabarovsk, 101
Kim Il Sung, 57, 59, 61-62, 66, 68, 70, 72, 79-80, 82-84, 88, 93-98, 100, 167
Kim Jong Il, 62, 64, 72, 98
  Sobre a Ideologia Juche, 62

Kim, Sr., 32, 70, 79-80, 90-91
Knox, John
  O Grande Erro, 213
Kolyma, 68
Korce, 30, 46, 48, 72
Kosovo, 45

L
La Plata, 225-26
  e Museu, 226
Le Duan, 178
Legado do Ocidente, O, 159
Lênin, 12-13, 16, 69, 106, 111, 169, 178, 182, 186, 198, 214
Líder de Esquadrão Peter Townsend: A História Real, 212
London, Jack, 48

M
Macaulay, Lord, 166
MacDonald, Jeanette, 184
Macleod, 130
Magyongdae, 95
Mandell, Douglas e Bennett, 235
  Princípios e Prática das Doenças Infecciosas, 235
Manila, 171
Mao Tsé-Tung, 136
Maputo, 231
Maramureş, 149-50
Marconi, 130
Martí, José, 84, 207-10, 220, 230, 233-34, 239
  Edad de Oro, 233
Marx, Karl, 12-13, 16, 47, 166, 186, 194, 198, 214-16
  Ideologia Alemã, 215
Maupassant
  "Maison Tellier, La", 79

Mavsolexport, 186
McCarthy, Mary, 159, 170, 190-94
   Cannibals and Missionaries, 190
   Hanói, 159, 168, 170, 175, 177, 181, 186, 188, 190-93
McCormack, Mark H., 170
   O Que Não Ensinam Sobre a Escola de Negócios de Harvard, 170
McDonald, Jeanette
   Médicos sem Fronteiras, 188
Mekong, Rio, 183
Memórias de Leonid Brejnev, As, 212
México, 197, 239-40
   Estação Hidalgo, 240
   Jardins de Xochimilco, 240
Miguel, o Valente, 126, 170
Minh Mang, imperador
   túmulo do, 186-87
Moçambique, 231
Moldávia (Romênia), 151
Moldávia (Soviética), 129
Montanhas Bucegi, 139
Montpellier, 30
Moscou, 58, 100, 139
Moscow News, 22
Mossad, 58
Movimento 26 de julho (Cuba), 225
Movimento Sandinista, 197
Movimento Sendero Luminoso, 244-45
Muçulmanos, 21, 42-43, 90, 209
Mugabe, Robert, 86
Murdoch, Rupert, 243
Museu Guggenheim (Nova York), 29

N
National City Bank, 206
Nazistas, 27, 31-32

Nguyen (motorista de cyclo), 162-70, 195
Nguyen Van Linh, 166, 195
   Vietnã: Problemas Urgentes, 166
Noite de Reis (Shakespeare), 21
Nyerere, 57

O
Ochoa, General, 218
Okhrida, Lago, 45
Olimpíadas, 57, 66, 79
Onufri, 53
Oppenheim, E. Phillips, 213
   Batalha da Rua Basinghall, A, 213
Organização para a Libertação da Palestina, 81
Oriente, 230
Orwell, 124
   1984, 111, 124

P
Pacepa, Ion, 106, 128
Palach, Jan, 119
Palestinos, 58, 82
Panamá, 53, 217, 218
Paris, 25, 30, 109, 160, 183, 234
Partido Comunista (Cuba), 229
Partido Comunista (Marxista-Leninista) do Canadá, 35
Partido Comunista (Romênia)
   14o Congresso, 106
Partido Comunista (Vietnã), 166, 178
   Sexto Congresso, 165-66
Partido Revolucionario Cubano, 207
Pătraş, Stan Ion, 151
Paulescu, 130-32, 235
Pedroso, Idelka, 233

Peru, 133, 244
  Universidade de Ayacucho, 244
Pham Van Dong, 178, 192-94
Philby, "Kim" (Harold), 32
Philips, 206, 213
Phnom Penh, 188
Pinochet, 191
Playa Giron, 219-22
  Museu, 222
Playa Larga, 222-23, 225
Ploieşti, 107, 137-39
"Poema para o 13º Encontro Mundial da Juventude e dos Estudantes, Pyongyang, Um", 96
Pogradec, 45-46
Politburo (Albânia), 33, 51
Politburo (Vietnã), 165, 167
Poloneses, 212
Popov, 130-31
Povo Novo (editora), 233
Praça da Paz Celestial, 90
  massacre da, 85
Prioridade de Paulescu na Descoberta da Insulina, A, 130-31
Prisão Boniato, 219
Prisão de Doftana, 139
Pyongyang, 57-62, 66, 68-70, 72-75, 85-86, 88-89, 92, 96-97, 100, 156, 165
  Cemitério dos Mártires, 70-71
  Escola Secundária Número 1, 71
  Grande Casa de Estudo do Povo, 66
  Hospital da Maternidade, 72-73
  Instituto de Línguas Estrangeiras, 64, 68
  Loja de Departamentos Número 1, 75, 77-78
  Museu de História, 70
  Palácio dos Estudantes e das Crianças, 92, 94, 96
  Rua Kwangbok, 66-68, 74-75, 88, 90, 92, 95
  Sindicato dos Escritores, 92-93, 137
  Torre Juche, 62
  Universidade Kim Il Sung, 93
  "Pyongyang, Cidade do Brilho", 96

Q
Quartel Moncada, 219, 229

R
Rádio Martí, 220
Reed, Walter, 235
Repúblicas Bálticas, 12
Río Escondido, 222
Rio Grande, 210
Rodésia (Zimbábue), 11
Romênia, 7, 103-09, 112, 114-17, 120-29, 132-38, 140, 143-45, 147, 149-51, 154, 201, 218, 221, 235, 244

S
Saddam Hussein, 82
Saigon (Cidade de Ho Chi Minh), 155-57, 159-60, 162, 164-65, 168, 171-73, 177-79, 184
  Agência dos Correios, 192, 208
  Hotel Palace (Hotel da Amizade), 157
  Museu da Guerra, 171
  Palácio Presidencial, 180
Saigon, rio, 156, 165
Salisbury, Harrison, 159, 177, 188
  Behind the Lines: Hanoi, 159
Sankara, Thomas, 35
Santa Clara, 230-31

Santa Coloma, Boris, 229
Santamaría, Abel, 229
Santamaría, Haydée, 229
Santiago de Cuba, 219, 233
    Academia de Ciências, 234
    Calle Amargura, 234
    Prado, 211, 234
    Quartel Moncada, 219, 231
Sapinta, 151
Saranda, 41, 43, 52
Sartre, 20
Savimbi, Jonas, 84
Saxões, 142-43
Schweitzer, Albert, 189
Scinteia, 105, 106
Securitate (Romênia), 103-04, 107, 110, 115, 119, 121, 141-42, 148, 153-54
Semaine à Saigon du 7 au 13.9.63, La, 159
Seul, 86
Shakespeare, William, 64-65, 94, 106, 215
Shehu, Mehmet, 51
Shkodra (Scutari), 53
    Museu do Ateísmo (antigo Conselho Britânico), 54
Shkumbi, rio, 42, 44
Sibéria, 12, 59
Sierra Maestra, 198, 200-01, 223, 225-26, 230
Sighetu Marmației, 129-30
Sighișoara, 143-44
Sinaia, 139-40
Singapura, 61, 174
Sistema Único de la Exploración de la República de Cuba, El (Suerc), 207
Skanderberg, 19-20
Smiley, Xan, 100

Sociedade Anglo-Albanesa (Londres), 17, 27, 40
Soljenítsin, 117
Somália, 28
Sontag, Susan, 190
Spiru, Nako, 51
Stalin, 12, 22-23, 32, 34, 67-68, 79, 135, 167, 215
    Estátua em Tirana, 66
Stoyanovich, Drago, 233
Sudanês, 90
Suíça, 56
Suor do Camponês, O, 28

T

Tailândia, 155, 165, 193
Tallinn, 143
Tanzânia, 57
    Banco da, 162
Taylor, Maxwell, 181
Tchecoslováquia, 119
Tcheka, 142
Tchernichevski, 182
Tele Rebelde, 198, 211
Terra de Burzen, 142
Tirana, 15, 17-19, 22, 25-26, 32, 36, 38-39, 42, 54, 56, 61, 66, 70, 156
    Aeroporto, 16, 18
    Boulevard dos Mártires, 20, 22-23, 25, 29, 39
    Estádio de futebol Enver Hoxha, 24
    Estátua de Enver Hoxha, 50
    Hotel Dajti, 23
    Hotel Tirana, 20
    Museu Albânia Hoje, 29, 54
    Museu Enver Hoxha, 29, 33
    Palácio da Cultura, 21
    Universidade Enver Hoxha, 20, 24

Tirgu Mures, 144-46, 149
 Palácio da Cultura, 145
Tito, 55
Toscos, 42
Trabajadores, 206
Trinidad (Cuba), 227, 234
Tu Duc, imperador, 185-86
Turcos e Albânia, 20

U

Ulbricht, 155, 215
União Revolucionária Nacional Guatemalca (URNG), 84
União Soviética (URSS), 16, 22, 51, 55, 57, 60, 70, 74, 100, 105, 109, 118, 130, 176, 199, 202-04, 243
 e Albânia, 16, 51, 54
 e Cuba, 200-04
 e Tchecoslováquia, 119
 e Coreia do Norte, 60
 e Romênia, 105, 139
 e Vietnã, 156-57
 e Festival Mundial da Juventude e dos Estudantes, 57
Universidade de Língua Húngara, 148

V

Valáquia, 123
Valladares, Armando, 219
Vedado, El, 236
Vichínski, 215
Vietcongue, 172
Vietnã, 92-93, 120, 155-56, 159-61, 163-66, 169-72, 174-77, 179-82, 184, 186, 188-94, 244
Vlachs, 142
Vladivostok, 101
Voz da América, 88

W

Washington
 hospital do exército de, 235
Weimar, 161
Western Union, 206
Westinghouse, 206
Wiesel, Elie, 118
William (em Tirana), 19

X

Xoxe, Koci, 51

Z

Zahir Shah (antigo rei do Afeganistão), 90
Zaire, 225
Zimbábue (Rodésia), 142
Zog, rei da Albânia, 46, 49, 55

Do mesmo autor, leia também:

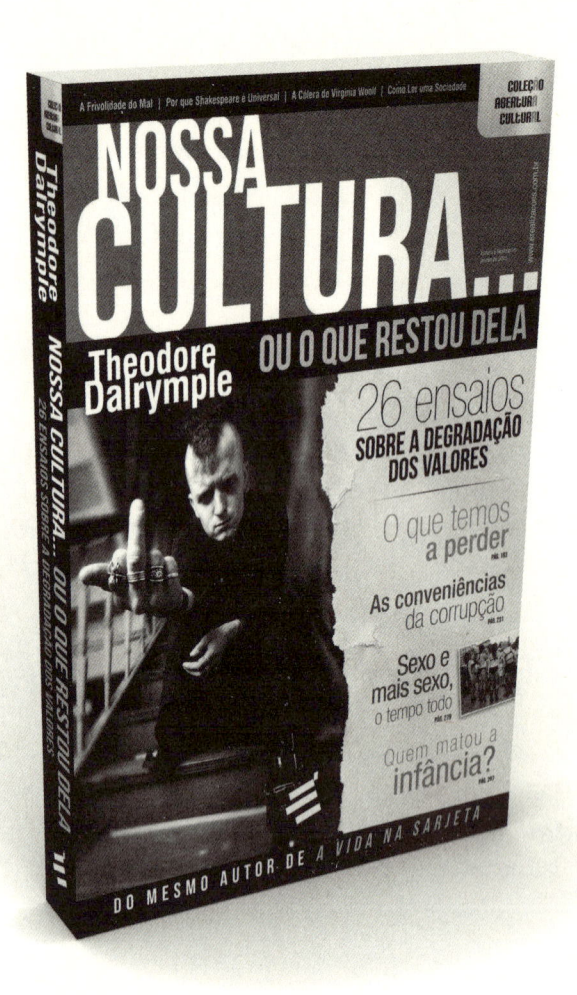

NOSSA CULTURA... OU O QUE RESTOU DELA
Theodore Dalrymple
26 ensaios sobre a degradação dos valores

Quem são os formadores de opinião de hoje? Qual a relação entre a cultura pop e o estilo de vida dos jovens da periferia? Como a academia, o cinema, o jornalismo e a televisão têm influenciado os rumos de nossa sociedade? Theodore Dalrymple, com a lucidez que marca sua escrita, mostra como os "formadores de opinião" nem sempre estão certos do destino a que conduzem as massas.

facebook.com/erealizacoeseditora twitter.com/erealizacoes instagram.com/erealizacoes youtube.com/editorae

issuu.com/editora_e erealizacoes.com.br atendimento@erealizacoes.com.br